围棋与国家系列丛书

弈典

林建超 主编

国家出版基金项目

中国财经出版传媒集团
经济科学出版社

图书在版编目（CIP）数据

弈典 / 林建超主编．—北京：经济科学出版社，2017.12（2018.8 重印）
ISBN 978-7-5141-8854-7
Ⅰ．①弈… Ⅱ．①林…．Ⅲ．①围棋－棋谱
Ⅳ．① G891.3
中国版本图书馆 CIP 数据核字（2017）第 316877 号

项目策划：龚　勋　杨　戎
责任编辑：龚　勋　张大勇
责任印制：王世伟

弈　典

林建超　主编

经济科学出版社出版、发行　新华书店经销
社址：北京市海淀区阜成路甲 28 号　邮编：100142
总编部电话：010-88191217　发行部电话：010-88191522
网址：www.esp.com.cn
电子邮箱：esp@esp.com.cn
天猫网店：经济科学出版社旗舰店
网址：http://jjkxcbs.tmall.com
北京新华印刷有限公司印装
787×1092　16 开　14.75 印张　180000 字
2017 年 12 月第 1 版　2018 年 8 月第 2 次印刷
ISBN 978-7-5141-8854-7　定价：77.00 元
（图书出现印装问题，本社负责调换。电话：010-88191510）
（版权所有 侵权必究 举报电话：010-88191586
电子邮箱：dbts@esp.com.cn）

《围棋与国家》系列丛书

作　　者：林建超
项目推荐：王汝南　林　泰
编审指导：罗超毅　聂卫平　华以刚　刘思明　杨俊安
　　　　　刘明晖　陈祖源　何云波　周　刚
项目策划：龚　勋　杨　戎
编写协助：袁巍伟　张振华　李　莉　张大勇　燕十三
　　　　　杨　诚　刘宝东　李　喆　刘知青　刘莲英
　　　　　左　兴

作者简介

林建超，作为长期在战略机关工作的将军，同时也是中国围棋文化公认的领军人物，中国围棋事业的参与者、支持者、组织者。

生于1952年11月。祖籍陕西大荔，出生湖北汉口，成长首都北京。1955年至1966年，受教、就读于军委保育院、北京十一学校。1968年参加中国人民解放军，1971年加入中国共产党，1979年参加边境自卫还击作战并立战功。在野战部队14年，从战士至正营。参战后入军事院校学习，大学学历。1984年调入总参谋部工作，1994年任总参谋部政治部宣传部部长，1998年任总参谋部政治部副主任，2000年晋升少将军衔，2001年至2011年任总参谋部办公厅主任，正军职，同时为总参谋部党委委员。党的十七大代表，国防大学特聘教授、研究生导师，军队战略规划咨询委员会委员。2012年12月退休。

从少年时起即热爱围棋。11岁学棋，入伍后在艰苦条件下自制围棋与战友对弈，曾被中央电视台报道。1994年获授围棋5段。公憩偶暇弈棋可通宵达旦，翌日正常工作。积极参与、支持和推动中国围棋事业发展。对围棋有深刻见解并作出多方面贡献。从事围棋文化研究近20年，撰写、发表重要围棋文论50余篇，包括《将军棋谋》《思维制胜》《围棋与国家》《围棋与战略》《中国围棋的战略》《围棋申遗研究报告》《围棋思维与海洋战略博弈》《从围棋思维解读习主席治国理政思想》《围棋人机大战对指挥决策智能化的挑战与抉择》《从"围棋脑"到"指挥脑"的跃升》《兵棋・兵圣・兵经》《围棋与当代世界》《围棋的战略智慧与改革》《围棋市场化运营的特殊规律》《围棋大数据研究》《围棋与工匠精神》《智能围棋时代的文化解读》《新时代中国围棋文化之路》，等等。其中，《围棋与国家》入选2012年全国高考语文试卷，并获中国围棋年度大奖文化奖。关于围棋人机大战与指挥决策智能化的研究受到中央、军委有关领导重视，获2016年度军事科研成果奖。其余均在业界乃至社会产生较大影响。从2013年起，主撰、主编国家出版基金项目《围棋与国家》系列丛书，十部360万字，为当代中国围棋文化理论奠基之作。筹划组织中国围棋反击"韩流"的重要步骤——国家围棋队首次军训；推介促进中国围棋队获CCTV"体坛风云人物"评委会大奖；参与筹划推进央视"谁是棋王"中国围棋民间争霸赛32界别全覆盖电视直播系列工程；论证提出中国围棋改革发展的战略目标和总体构想。先后为国家围棋队，中央、国家、军队机关，地方有关机构，大中小学，社会各界，以及各种重要围棋活动，作围棋文化理论和实践发展问题的主旨讲话、学术报告、理论讲座、专题讲课200多场。

先后兼任第七、第八届中国围棋协会副主席，第九届中国围棋协会副主席兼围棋文化委员会主任。经中央军委政治工作部、中央军委联合参谋部批准同意，国家体育总局批准，2017年12月中国围棋协会换届会议选举，出任第十届中国围棋协会主席。

《围棋与国家》系列丛书
前 言

一

《围棋与国家》系列丛书为首个围棋主题的国家出版基金项目。这部丛书是第一次从围棋与国家相互关系的高度进行全方位系统研究的系列专著；是从围棋思维角度学习理解习近平新时代中国特色社会主义思想包括治国理政新理念新思想新战略的研究探索；是把围棋置于中华文化大系的整体背景下进行定位性研究的宝贵尝试；是把围棋文化与哲学文化、政治文化、历史文化、战略文化、才艺文化、宗教文化以及人生感悟，等等，结合起来进行综合研究的创新成果；是对围棋发展本身所涉及的一系列根本性问题，包括起源、特质、内涵、功能、价值、地位、思维、形态、传播、沿革、衍生等进行深入诠释与解答的理论教科书；是以当代文化视野为背景，全面梳理古今浩瀚围棋史料的集大成实用平台；也是以21世纪科技发展带来的冲击性影响为参照，对围棋竞技与文化发展进行前瞻式分析展望的思想窗口。可以说，《围棋与国家》系列丛书，构建了当代围棋理论崭新、独特的学术体系，为围棋文化的创新发展奠定了重要基础。《围棋与国家》系列的问世不是偶然的。

她是时代的产物，是实现中华民族伟大复兴的中国梦在围棋领域的必然响应，是揭示围棋数千年发展客观规律的理论探索，是当代蓬勃发展的围棋实践在思想认识上的再现与升华，是满足社会特别是广大围棋爱好者对于围棋文化迫切需求的回馈工程；同时，也是当代中国围棋界集体智慧的结晶。

二

围棋在当代中国是一件大事情。中国围棋的发展正际临盛世强国到来的大背景、大趋势。新时代我国社会主要矛盾已经转化为人民日益增长的美好生活需要和不平衡不充分的发展之间的矛盾。美好生活需要由很多内容组成，能使数千万爱好者愉悦、快乐、受益的围棋也是内容之一。以习近平同志为核心的党中央大力倡导弘扬传承中华民族优秀传统文化，而围棋在其中占有特殊的位置。古代"四艺""六艺""八雅"，都离不开围棋。从一定意义上说，围棋是特殊形态的"国学"，是树立中华民族文化自信的一项重要内容和精神支撑。喜爱围棋是我党我军领导层从革命战争时期就形成并传承至今的优良传统，是党领导人民创造的革命文化的一个组成部分。从毛泽东到习近平，党的主要领导人都下围棋并有重要论述。党政军许多高级领导干部喜爱围棋，是新中国成立后，推动当时社会上已经濒于衰亡的围棋重新走上振兴之路的主要力量和基础。在当代中国，围棋是一项为国家争得巨大荣誉的智力竞技运动。30余年前，以中日围棋擂台赛的胜利为标志，新中国围棋获得了新生，不仅彻底改写了当代围棋的走向，而且为叫响"振兴中华"的口号立下了汗马之功。进入21世纪，中国围棋创造了新的辉煌。从2008年到2017年的10年中，共产生围棋世界冠军44个，中国夺得其中的29个；从2013年到2017年的5年中，共产生围棋世界冠军21个，中国夺得其中的18个。特别是2013年中国包揽当年举行的所有6项世界围棋大赛的个人冠军，标志着中国围棋已经重回世界围棋的巅峰。围棋最重要的是为"两家"，即国家和大家。在当代中国，围棋是给广大人民群众带来精神快乐和心理愉悦的智力活动，具有广泛的群众基础。当代围棋的发展体现了以人民为中心，以快乐围棋、大众围棋为基础来推动和普及。围棋作为中国的国粹，是中华文明和智慧的结晶，凝聚了民族的思维特征和精神特质，是提升民族整体思维素质，特别是提高青少年智力水平与心理品质的特殊教育模式。围棋已经成为国家智力形态的重要内容，在国民生活的各个领域衍生和延伸，围棋智慧中的哲学思维、战略文化和治国之道，与当今党和国家治国理政的思路和举措内在相通。围棋是整个中华民族大家庭共同的精神财富，不仅是在汉族地区，而且在其他民族地区包括西藏、新疆、内蒙古、宁夏等地早有传播。在宝岛台湾也一直有围棋的传承，特别是近些年来，两岸围棋和围棋文化交流更加密切，实显我中华民族融合、兴盛的运势。围棋作为中华民族对人类文明和世界文化的重要贡献，成为国家"软实力"的有机组成部分，是世界人民认知中华文化的窗口，是世界各国和平外交的桥梁，是大国战略博弈的平台。当代人工智能围棋迅猛发展，新的围棋智能时代已经开启，在这个过程中，中国将成为最大的受益者，并终将成为这台大戏的主角。当代围棋的发展，凸显了围棋在国家文化建设中的价值、功能和地位，迫切需要拓宽视野、提高境界，把思想认识上升到国家层面来看待和研究围棋。

三

围棋史上新的文化高峰期正在来临。围棋从诞生之日起，就是竞技与文化的统一体。中国古代围棋文化的博大精深和浩瀚繁荣，达到了今人难以想象的程度。在系统研究整理的过程中，往往令人掩卷称绝，叹为观止。近代以来，棋运随国运沉浮，围棋文化也一度陷于萧寂。新中国的成立，改革开放的兴起，特别是实现中华民族伟大复兴中国梦的实践，使际临盛世强国的中国围棋及其文化走向了全面振兴。在新时代，推动社会主义文化繁荣兴盛，也包括围棋文化的繁荣兴盛。对于围棋文化复兴发展的历史机遇以及围棋史上新文化高峰期的到来，习近平总书记早有洞见，并做出重要指示："围棋文化要进一步提高运作水平，开展一些有影响的活动。"[①] 这具有行动指南的意义。围棋是思想性、文化性、艺术性最高的智力竞技运动。在围棋竞技高度发展的今天，围棋文化在曾经辉煌过的基础上再度出现复兴和高潮，这既是一种回归与宿命，更是一种发现和飞跃。人们在充分享受围棋竞技带来的快乐和愉悦的同时，也在重新深入思考着围棋文化的本质与功能，感受着围棋史上新文化高峰期到来的震撼。新时代围棋文化由三个方面的基因组合构成，即传统文化基因、红色文化基因和时代文化基

[①]《全面贯彻落实党的十六届四中全会精神，推动欠发达地区经济社会加快发展——习近平同志在衢州调研时的讲话》，载中共衢州市委办公室通报 2004 年第 70 期。

因。在当代中国，围棋文化作为围棋本身所具有的思想艺术内涵和精神成果，日益被社会所重视和关注；围棋竞赛活动与围棋文化活动融合举办成为新的时尚；更多的人在喜爱和享受围棋竞技的同时，崇尚和欣赏围棋文化；围棋文化研究的新成果不断涌现，围棋文化研究正在向前所未有的高度和深度发展。当前，无论是从思想认识、理论阐述还是推进举措上，围棋文化建设特别是文化理论研究，都面临新的形势、新的目标、新的需求。实践的发展，呼唤和期待具有更深层次、更高立意、更具代表性、权威性和体系性的扛鼎之作。

四

围棋文化研究的核心是价值研究，而围棋价值的最高境界表现为国家和民族意识。围棋是高度个性化的智力活动，但从事围棋的人都是社会的人，都是在国家属性和范畴内存在和生活的人。正所谓围棋没有国界，棋手有祖国。认识围棋的价值不能只从个人情趣、需求出发，而必须着眼相关的国家、民族文化属性。正确解释围棋价值关键在哲学思维。围棋的哲学体系包含宇宙论、认识论、方法论、审美论、道德论和价值论，围棋的价值研究是围棋文化论研究的本原和终极课题。围棋在本质上是一种思维博弈游戏和工具，围棋的原生价值直接与它的博弈本质相关联。博弈和竞技是围棋的表层价值，围棋具有更深层的文化战略价值。围棋与不同领域的思想内容相结合呈现出多样的价值形态，而围棋价值的多样化反映了文明升华的历史进程。围棋既是中华文明发展历程的亲历者，又与国家、民族文化主体具有高度的一致性，使得围棋在发展过程中凝结了中国文化的精华，成为中国文化的经典形式，围棋价值上升为国家和民族意识。在当代，围棋以里程碑的形式与人工智能相结合，而目前的智能围棋仍然遵循人类的规则和价值体系，从根本上说仍然是人类智慧的产物和延伸，如何让智能围棋更好地服务于人类、更好地凸显围棋文化的价值，是智能围棋时代的重要课题和发展方向。围棋的价值地位，反映的并不仅仅是对围棋的认识，而是国家、民族的精神状态和文明程度，反映和测度了整个民族的心态状况、理性水准、智力渴望、包容程度和文明追求。围棋的价值认识，是伴随着民族精神的成熟而发展前行的。正确认识围棋价值的出发点，应当是"国艺"价值观。围棋是国艺，围棋的价值与国家民族有深厚渊源，能够反映国家和民族的精神需求。"国运盛，棋运盛"，只有通过对围棋文化的研究和阐释，充分地发掘围棋的丰富价值，更好地对待围棋、享受围棋、发展围棋，才能让更多的人从围棋中受益，进而有益于国家社会，有益于人类文明的升华进步。

五

《围棋与国家》命题的产生始于 2011 年 6 月林建超将军在中国棋院给国家围棋队和围棋工作者所作的报告。这个报告，第一次明确、系统地提出了围棋与国家思想理论体系的基本观点，包括：围棋的价值在文明进步中深化和升华、围棋集中体现了中华民族的思维特征、围棋已成为国家智力形态的重要组成部分、围棋的命运与国家的命运紧紧相连、围棋承载着对国家民族的特殊责任。报告引起了强烈反响，各大媒体和网站争相连载。2011年7月1日《围棋天地》杂志特稿全文刊登；2011年8月至9月，《中国体育报》以8个专版全文刊发；2011年10月10日，根据国家体育总局领导指示，《中国体育报》以头版头条半版篇幅刊登对《围棋与国家》作者的专访；《新华文摘》等权威媒体以上万字篇幅刊登文章精要；2012年，《围棋与国家》入选全国高考语文试卷（山东卷）。在这期间，网上点击率和网友评论高达200余万次（条）。之后，林建超将军陆续发表了《围棋与战略》《围棋申遗研究报告》《围棋思维与海洋战略博弈》《从围棋思维解读习主席治国理政思想》《兵棋·兵圣·兵经》《从"围棋脑"到"指挥脑"的跃升》等几十篇力作，将围棋研究拓展到国家层面与战略视野进行深入系统探讨，正式提出当代中国围棋的战略目标是中国要重新成为世界围棋中心性大国，引起高度关注。林建超将军的创新性研究成果获得第二届"陈毅杯"中国围棋年度大奖首设的文化研究奖。中国财经出版传媒集团深刻理解《围棋与国家》的重大学术价值和社会意义，迅速筹划决策出版《围棋与国家》系列丛书。中国围棋协会王汝南主席和清华大学年秩八旬的林泰教授郑重推荐。该丛书于2015年成功入选国家出版基金项目。《围棋与国家》系列丛书是围棋界与文化界、出版界高效合作的成果，成为当代中国围棋文化史上的一道亮丽风景线。

六

《围棋与国家》系列丛书共十部，360万字。其中，《围棋与国家》《围棋与战略》《围棋与哲学》《围棋与文化》《围棋与人生》五部为文论原创作品，《弈史》《弈论》《弈诗》《弈画》《弈典》五部为史料文献作品。《围棋与国家》：是丛书的核心著作和主纲主线。从围棋与国家关系的角度，从围棋是中华民族思维标本的高度，从中国是世界围棋中心性大国的定位出发，系统阐述了围棋发源于中华文明母体、中国长期居于世界围棋之巅、围棋在国家民族的精神生活中占有特殊位置、围棋集中体现了中华民族的思维特征、围棋已成为国家智力形态的重要组成部分、围棋在国家文化软实力中的一席之地、围棋在国民生活各个领域的衍生与延伸、围棋的命运与国家的命运紧紧相连、围棋承载着对国家民族的特殊责任、大数据和智能化时代中国围棋的发展等，涉及围棋产生、发展的根本性问题。该书立意高远、逻辑严密、分析精辟、创新开拓，是当代围棋文化研究的领军之作。《围棋与战略》：用战略的眼光看围棋，从围棋的角度讲战略，围绕围棋的战略特质与属性、围棋战略思想的来源、围棋战略理论的发展、传统和最新的围棋战略理念、围棋的战略体系与谋略元素、围棋战略思维的影响与延伸，以及围棋人机大战的战略思考等内容，深刻阐述了21世纪围棋战略思想、战略艺术和战略素养的根本性问题。《围棋与哲学》：首次构建了围棋哲学体系。围棋的数千载传承和超越国界的全球风靡，不仅仅是因为其自身的无穷魅力，更重要的是围棋蕴含着中国传统哲学宇宙论、认识论和方法论的精华；西方哲学、日本的围棋哲学也在某些方面引领和帮助人们深化对围棋的认知。许多的"棋理"富含哲理，表现为对辩证法的高度理解，具有很强的普遍性，从而可以作用于各种事物。

这些围棋哲学思想的精华，充分体现了中华民族的思维品质与高度。《围棋与文化》：宣示了围棋史上新文化高峰期的到来。系统分析了围棋文化的本质与功能，围棋文化的历史演进，围棋文化与其他文化形态的关系，围棋文化的体系结构、主要载体及其表现形式，提出围棋申遗的历史任务和战略对策，做出了智能围棋时代的文化解读。《围棋与人生》：全书分为真谛篇、品性篇、智慧篇、阅历篇、修养篇和情趣篇，深入探讨围棋与人生境界的广泛话题，从围棋棋理与人生哲理诗意的融合，漫谈和围棋相关的种种人生况味，既神游局内，又出乎局外，超越于棋枰之上，悠游于人生之天地胜境。《弈史》：从浩如烟海的古籍文献中，辑录与围棋相关的史料分类汇编而成，分为综合编、人物编、事例编、文化编、著述编五部分，所收史料之广泛丰富，梳分之合理适用，为现有出版物中所罕见。《弈论》：专注于围棋历史和思想文论的汇集，按照体裁分为五编：言论、辞赋、文论、序跋、传记。各编之内以时代为序，依次排列，共收录围棋文论620余篇（条）。其时代范围，上起先秦，下迄民国。所收数量为迄今同类书籍之最。《弈诗》：古往今来，弈人好诗，诗人好弈。所选弈诗依朝代而分，按作者生年先后排序。上起两汉，下迄晚清，跨越两千余年，总计收录诗家758人，诗作3600余首。重在存诗，对作者、出处作简要介绍。所收数量，为迄今同类书籍之最。《弈画》：收录以围棋为题材的画作180余幅，按先唐、唐代、五代、辽代、宋代、金代、元代、明代、清代、民国，共分为十编。所收数量，为迄今同类出版物之最。《弈典》：选录三国魏晋至今两千年中的100局围棋谱成书。以中国棋手对局为主，日韩经典名局为辅，加入最新人机大战棋谱。其中，前20局为古代、近代棋谱，后80局为现当代棋谱。中国棋手对局70局，外国棋手30局。遴选原则侧重于棋局的代表性、典型性，考虑其对围棋历史进程、对当时棋界更替变迁的影响，兼及棋谱内容的精彩程度等因素，力图真实还原历史，凸显围棋精神流脉。

七

《围棋与国家》系列丛书既是一个重大的文化出版工程，也是当代中国围棋文化研究的重量级作品，得到了各方的重视与支持。中央党政军机关和省市区有关领导给予了很大的关注和帮助；国家体育总局、棋牌运动管理中心、中国围棋协会等行业领导机构给予了大力支持；各新闻媒体和网站长期跟进报道；围棋文化研究领域的专家学者们给予了重要的指导、教正；有关机构和相关人士提供了多方面的帮助，如敦煌研究院专门授权本书使用相关资料，侨居海外的前围棋国手寄来了当年的重要信函；欧洲围棋协会、美国围棋协会、日本棋院、韩国棋院领导多次表示期待早日读到《围棋与国家》的外文版。整个编写团队团结一心、夜以继日、刻苦工作，保证了全书编创的进度与质量。中国财经出版传媒集团精心组织《围棋与国家》申报国家出版基金，成为首个获得国家出版基金资助的围棋专项研究项目。可以说，《围棋与国家》的问世，是时代的产物；《围棋与国家》的出版，是集体智慧的结晶，是围棋界、出版界与各界共同合作的成果。

伴随新时代的到来，《围棋与国家》生逢其时。

凡 例

●围棋是中华民族奉献给人类的智慧之果。虽为智力游戏，却俨然是独特、超凡的思维博弈范式。对弈之中，双方摆地投子，演成进退成败。小小一方棋枰，却能腾挪出万千理路，至高至深，至大至博，至纤至微。参透一盘棋局，仿佛参透人生万千滋味，也可窥视出民族乃至人类精神、智慧和思想生长的历程。数千年的围棋史中，各个时代都涌现出卓越的弈棋之士，他们在棋枰之上神思纵横，妙想驰骋，留下超过百千万局的围棋名谱。中国人最先发明了围棋记谱，留下了最早的围棋棋谱。棋谱，是记载人类究竟如何下棋的第一手资料。古往今来围棋的对局过程、规则、着法、定式、术语以及思想、情怀、战术等的内涵外延，都蕴含在棋谱之中，都要通过棋谱才能被人们隔空感知和认识。可以说，人类围棋技艺包括电脑围棋技艺的进步，很大程度上得益于棋谱这个媒介。借助棋谱，先贤、智者们的弈棋技术与思想观念得以继承和传播，蔚成今日围棋之繁荣大观。本书旨在遴选这一过程中最具代表性的棋局，以资探索其间的胜负轨迹，凸显围棋精神的流脉。

●弈典，围棋经典之谓也。本书所选棋局共100例，意在精中选精，实则沧海一粟。这百局棋谱，时间从三国魏晋跨越至今，约两千年。其中有人类围棋第一张棋谱、中国古棋巅峰

目 录

《围棋与国家》系列丛书前言

凡例

| 001 | 棋谱首局 | 2 |

孙策诏吕范弈棋局面

| 002 | 君臣首弈之局 | 4 |

晋武帝诏王武子弈棋局面

| 003 | 皇帝与待诏之局 | 6 |

明皇诏郑观音弈棋局面

| 004 | 解双征之局 | 8 |

王积薪一子解双征

| 005 | 饶子首局 | 10 |

李百祥饶三路局图

| 006 | 性别首局 | 12 |

刘仲甫遇骊山老媪弈棋局面

| 007 | 联棋首局 | 14 |

成都府四仙子图

008　本能寺三劫之局　16
日本本能寺三劫之局　鹿盐利玄VS本因坊算砂

009　跨朝之局　18
清初对局　周懒予VS过百龄

010　出蓝之局　20
日本出蓝秘谱　本因坊道悦VS本因坊道策

011　龙虎之局　22
清代对局　周东侯VS黄龙士

012　血泪之局　24
清代血泪篇　黄龙士VS徐星友(三子)

013　圣手之局　26
清代对局　梁魏今VS程兰如

014　当湖十局　28
当湖十局第5局　范西屏VS施襄夏

015　吐血之局　30
日本因彻吐血局　赤星因彻VS本因坊丈和

016　耳赤之局　32
日本耳赤之局　幻庵因硕VS桑原秀策

017　双峰之局　34
晚清对局　周小松VS陈子仙

018　坊社和解之局　36
日本本因坊方圆社十番棋第8局　本因坊秀荣VS村濑秀甫

019　执政与名人之局　　　　　　　　　　　　　　38
本因坊秀哉访华对局　本因坊秀哉 VS 段祺瑞(三子)

020　出世之局　　　　　　　　　　　　　　　　40
民国时期对局　吴清源 VS 汪云峰

021　杀棋之局　　　　　　　　　　　　　　　　42
日本院社对抗赛第 1 局　雁金准一 VS 本因坊秀哉

022　初始新布局　　　　　　　　　　　　　　　44
日本名人胜负棋　吴清源 VS 本因坊秀哉

023　退位之局　　　　　　　　　　　　　　　　46
日本名人引退棋　木谷实 VS 本因坊秀哉

024　镰仓十番棋　　　　　　　　　　　　　　　48
日本镰仓十番棋第 1 局　木谷实 VS 吴清源

025　核爆之局　　　　　　　　　　　　　　　　50
日本第 3 届本因坊战六番胜负第 2 局　岩本薰 VS 本因坊昭宇

026　九段首诞之局　　　　　　　　　　　　　　52
日本 1949 年春季大手合　坂田荣男 VS 藤泽库之助

027　关西独立之局　　　　　　　　　　　　　　54
日本第 6 届本因坊战七番胜负第 7 局　本因坊昭宇 VS 坂田荣男

028　国手与元帅之局　　　　　　　　　　　　　56
1951 年友谊对局　陈毅 VS 过惕生

029　世纪争棋之局　　　　　　　　　　　　　　58
吴清源/藤泽库之助擂争十番棋第 1 局　吴清源 VS 藤泽库之助

030　南刘北过之局　　　　　　　　　　　　　　　　　60
　　　1959年第1届全运会围棋比赛　刘棣怀VS过惕生

031　九连霸之局　　　　　　　　　　　　　　　　　62
　　　日本第15届本因坊战七番胜负第4局　藤泽秀行VS本因坊秀格

032　破冰之局　　　　　　　　　　　　　　　　　　64
　　　1963年中日围棋交流赛　陈祖德VS杉内雅男

033　双衔之局　　　　　　　　　　　　　　　　　　66
　　　日本第2届旧名人战七番胜负第7局　藤泽秀行VS坂田荣男

034　新人并立之局　　　　　　　　　　　　　　　　68
　　　1964年全国围棋锦标赛　陈祖德VS吴淞笙

035　中国流首局　　　　　　　　　　　　　　　　　70
　　　1965年中日围棋交流赛　陈祖德VS梶原武雄

036　二枚腰之局　　　　　　　　　　　　　　　　　72
　　　日本第4届旧名人战七番胜负第6局　林海峰VS坂田荣男

037　破垒之局　　　　　　　　　　　　　　　　　　74
　　　1966年中日围棋交流特别棋战　王汝南VS梶原武雄

038　韩流萌芽之局　　　　　　　　　　　　　　　　76
　　　韩国第10届国手战五番胜负第4局　赵南哲VS金寅

039　大逆转之局　　　　　　　　　　　　　　　　　78
　　　日本第12届旧名人战七番胜负第4局　石田芳夫VS林海峰

040　刚克柔之局　　　　　　　　　　　　　　　　　80
　　　1974年中日围棋交流赛　华以刚VS加田克司

041　旋风之局　　　　　　　　　　　　　　　　　　　　82
　　1976年中日围棋交流赛第7场　聂卫平 VS 石田芳夫

042　大杀戮之局　　　　　　　　　　　　　　　　　　84
　　日本第2届棋圣战七番胜负第5局　藤泽秀行 VS 加藤正夫

043　大三冠之局　　　　　　　　　　　　　　　　　　86
　　日本第7届棋圣战七番胜负第7局　藤泽秀行 VS 赵治勋

044　破谶之局　　　　　　　　　　　　　　　　　　　88
　　第1届中日围棋擂台赛第6局　石田章 VS 江铸久

045　克超首局　　　　　　　　　　　　　　　　　　　90
　　第1届中日围棋擂台赛第13局　聂卫平 VS 小林光一

046　复兴之局　　　　　　　　　　　　　　　　　　　92
　　第1届中日围棋擂台赛决胜局　聂卫平 VS 藤泽秀行

047　轮椅决斗之局　　　　　　　　　　　　　　　　　94
　　日本第10届棋圣战七番胜负　赵治勋 VS 小林光一

048　龙蛇争霸之局　　　　　　　　　　　　　　　　　96
　　韩国第29届国手战五番胜负第3局　曹薰铉 VS 徐奉洙

049　铁闸之局　　　　　　　　　　　　　　　　　　　98
　　第3届中日围棋擂台赛决胜局　聂卫平 VS 加藤正夫

050　中国名人首诞之局　　　　　　　　　　　　　　100
　　第1届名人战决赛五番胜负第4局　刘小光 VS 俞斌

051　世界冠军首诞之局　　　　　　　　　　　　　　102
　　第1届富士通杯世界职业围棋锦标赛决赛　武宫正树 VS 林海峰

5

052 遗恨之局 104
第 1 届应氏杯世界职业围棋赛决赛五番胜负第 5 局 曹薰铉 VS 聂卫平

053 钝刀之局 106
第 4 届富士通杯世界职业围棋锦标赛半决赛 钱宇平 VS 小林光一

054 少冠之局 108
第 3 届东洋证券杯决赛五番胜负第 5 局 林海峰 VS 李昌镐

055 皓冠之局 110
日本第 40 届王座战五番胜负第 3 局 藤泽秀行 VS 小林光一

056 师徒之局 112
韩国第 4 届棋圣战决赛七番胜负第 7 局 曹薰铉 VS 李昌镐

057 魔咒之局 114
日本第 47 届本因坊战七番胜负第 7 局 赵治勋 VS 小林光一

058 女克超之局 116
第 7 届富士通杯世界职业围棋锦标赛第 2 轮 华学明 VS 大竹英雄

059 正名之局 118
第 9 届中日围棋擂台赛第 9 局 加藤正夫 VS 曹大元

060 双龙之局 120
《新民围棋》聂马特别七番棋战第 7 局 马晓春 VS 聂卫平

061 双冠王之局 122
第 8 届富士通杯世界职业围棋锦标赛决赛 马晓春 VS 小林光一

062 终结之局 124
第 11 届中日围棋擂台赛第 12 局 常昊 VS 大竹英雄

063　新星争冠之局 　　　　　　　　　　　　　　　**126**
第 3 届应氏杯世界职业围棋赛决赛五番胜负第 4 局　依田纪基 VS 刘昌赫

064　九连胜终赛之局 　　　　　　　　　　　　　　**128**
第 5 届真露杯世界围棋最强战第 11 局　徐奉洙 VS 马晓春

065　瑜亮之局 　　　　　　　　　　　　　　　　　**130**
第 3 届三星杯世界围棋公开赛决赛五番胜负第 5 局　李昌镐 VS 马晓春

066　新双龙之局 　　　　　　　　　　　　　　　　**132**
第 1 届棋圣战决赛七番胜负第 7 局　常昊 VS 马晓春

067　女冠之局 　　　　　　　　　　　　　　　　　**134**
韩国第 43 届国手战决赛三番胜负第 3 局　芮乃伟 VS 曹薰铉

068　鱼跃龙门之局 　　　　　　　　　　　　　　　**136**
第 4 届 LG 杯世界棋王战决赛五番胜负第 4 局　刘昌赫 VS 俞斌

069　十三连霸之局 　　　　　　　　　　　　　　　**138**
第 14 届名人战五番胜负第 5 局　马晓春 VS 常昊

070　飞禽岛少年之局 　　　　　　　　　　　　　　**140**
第 15 届富士通杯世界职业围棋锦标赛决赛　刘昌赫 VS 李世石

071　昆仑日出之局 　　　　　　　　　　　　　　　**142**
第 5 届应氏杯世界职业围棋赛决赛五番胜负第 4 局　常昊 VS 崔哲瀚

072　十七冠之局 　　　　　　　　　　　　　　　　**144**
第 5 届春兰杯世界职业围棋锦标赛决赛三番胜负决胜局　李昌镐 VS 周鹤洋

073　神思奇局 　　　　　　　　　　　　　　　　　**146**
第 10 届三星杯世界围棋公开赛半决赛三番胜负决胜局　崔哲瀚 VS 罗洗河

074 宝岛棋王之局   148
第 11 届 LG 杯世界棋王战决赛五番胜负第 3 局 周俊勋 VS 胡耀宇

075 农心首冕之局   150
第 9 届农心杯世界围棋团体赛第 14 局 常昊 VS 朴永训

076 百潭寺世纪之局   152
第 13 届 LG 杯世界棋王战决赛三番胜负第 2 局 李世石 VS 古力

077 常李终战之局   154
第 7 届春兰杯世界职业围棋锦标赛决赛三番胜负第 2 局 李昌镐 VS 常昊

078 砺剑之局   156
第 23 届富士通杯世界职业围棋锦标赛决赛 李世石 VS 孔杰

079 地震之局   158
日本第 35 届棋圣战七番胜负第 6 局 张栩 VS 井山裕太

080 双雄之局   160
第 13 届农心杯世界围棋团体赛第 14 局 谢赫 VS 李昌镐

081 四劫循环之局   162
2012 三星财产杯世界围棋大师赛双败淘汰第 2 轮 古力 VS 李世石

082 潮起之局   164
第 1 届百灵杯世界围棋公开赛决赛五番胜负第 3 局 陈耀烨 VS 周睿羊

083 新涛之局   166
第 7 届应氏杯世界职业围棋赛决赛五番胜负第 4 局 范廷钰 VS 朴廷桓

084 尝胆之局   168
第 9 届春兰杯世界围棋锦标赛决赛三番胜负第 3 局 陈耀烨 VS 李世石

085　天意之局　　　　　　　　　　　　　　　　　　　　　170
　　第1届Mlily梦百合杯世界围棋公开赛决赛五番胜负第4局　芈昱廷VS古力

086　跨越之局　　　　　　　　　　　　　　　　　　　　　172
　　第15届农心杯世界围棋团体赛第14局　时越VS朴廷桓

087　六霸之局　　　　　　　　　　　　　　　　　　　　　174
　　第18届LG杯世界棋王战决赛三番胜负第3局　周睿羊VS柁嘉熹

088　高原奇局　　　　　　　　　　　　　　　　　　　　　176
　　2014金立手机杯中国围棋甲级联赛第6轮主将战　李世石VS江维杰

089　十番再现之局　　　　　　　　　　　　　　　　　　　178
　　Mlily梦百合世纪之战古李十番棋第8局　古力VS李世石

090　新王之局　　　　　　　　　　　　　　　　　　　　　180
　　第19届LG杯世界棋王战决赛三番胜负第3局　朴廷桓VS金志锡

091　八冠之局　　　　　　　　　　　　　　　　　　　　　182
　　第10届春兰杯世界职业围棋锦标赛决赛三番胜负第2局　古力VS周睿羊

092　争鸣之局　　　　　　　　　　　　　　　　　　　　　184
　　第2届Mlily梦百合杯世界围棋公开赛决赛五番胜负第5局　柯洁VS李世石

093　神手之局　　　　　　　　　　　　　　　　　　　　　186
　　2016世界人机大战第4局　AlphaGo VS李世石

094　全冠王之局　　　　　　　　　　　　　　　　　　　　188
　　日本第54届十段战五番胜负第4局　井山裕太VS伊田笃史

095　新星冲天之局　　　　　　　　　　　　　　　　　　　190
　　第8届应氏杯世界职业围棋赛决赛五番胜负第5局　唐韦星VS朴廷桓

096　狂飙之局　　　　　　　　　　　　　　　　　　　　192
　　　第18届农心杯世界围棋团体赛第9局　范廷钰 VS 村川大介

097　少帅之局　　　　　　　　　　　　　　　　　　　　194
　　　2016三星车险杯世界围棋大师赛决赛三番胜负第3局　柯洁 VS 柁嘉熹

098　女王之局　　　　　　　　　　　　　　　　　　　　196
　　　第4届中信置业杯中国女子围甲联赛第18轮　芮乃伟 VS 於之莹

099　异形之局　　　　　　　　　　　　　　　　　　　　198
　　　Master 网络测试对局第60局　古力 VS Master(P)

100　终章之局　　　　　　　　　　　　　　　　　　　　200
　　　2017乌镇围棋峰会人机大战第2局　AlphaGo VS 柯洁

《弈典》百局，如同望见征路烽燧，熊熊燃烧在漫长棋道间，传递着围棋从古至今生生不息的讯号。

弈典

001 棋谱首局

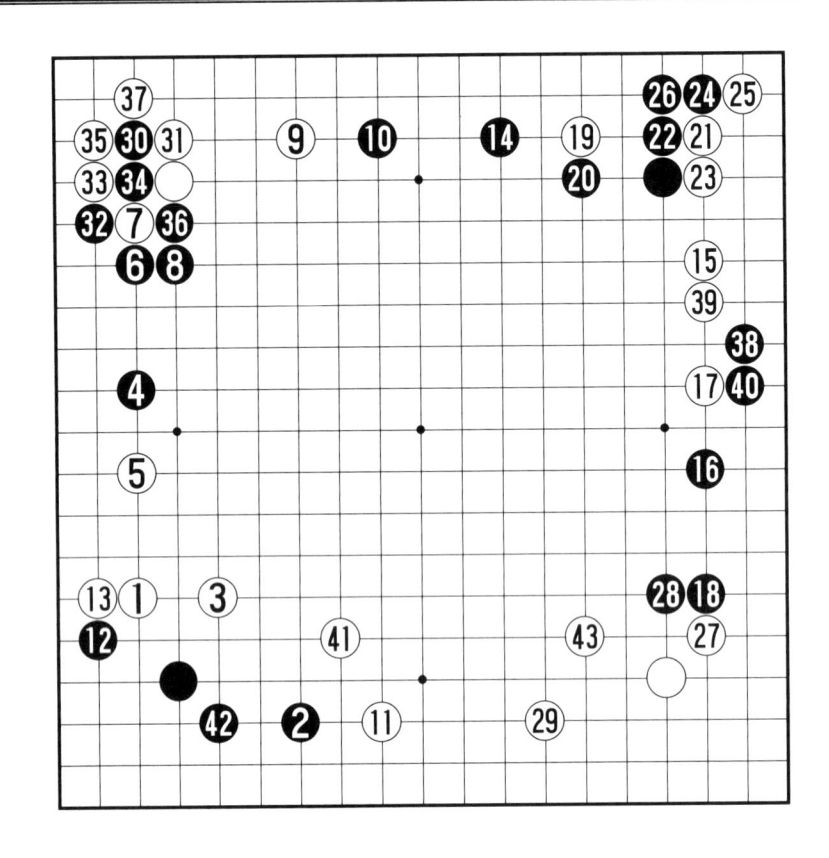

孙策诏吕范弈棋局面
孙策
吕范
共 43 手 胜负不明
弈于东汉时期

  棋谱记载的起源《孙策诏吕范弈棋局面》,弈于三国时期,记录于宋代著名国手李逸民编著的《忘忧清乐集》中,是所传中国现存最早、最具权威性的围棋棋谱,在围棋史上占有重要的地位,具有重大影响。

现存标注有对弈者名和时间线索的最古老的围棋谱,为"孙策召吕范弈棋局面"。该谱载于南宋《忘忧清乐集》中。棋局为19路棋盘,对角星座子开局,白先行,共43着。

孙策(175—200),浙江富春大族之后,三国时东吴政权的奠基者。

吕范(？—228),汝南细阳(今安徽太和)人,孙策的亲戚、部下和好友。两人好弈,史有明载。《三国志·吴书·吕范传》注引《江表传》云:建安四年(199年),吕范随孙策攻破庐江等地后返回东吴,孙策"从容独与范棋"。

对于《孙策诏吕范弈棋局面》,有人以当时流行17路棋盘而提出疑问,也有人认为当时出现19路棋盘已有可能。两种观点均为推测。北周时的《敦煌棋经》明确指出围棋为19路,并记载当时有围棋谱"汉图一十三势"、"吴图廿四盘",二者当有关联。本谱是否为"吴图"之一,可以研究。一千五百年前的棋经、一千年前的古谱有载,后人应予尊重。即使如疑,由于本谱所载《忘忧清乐集》为世界上现存最古老的棋谱集,故本谱无论如何均为世界最早的围棋棋谱。《孙策诏吕范弈棋局面》仅存布局四十三手,最终胜负情况不明,该棋谱距今已有一千八百年的历史。

实战图一 古谱中鲜明的座子开局,对局者执黑、白状况不明。白

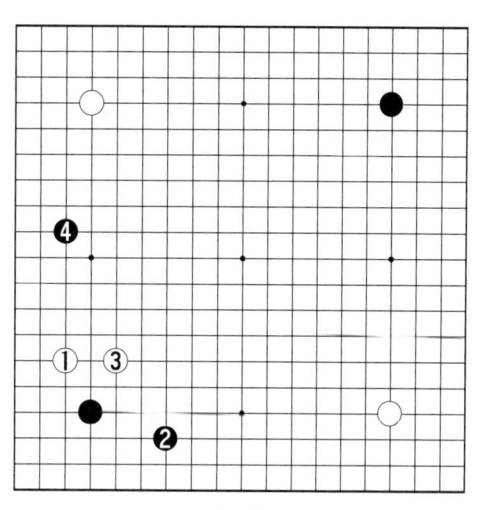

实战图一

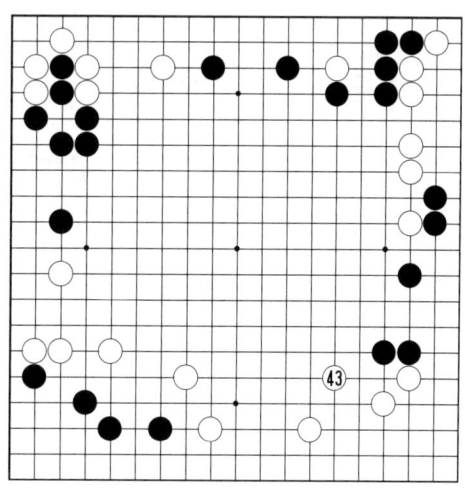

实战图二

3跳起,黑4分投,是古棋中司空见惯的下法。

实战图二 行至第43手,这张存世最早的棋谱戛然而止,后续记录不详。通过这43手棋,虽然后人无从更全面地了解那个时代的围棋全貌,但从中可以管窥早在三国时期,或者更早的年代,我国的围棋水平就已经达到了相当的高度,这是值得肯定的。

弈典

002 君臣首弈之局

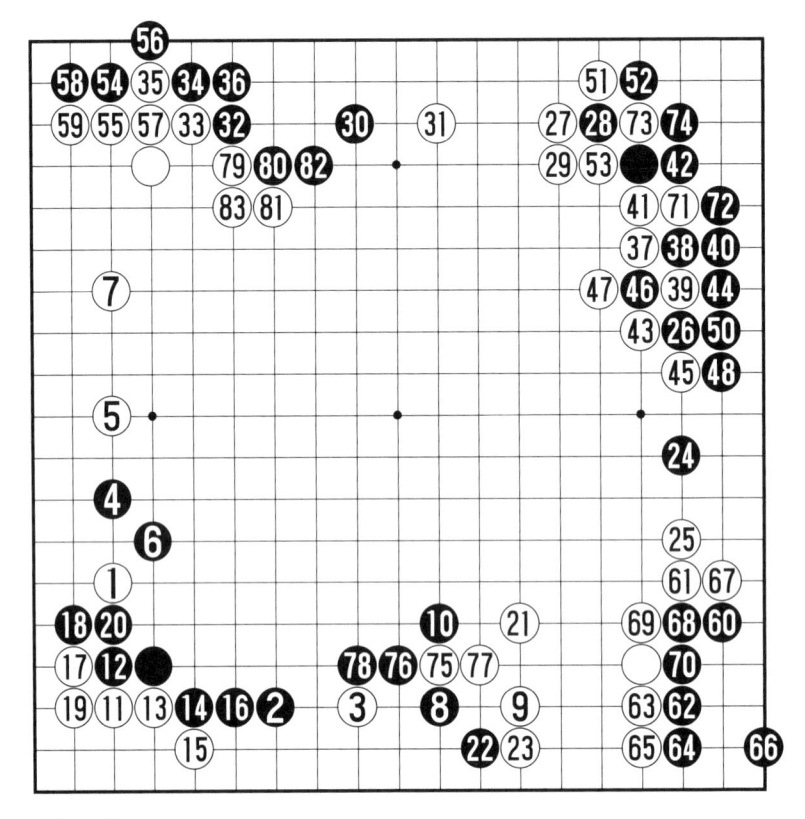

㊾＝㊴

晋武帝诏王武子弈棋局面

晋武帝

王武子

共 83 手 胜负不明

弈于西晋时期

《晋武帝诏王武子弈棋局面》是有史记载的中国历史上最早的君臣对弈棋谱，全局共弈83手，弥足珍贵。在历史上是堪与《孙策诏吕范弈棋局面》相并立的围棋瑰宝，同时也是研究古代围棋不可或缺的珍贵文献。

君臣首弈之局

晋武帝(236—290)，即司马炎，字安世，河南省温县人，晋朝开国皇帝，265—290年在位。王济是武帝的女婿，字武子。

三国两晋时期，围棋之风大盛，史有所载的名人弈棋轶事不胜枚举。除有人类围棋第一张棋谱《孙策诏吕范弈棋局面》外，流传甚广的有魏武帝曹操、魏文帝曹丕，吴主孙皓以及建安七子中的孔融、王粲、应玚，著有《博物志》的晋中书令张华，晋竹林七贤的阮籍等等。而晋代的《晋武帝诏王武子弈棋局面》则是有谱记载的珍贵史料。

晋武帝司马炎善弈，《晋书·杜预传》曾记载晋武帝与中书令张华弈棋之事：杜预送来伐吴表章，时帝与中书令张华弈棋，而预表适至。华推枰敛手曰："陛下圣明神武，朝野清晏，国富兵强，号令如一，吴主荒淫骄虐，诛杀贤能，当今讨之，可不劳而定。"帝乃许之。此一段轶事后人誉之为"围棋定策"。

与武帝同时期的吴主孙皓，沉于酒色，昏庸残暴，却也颇好弈棋。大概正是为此原因，三国末期孙皓降晋时才幸免一死，而被封为"归命侯"。在武帝弈棋时，孙皓常常侍奉左右。有一次武帝与侍中王武子下棋，王武子问孙皓："听说你在吴国时剥人面、刖人足，有这回事吗？"孙皓回答说："作为人臣而失礼于君主，他就应当受这种刑罚。"

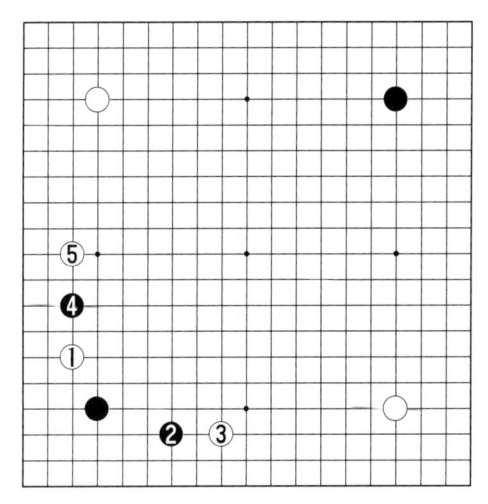

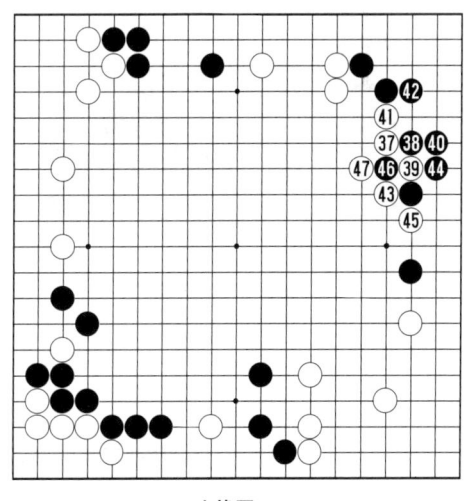

实战图一　《晋武帝诏王武子弈棋局面》留下了83手棋谱，成为围棋史上至为珍贵的资料。开局白1挂角后白3逼，以及黑4反逼，白5再逼的下法在当时并不多见。

实战图二　白39以下在右上的定型颇为重视中腹厚味，压低黑右方实空，子效活跃。其后当黑棋潜入白棋右下时，白贯彻取势的初衷厚实定型。

弈典

003 皇帝与待诏之局

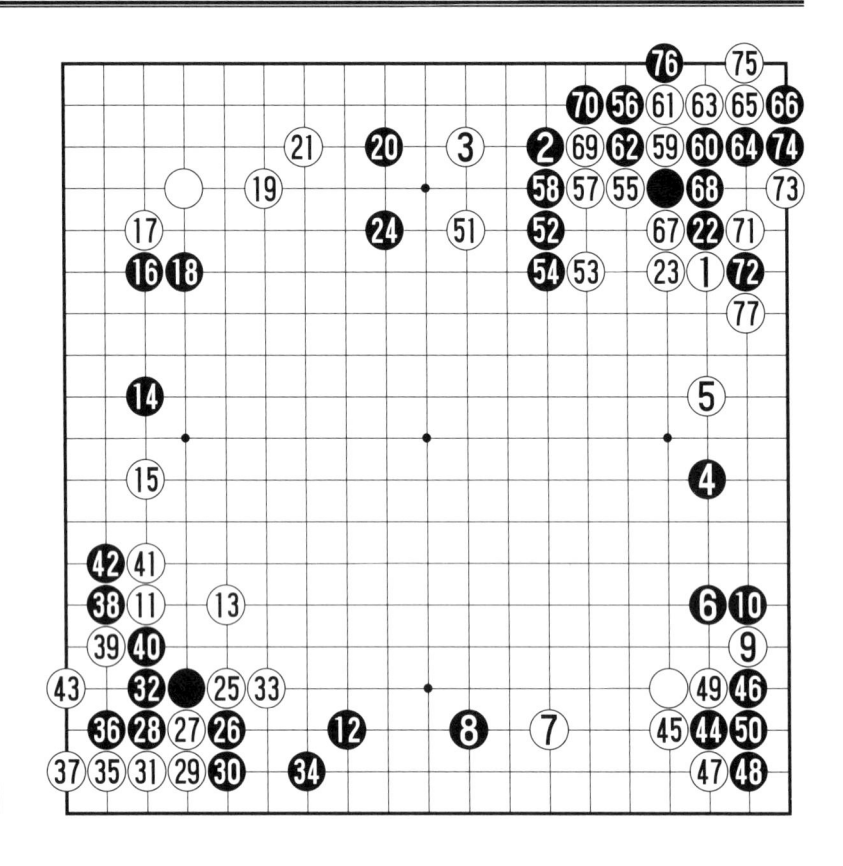

明皇诏郑观音弈棋局面
唐明皇
郑观音
共弈 77 手
弈于唐代

  棋待诏的设立始于唐朝,所谓"诏",即指皇帝的诏书,"待诏"犹言候命。翰林院设置棋待诏这样的官职,用以招揽国内外的围棋高手与君王弈棋。《明皇诏郑观音弈棋局面》就是中国围棋史上帝王与棋待诏的对弈,共77手传世。

皇帝与待诏之局

唐明皇，即唐玄宗李隆基(685—762)，公元712—756年在位。《旧唐书·本纪》称他:性英断多艺,尤知音律,善八分书,仪范伟丽,有非常之表。

郑观音,生卒年月不详,唐代棋待诏。

经过三国两晋南北朝时期的一段发展之后,围棋在隋唐时期迎来了又一个高峰。自唐高祖李渊始几代皇帝都是围棋爱好者,斯时上至宫廷权贵,下至朝野逸民无不以弈事为能。唐朝的帝王爱好围棋,棋待诏应运而生,使得围棋在文武官员以及平民百姓之间迅速普及。棋待诏的设立大致分为形成期与固定期两个阶段,玄宗以前棋手候命于翰林院,等待天子宣召,并无官称。玄宗时正式授予官职,即"棋待诏"。这种官职没有品秩,属于使职差遣之类,在翰林院中地位比较低微。唐代著名的棋待诏有王积薪、顾师言、郑观音等人。

《明皇诏郑观音弈棋局面》是指唐玄宗李隆基与棋待诏郑观音的对弈。玄宗棋艺尤精,常在宫中与臣下妃子等对弈或观棋。五代时南唐画家周文矩为此曾绘《明皇会棋图》,现存中国台湾故宫博物院,图中有乾隆皇帝的御笔题诗。

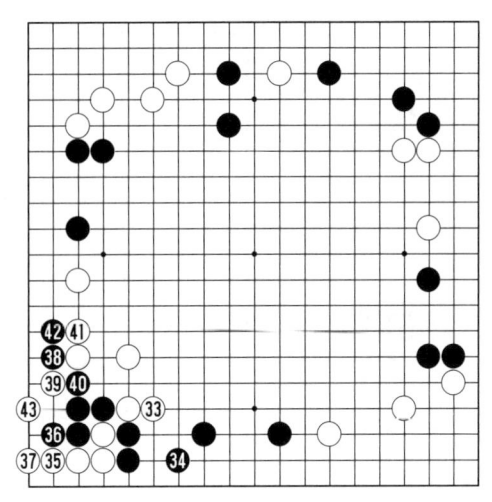

实战图一 白33长后,黑34应于35位吃三子,白并无大优势。如图至白43黑五子被擒,白已确立胜势。

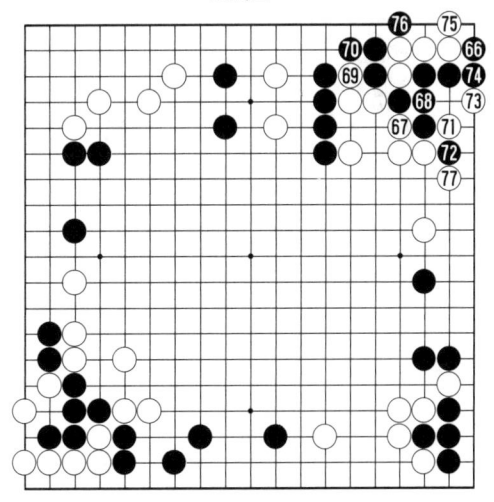

实战图二 至白77右上形成对杀,黑被全歼,棋局戛然而止。黑棋输得很惨,从观棋的角度或有遗憾,但从研究棋史的角度,77手足矣。唐时宫中和文人士大夫围棋活动甚盛,但诸多轶事虽史有所载,可惜却没有棋谱传世,因此77手的《明皇诏郑观音弈棋局面》显得弥足珍贵。

实战图一

实战图二

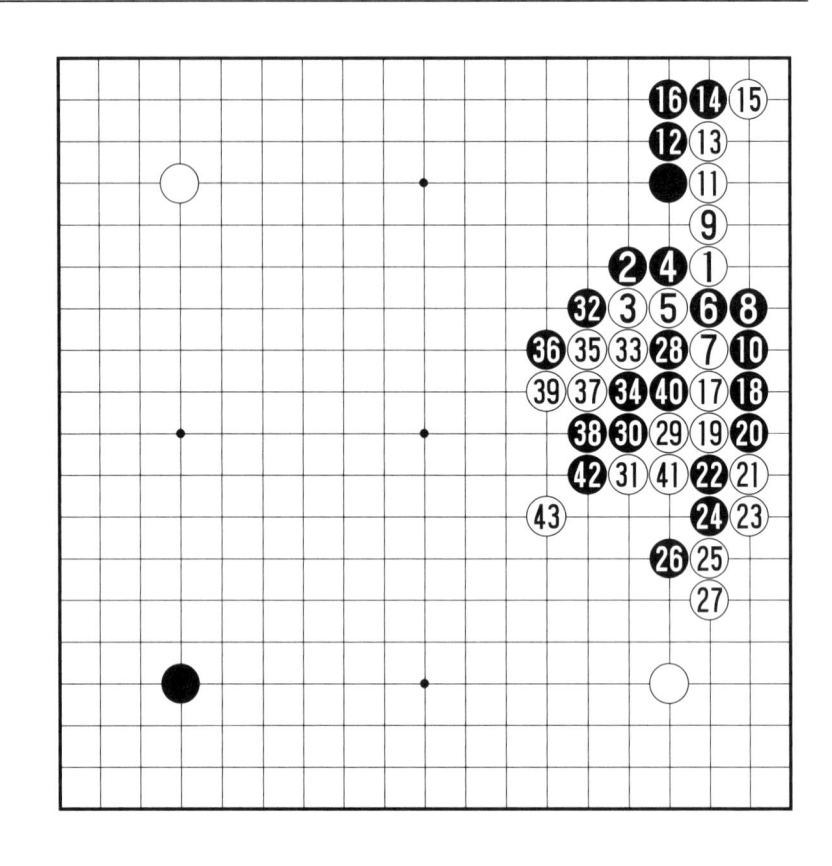

004 解双征之局

王积薪一子解双征

○ 王积薪
● 佚名
共 43 手 白中盘胜
对弈于唐代

　　一子解双征是棋中至妙名手,一般弈出都会成为名局。人类棋谱中最早记载的一子解双征出自于我国唐代,并贯穿着围棋历史上的一桩公案至今无人能解,唐人顾师言的镇神头和王积薪一子解双征的故事,使这一千古奇局更显扑朔迷离。

解双征之局

顾师言，唐代棋手。会昌、大中年间翰林院棋待诏。

王积薪，唐代棋手，唐玄宗时期的棋待诏。

唐苏鹗《杜阳杂编》记载：唐宣宗大中中，日本国王子来朝，献宝器音乐，上设百戏珍馔以礼焉。王子善围棋，上敕顾师言待诏为对手。王子出楸玉局，冷暖玉棋子。云："本国之东三万里，有集真岛，岛上有凝霞台，台上有手谈池。池中生玉棋子，不由制度，自然黑白分焉，冬温夏冷，故谓之冷暖玉。又产如楸玉，状类楸木，琢之为棋局，光洁可鉴。"及师言与之敌手，至三十三下，胜负未决。师言惧辱君命，而汗手凝思，方敢落指，则谓之镇神头，乃是解两征势也。王子瞪目缩臂，已伏不胜。回语鸿胪曰："待诏第几手耶？"鸿胪诡对曰："第三手也。"师言实第一国手矣。王子曰："愿见第一。"对曰："王子胜第三，方得见第二；胜第二，方得见第一。今欲躁见第一，其可得乎？"王子掩局而吁曰："小国之一，不如大国之三，信矣。"今好事者尚有顾师言三十三镇神头图。

然而，镇神头故事虽然精彩，可惜没有棋谱传世，一子解双征的棋谱却载于宋代李逸民所著《忘忧清乐集》中，而弈者为唐代著名国手王积薪。

实战图一 黑 2 镇，这一手法在古谱中一度流行。

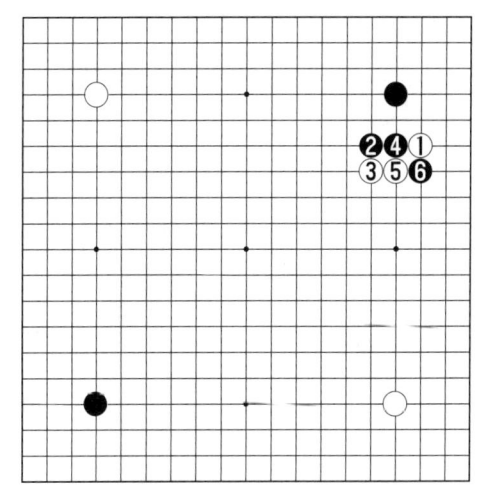

实战图一

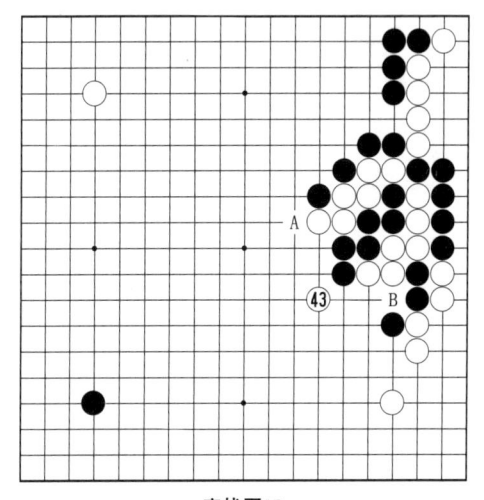

实战图二

实战图二 黑棋可以从 A，B 两处征吃白棋棋筋，白形势岌岌可危。然而白 43 一发，同时防住两个征子，是为一子解双征之妙手。

有关镇神头的棋谱争论由来已久，无法辨清真伪。今天我们能够见到的镇神头、一子解双征的棋谱自有其历史价值和学术价值，究其著作权之归属，至少宋时就已传世，这就足够了。

005 饶子首局

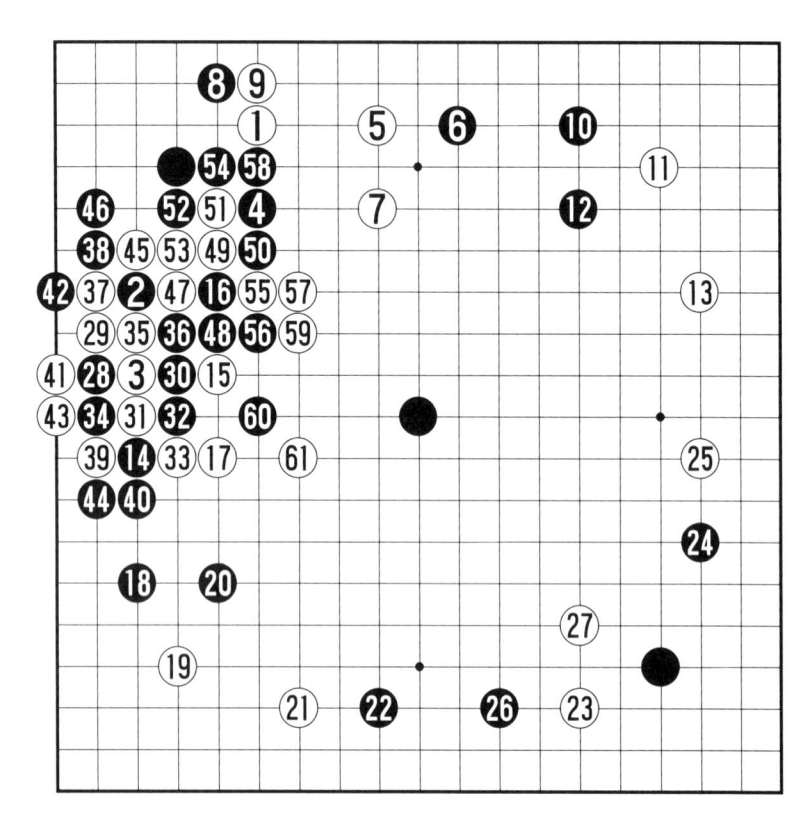

李百祥饶三路局图
○ 李百祥
● 佚名（三子）
共 61 手 白胜
对弈于宋代

饶子是一种特殊的围棋竞技方式，即以让子来平衡棋手间的实力差异。让子古称"饶子"，我国古代围棋最早的饶子棋谱记载是《忘忧清乐集》中的李百祥的饶三路局图。

饶子首局

饶子即现代棋局中的让子,据《杨文公谈苑》记载,宋太宗赵光义"棋品第一",经常与太宗弈棋的潘慎修献诗云:"如今乐得仙翁术,也怯君王四路饶。"(《杨文公谈苑》,上海古籍出版社,1993年版,第120页至第121页。)"四路饶"就是让四子的意思。这是目前可见世界最早的围棋让子棋文字记载,但没有留下棋谱。

我国最早的围棋饶子棋谱记载,是宋李逸民所著的《忘忧清乐集》中李百祥的对局。

李百祥是与刘仲甫同时代之围棋国手,生卒年月和生平事迹不详。文字记载仅见于《忘忧清乐集》所附清钱曾《读书敏求记》一则:逸民云:我朝善弈显名天下者,昔年待诏老刘宗,以至今日刘仲甫、杨中隐、王琬、孙侁、郭范、李百祥辈。

实战图一 李百祥有棋谱数局载于《忘忧清乐集》。本局是有史记载的第一局让子棋谱,李百祥饶三子对弈61手获胜。

我国古代著名的饶子局有清代黄龙士,徐星友的血泪篇。而清代施襄夏对张振西的四子局,因其气势磅礴的活征场面,堪称古今饶子局的经典之作。

实战图二 关于血泪篇本书后面有专文介绍,此处值得一提的是清代名手施襄夏饶张振西四子的对局,至今都堪称是让子棋的经典。施襄夏从中盘就开始酝酿,白虽因征子不利无法吃掉黑中央一团,施襄夏却利用威胁黑棋下方大龙,逆征子常理而行白111,129两度展开活征。本局棋谱收录于清代王存善所辑《寄青霞馆弈选》,相关背景资料缺失,而且只记录至154手,其后进程不详。事实上,黑154后,白A位打黑B白C,黑受中央征子的拖累并不能活棋。

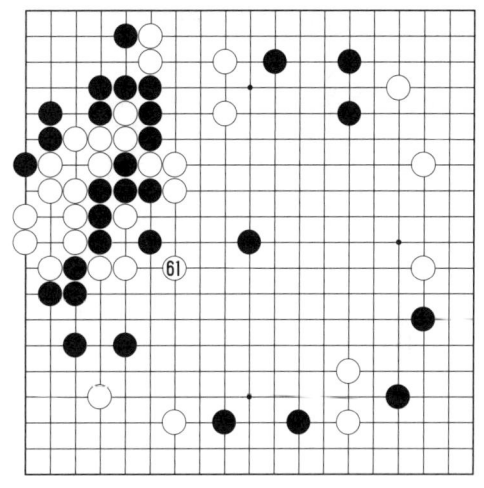

实战图一

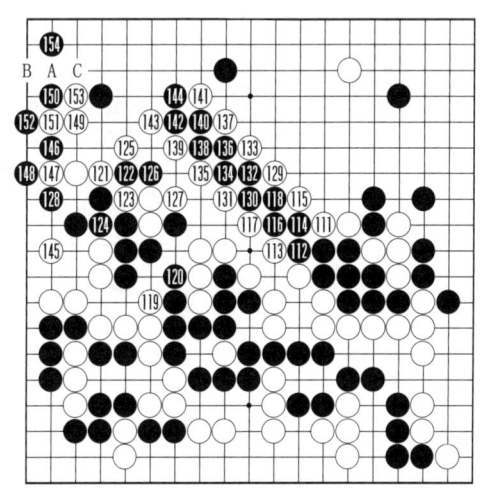

实战图二

006 性别首局

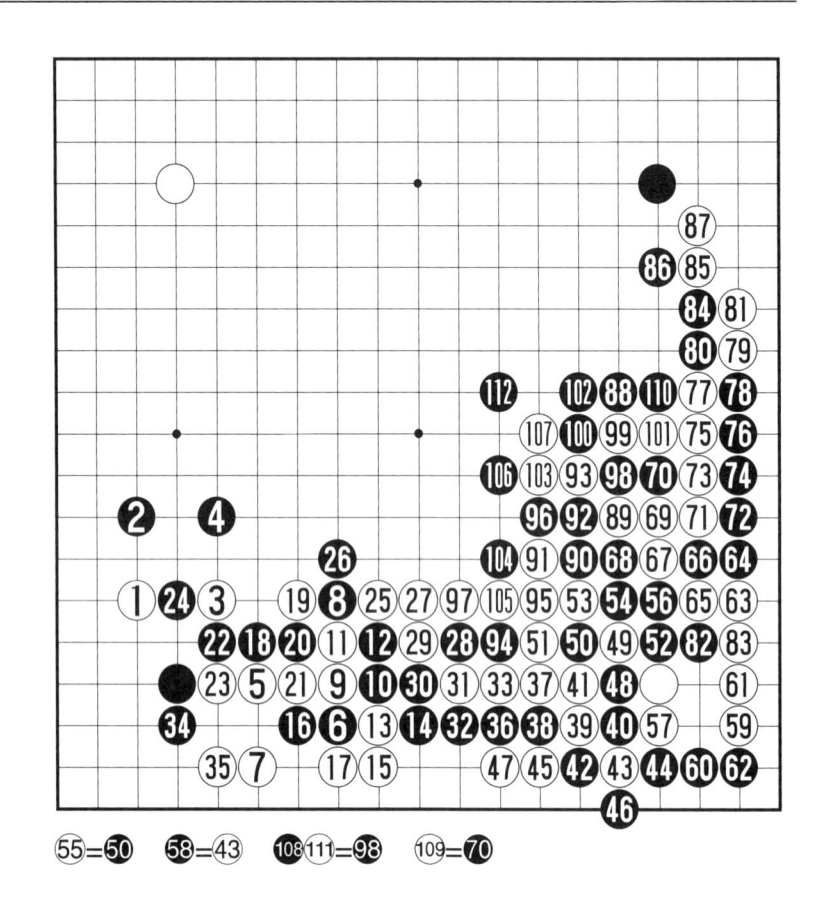

⑤⑤=㊿　⑤⑧=㊸　⑩⑧⑪⑪=❾❽　⑩❾=⑦⓪

刘仲甫遇骊山老媪弈棋局面

○ 刘仲甫

● 骊山老媪

共 112 手　黑中盘胜

弈于宋代

宋代大国手刘仲甫与骊山老媪的对弈，据张如安《中国围棋史》记载，这是历史上男女对弈的第一张棋谱。本局载于《忘忧清乐集》中，112手终局。

本局即著名的"遇仙图"。

据张如安的《中国围棋史》记载："遇仙图"传为刘仲甫与骊山老姥的弈棋局面图，这显然是比附唐代棋杰王积薪与蜀山妇姑的故事。但我们可以肯定这局棋是刘仲甫与某女子高棋的对局记录，它是我国最早的男女国手对局谱，因而特别珍贵。

刘仲甫字甫之，籍贯有济阳（今属山东）、江西、江南诸说。北宋哲宗、徽宗时期的围棋大国手，元祐至政和年间，独霸弈林数十载，驰骋棋坛所向披靡。任翰林院棋待诏，擅名二十余年。刘仲甫著述甚多，有《忘忧集》《棋势》《棋诀》及《造微》《精理》诸集，现今仅《棋诀》存世。

据宋人何薳《春渚记闻》卷二"杂记"类中曾有记载：刘仲甫旅居钱塘时，每日早出晚归观看钱塘高手对局，并在自己房前树起"江南棋客刘仲甫，奉饶天下棋先"的招牌，出银三百两为赌注与当地最高手赌棋，一时观者如堵。然而棋至中盘他却将棋枰拂乱，众人指责他输棋耍赖时，他却不慌不忙将几日看过的棋局一一在棋盘上摆出，边摆边讲解，一连摆了七十余局无一路差错，令众人心悦诚服。最后他才摆出被自己搅乱的一局，"此局观者都以为黑已胜定，其实白棋自有回春妙手可胜十余路。"说着他在无关之处下了一子。众人都不解此着之意，刘仲甫说："这手棋待二十着后自有妙用。"果然，棋下二十着，恰恰相遇此子，局势顿时大变，至终局白胜十三路。刘仲甫遂声名大振。

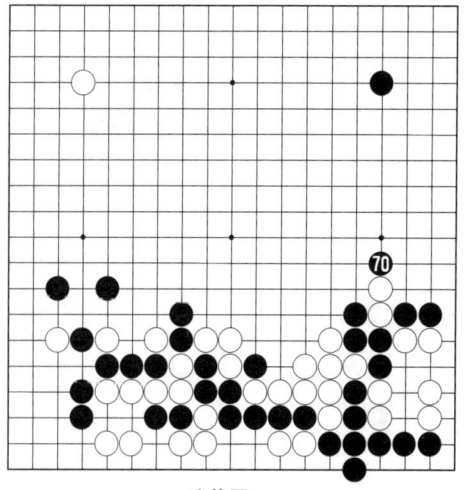

实战图一 本局有着超乎常人的神来之着，在黑棋看似岌岌可危之际，黑70顶二子头祭出神来之笔，棋局为之改观。

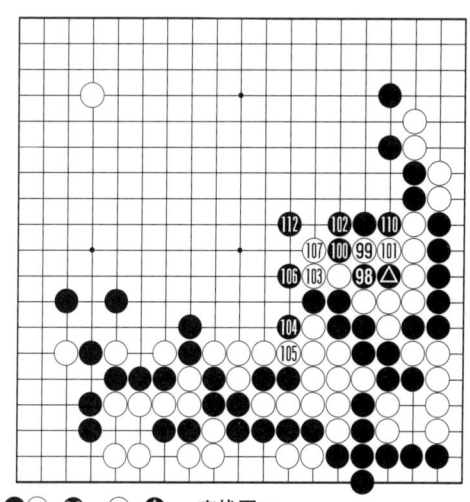

实战图二 此后依然激烈，黑98断制胜之手，至黑112白全灭。

007 联棋首局

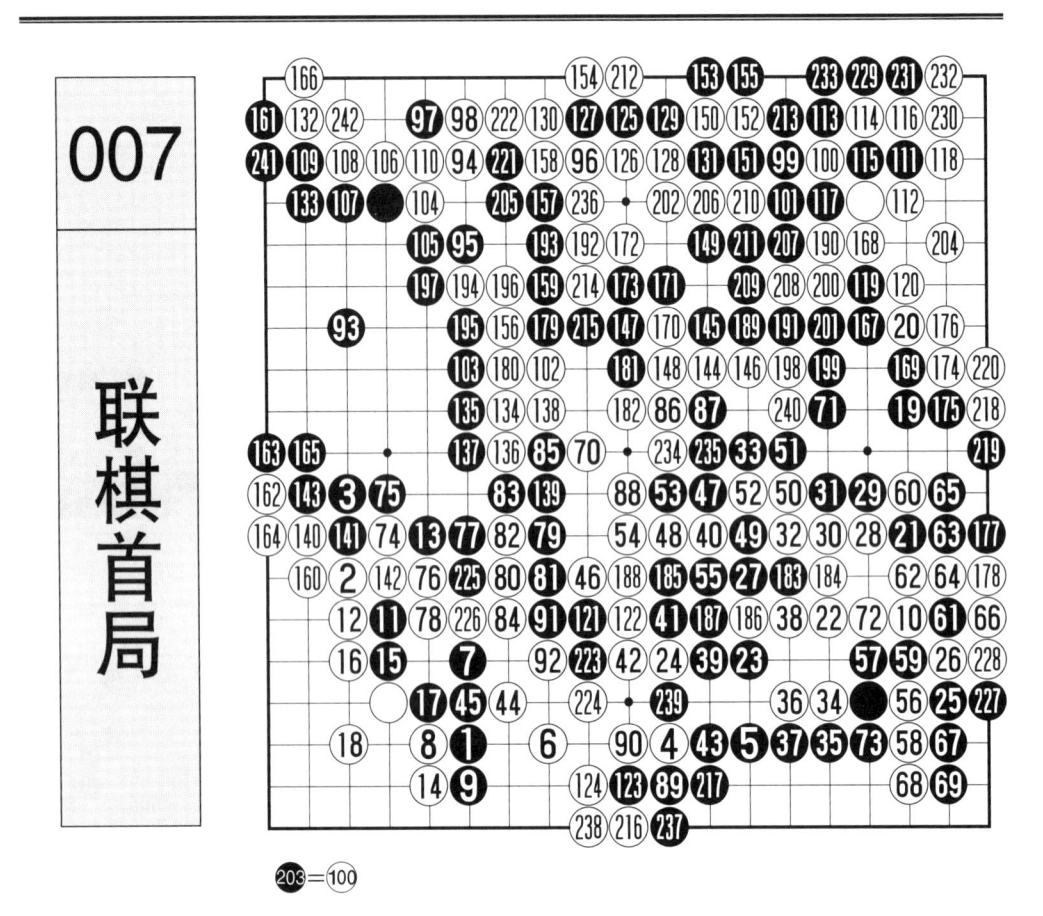

203=100

成都府四仙子图

● 杨中和(第1着) 王珏(第3着)
○ 孙侁(第2着) 刘仲甫(第4着)

共242手 白胜

宋 元祐九年(1094)弈于彭城

《成都府四仙子图》是一局四人联棋谱，由刘仲甫、王珏、杨中和、孙侁四人联手所弈，载于宋人李逸民所著的《忘忧清乐集》中，是中国乃至世界围棋史上有谱记载的第一局"四人联棋"，为联棋赛事开创先河者。

14

刘仲甫、王珏、杨中和、孙侁,宋代围棋国手,关于刘仲甫上文已有介绍,王珏、杨中和、孙侁等平生事迹不详。

对于四人联棋的记录,始见于北宋沈括所著《梦溪笔谈》卷十八《技艺》一篇中:四人分曹共围棋者,有术可令必胜;以我曹不能者,立于彼曹能者之上,令但求急;先攻其必应,则彼曹能者其所制,不暇恤局;则常以我曹能者当彼不能者。此孙膑斗马术也。

此文介绍"四人联棋"的排兵布阵之术,战术运用的取胜之道,可见宋时围棋四人联棋已非常普及。

对于《成都府四仙子图》,元人严德甫、晏天章编著的《玄玄棋经》中对《四仙子图序》一文有详细记录:"东昏徐宗彦述其图云:元祐九年正月十日,济阳刘甫之仲甫、毗陵王君玉珏、邺郡杨正甫中和、夷门孙侁之傀,相遇于彭城之市楼。熙然谈笑而相谓曰:侵窗气清,埋檐雪白,可乘一时之兴,共筹四子之枰,众欲之乎?咸称其乐。兹四子者,盖往者之所莫及,而来者之所未有。可谓冠绝天下,而为圣代之棋师者矣。局展未几,天台老人翩然来观。置酒于坐隅,且饮且战,神合意闲,更相应变。局结而胜负几均矣。观者莫不竦身而加叹焉。宗彦因索笔以录其事于局图之首,用识异时尔。"

实战图一　元祐九年正月十

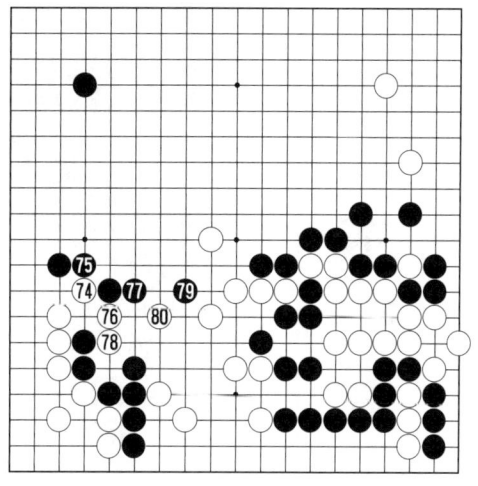

实战图一

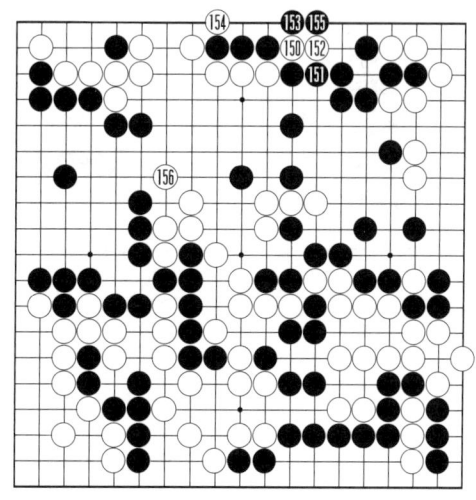

实战图二

日,刘仲甫、王珏、杨中和、孙侁共棋一局。杨中和、王珏用黑,刘仲甫、孙侁用白。白74尖断严厉,黑77不敢强战,白80吃去七子实地颇丰。

实战图二　白150断巧手,白156尖已是白棋稍优的局面。以下进行了近百手,最终白小胜。此高规格的联棋,不仅是围棋史上的第一次,而且双方全局几无恶手,质量之高令人叹为观止。

弈典

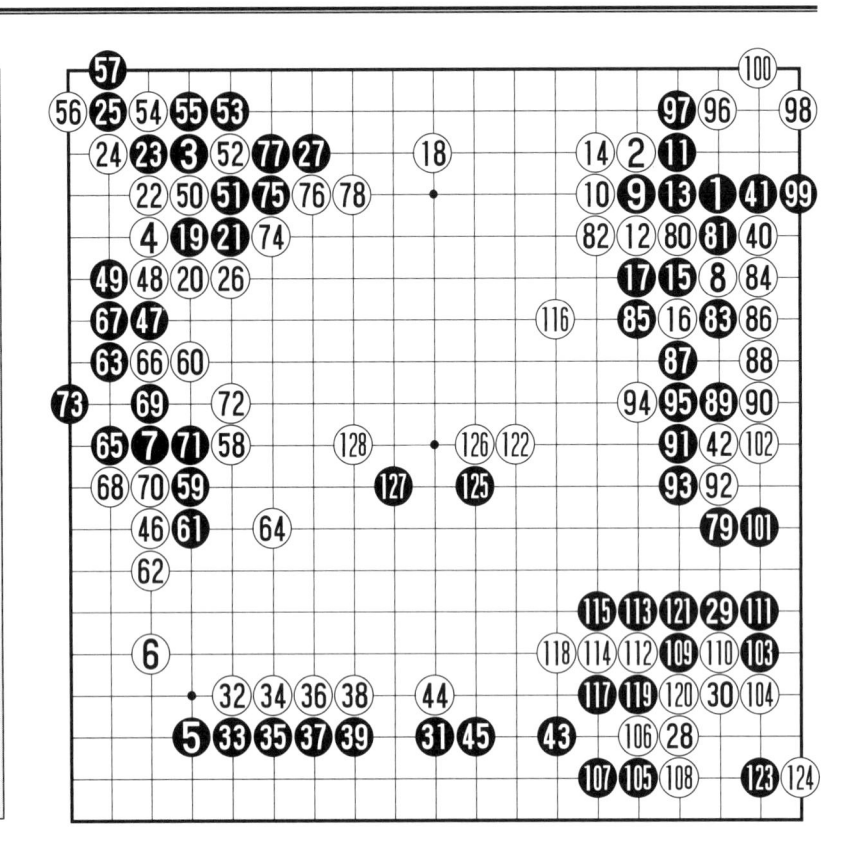

008 本能寺三劫之局

本能寺三劫之局
● 鹿盐利玄
○ 本因坊算砂
共128手(以下不明) 无胜负
日本天正十年(1582)6月1日
弈于日本京都本能寺

　　围棋中因规则原因不能使棋局进行并决出胜负的案例受关注度很高,棋局流传的生命力也更旺盛。"千局一遇"的无胜负因而常常成为棋局中的奇葩,令人回味无穷。本局是围棋历史上最早的无胜负记载,亦称"本能寺三劫之局"。

鹿盐利玄，一世林门入之师，后世称为林家之元祖(创始人)。

本因坊算砂（1559—1623），法名日海，日本江户时期著名棋士，一世本因坊，本因坊家创始人，围棋与将棋均有极高造诣。

据日本《坐隐谈丛》记载：天正十年六月朔日，日海与鹿盐利玄弈于将军织田信长的行辕京都本能寺。对局的终盘偶然形成了罕见的"三劫循环"现象，使得对局者与观战者都惊诧不已，这局棋只好判定为"无胜负"。日海和鹿盐利玄离开本能寺后，当夜织田信长的部将明智光秀率军叛变，围攻本能寺，袭杀织田信长及其子信忠。本局遂因此重大事件而闻名，史称"本能寺三劫之局"，从此，三劫循环也被视为凶兆的象征。

实战图一 围棋流入日本后，何时废除"座子制"记载不明。不过本因坊算砂时期，小目、三三甚至目外、高目等星位之外的占角下法已开始出现，并循序渐进带来数以万计的定式演变，现代围棋布局的骨骼因此渐成。

实战图二 本局共留存128手，经后世棋手研究，此后全局并没有出现三劫循环的迹象，如何形成三劫循环成了历史之谜。近代有人考证认为所谓的三劫循环是本因坊家自行杜撰，也有人认为当日对弈不止一局，真正的三劫循环之

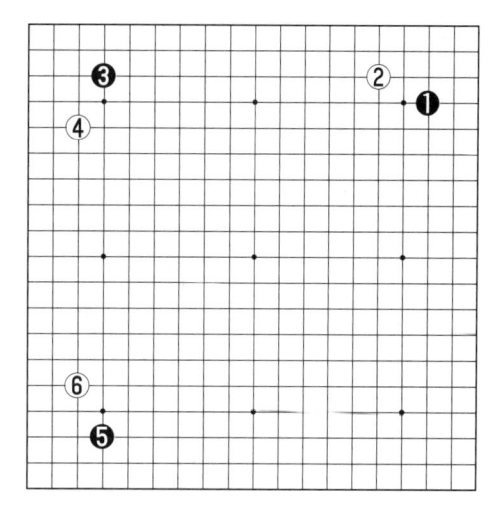

实战图一

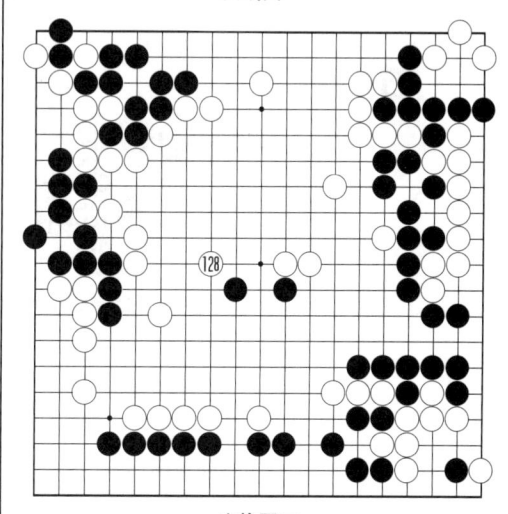

实战图二

局已经失传。纵然有疑，此局仍被视为日本围棋史上著名的棋局之一。

1585年算砂于丰臣秀吉御前首次下"御前棋"（即御城棋的前身），算砂胜被授予四石俸禄。1588年秀吉举办全国围棋大会，算砂因成绩优异被赐予朱印，俸禄二十石、十人扶持。同时受命制定棋类相关规则、制度，被官方认定为棋界第一人，即是后来"棋所"的发端。

009 跨朝之局

㉜=㉙　㊽=⑰　⑬⑥⑭②⑭⑧⑮④=⑫②
⑬③⑬⑨⑭⑤⑮①=⑫⑦　㉕=㉓⑨　㉔⑦=⑰⑥　㉔⑧=㉔②

清初对局
○ 周懒予
● 过百龄
共 265 手 白胜
弈于 1644 年

　　过百龄与周懒予分别生于明万历初和明万历末，分别领导明末和清初的棋坛。著名的过周十局代表了两个时代的交替，这对局正弈于明清之交的甲申 1644 年，北方崇祯皇帝已死，南方还是明朝。

跨朝之局

过百龄(1587—1660)，名文年，字百龄，江苏无锡人。其同乡秦松龄所撰《过百龄传》称：锡固多佳山水，间生瑰闳奇特之士，常以道艺为世称述。若倪征君云林以画，华学士鸿山以诗，王佥事仲山以书，乃今过处士百龄者，则以弈。其为道不同，而其声称足以动当世则一也。

周懒予(1630—？)，名嘉锡，字览予，浙江嘉兴梅里镇人。

《清稗类钞》载：周懒予，嘉兴人也。少好弈，家故贫。父母督之使读，又督之使贾，皆弗愿也。辄窃出，与人弈，禁之不可。与人赌彩，屡获胜，夜则累累负金钱归，乃不之禁。后遂以弈遨游郡邑。时过百龄方负第一手之誉，懒予不为下，数与对局，懒予多胜之。一日，弃家去，莫知所之。或传其在海外以技为某国王师。既而归，以弈终其身。

过百龄与周懒予在清初交手甚多，过周流传下来的棋谱特点是起手布局多"倚盖定式"。徐星友《兼山堂弈谱》中对过周善用倚盖定式的双飞燕着法曾有记载："过周倚盖起手，最为尽变。"双飞燕手法紧峭，克服了前人定式布局较松弛、单一的缺陷。徐星友书上还说："应双飞燕两压，其著法始于懒予，最为醇正。"双飞燕定式流传至今仍不时使用，得益于过周。

实战图一 过周对局中，倚盖定式所见甚多。黑10、12是过百龄

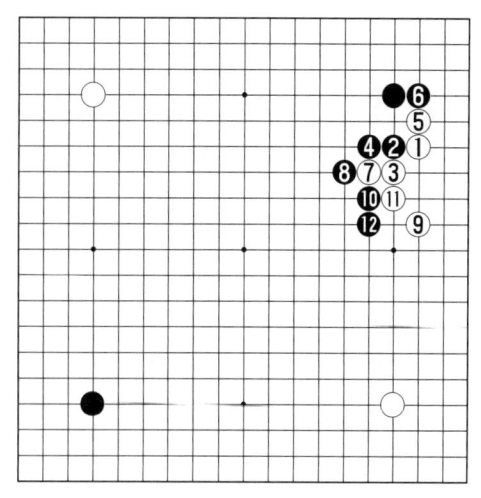

实战图一

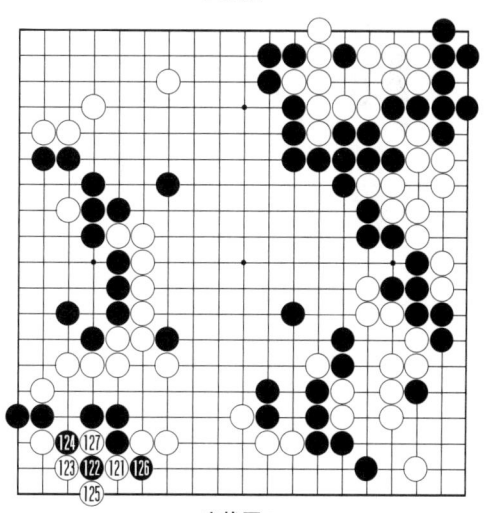

实战图二

的惯用手法，棋至中盘白棋仍选择倚盖(见实战总谱)。

实战图二 周懒予的棋风变化多端，轻巧玲珑，处处争取主动权是他的最大特点。白121、123是此前所遗妙味，成劫必然。

过周身跨两朝，对明末清初围棋的发展作出了重大贡献。新中国成立后，过百龄的后人过旭初、过惕生兄弟都成为一代围棋名手。

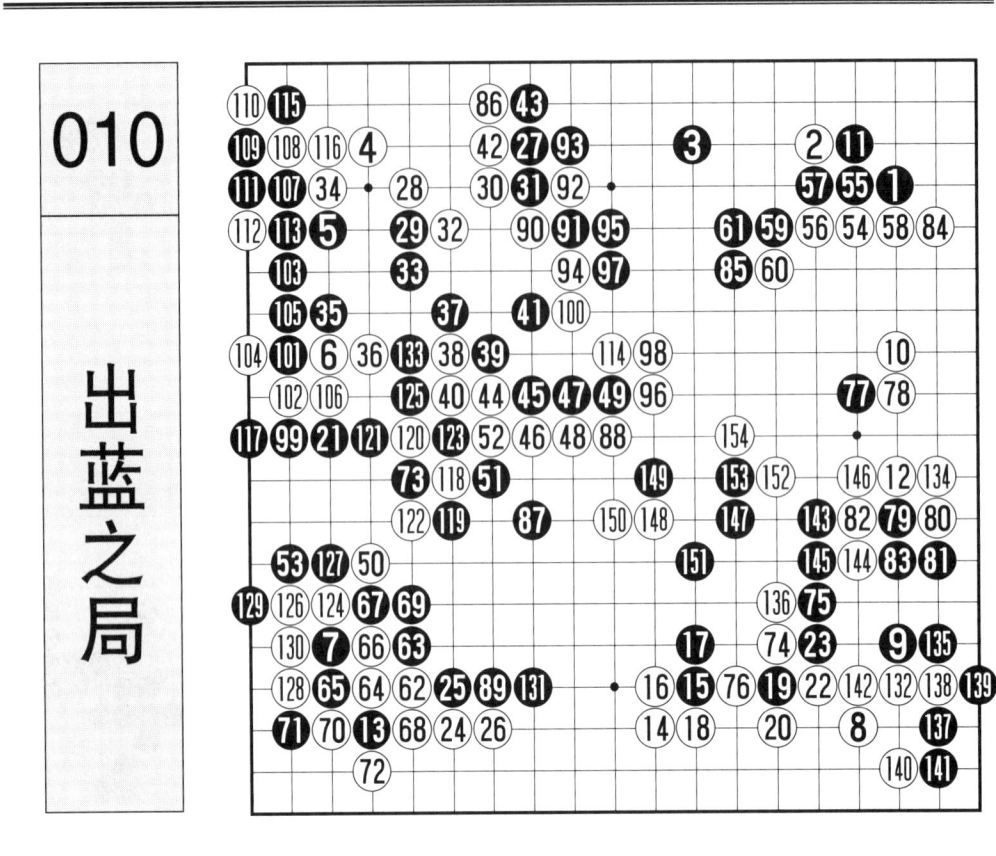

弈典

010 出蓝之局

日本出蓝秘谱

● 本因坊道悦八段
○ 本因坊道策名人

共 154 手　白胜

天和元年(1681)9 月 30 日　弈于日本京都

　　日本围棋史上的"出蓝秘谱"是指三世本因坊道悦与四世本因坊道策的对弈，为道策成为名人后三年所弈，当时道策 37 岁，道悦 46 岁。"出蓝秘谱"意为道策已超越其师道悦，是道悦、道策所传下来的最后棋谱。

道悦（1636—1727），日本松阪人，三世本因坊，八段准名人。

道策（1645—1702），日本石见人，四世本因坊、名人棋所。道策技压同时代众多高手，被誉为具有十三段棋力，后世尊为棋圣。

1667年，道悦立二十三岁的弟子山崎三次郎为迹目，山崎的棋力已可与道悦分先，开始出赛御城棋。

1668年，寺社奉行忽然宣布安井算知接任名人棋所，道悦以两人从未对局为由提出异议，并向寺社奉行申请争棋。寺社奉行认为此举有违官命，提出道悦输棋便将流放远岛的苛刻条件。道悦毅然允诺，争棋方被允许。对弈方式为差两段的让先，由道悦受先共六十局赛，每年下二十局，并以该年御城棋为第一局。前数局道悦赢得颇为艰辛，但后面开始连胜，最终六十局赛只下了二十局，道悦十二胜四败四和完胜告终，算知不得不归还棋所之位。

争棋以算知退位结束，但道悦因违抗官命而无意接任名人棋所，于1677年将家督传于山崎三次郎，即本因坊道策，并推举其为新名人。本局即为道悦与道策师徒的对弈。

实战图一 白50选点绝好，侵消黑阵的同时兼顾策应己方的断点，牢牢掌握序盘的主导权。

实战图二 白154后，黑大龙被擒终局，本局为道策完胜的名局。

道悦和道策除了留下许多传世

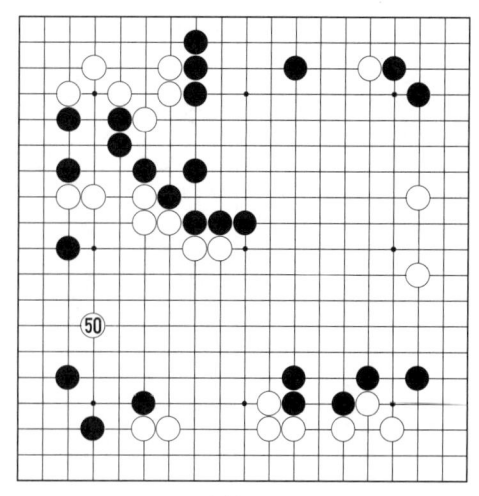

实战图一

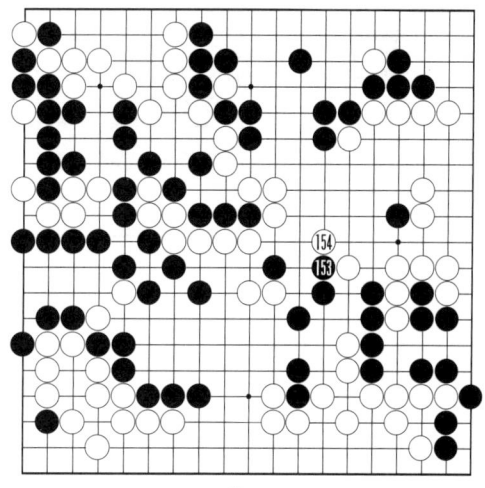

实战图二

名局外，在棋外也有显著贡献。道悦之前，棋盘大小并无标准规格，道悦与其门徒确立棋盘大小标准：高七寸八分、厚三寸九分、长一尺四寸五分、宽一尺三寸五分、橡三部。统一了日本棋界棋盘格式纷乱的状况，此规格使用了百年之久，对后世影响甚大；道策以确立围棋段位制、御城棋制度，创立近代围棋理论基础手割论等，被誉为近代围棋之祖。

弈典

011 龙虎之局

清代对局
○ 周东侯
● 黄龙士
共 202 手以下略　黑胜
弈于清代

"黄龙周虎"指的是清初黄龙士以及当时棋坛老将、有"周郎"雅称的周东侯这对清代围棋国手。他们在扬州弈乐园鏖战三十局，周东侯酣畅淋漓，不可方物，黄龙士则如飞仙剑侠，神乎其技，遂有"龙士如龙，东侯如虎"之谓。

黄龙士,生于清顺治年间,卒年月不详,名虬,又名霞,字月天,号龙士,以号行,江苏泰州姜堰人。黄龙士是康熙中期围棋霸主,与范西屏、施襄夏被后人并称清三大棋圣。后人评黄龙士之弈:上掩过周,下启施范,堪称一代弈林宗祖。吴清源大师对其尤为推崇,评黄龙士棋力有十三段。

周东侯,名勋,安徽六安人,生卒年月不详,清围棋十大家之一,与黄龙士齐名。周东侯棋风古怪多变,不拘一格,最善杀伐,常以"偏师驰突"一赌胜负。认为"局中义理之所在,务领推移应变,若稍有馀蕴,必不能淋漓酣畅,高手以胜负源于胸中,故往往中止"。可见其志存高远,弈棋不以胜负为意,只为淋漓酣畅之一快。

实战图一 白15跨断,形成了一种近似于"金井栏"的变化,不过因为黑棋在左边边路有子,白棋挑起的战斗并无成算。此种下法之前汪汉年、周东侯都有过尝试。徐星友《兼山堂弈谱》评:"形骸似大角图而义理全变,无制胜之处,汉年数局后遂不复用。"

实战图二 黑68靠整形,继而黑74、76双压掌控棋局主导。本局可谓黄龙士青年时期的杰作,徐星友对本局曾有总评:此局白以局面不纯,嗣后转战,虽竭力营谋图变,以劲敌当前,无救于败。黑一气清

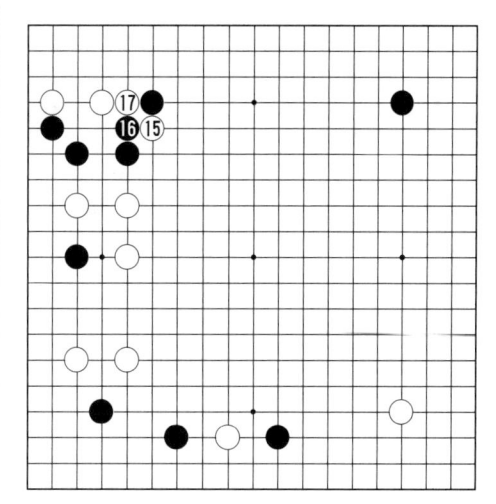

实战图一

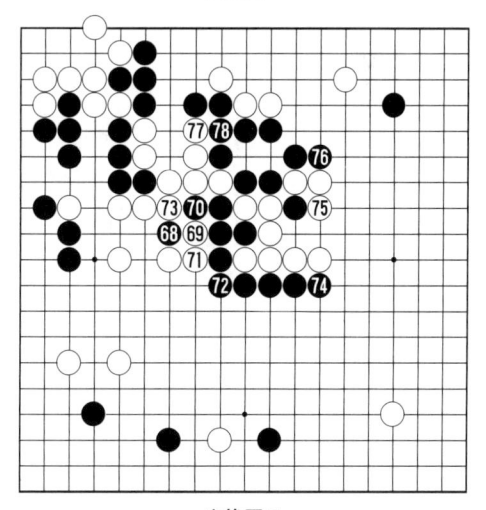

实战图二

通,生枝生叶,不事别求,其枯滞无聊境界,使敌不得不受,黑则脱然高蹈,不染一尘,虽乘白衅而入,亦臻上乘灵妙之境,非一知半解具体者所能仿佛也。

对于黄龙士、周东侯之弈,邓元穗论弈有诗赞曰:周黄弈思益新幽,妙到人间不可求,闻道东瀛颇相契,冥搜欲使鬼神愁。

弈典

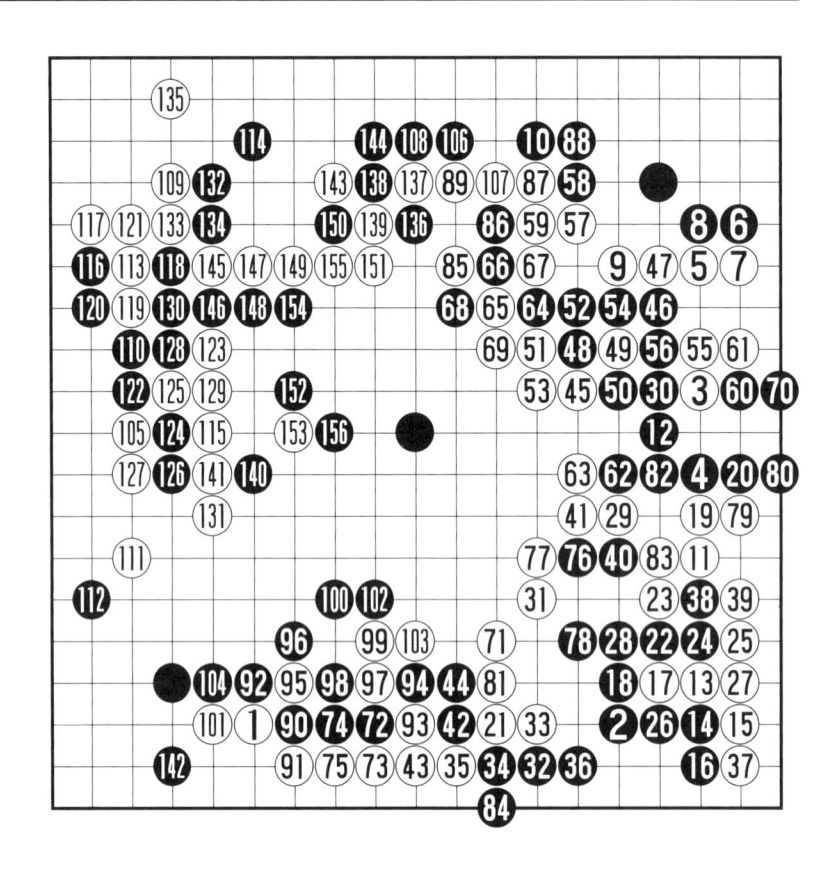

012 血泪之局

清代血泪篇
○ 黄龙士
● 徐星友(三子)
共 156 手以下佚
弈于清代

　　"血泪篇"是清代康熙年间棋圣黄龙士与后起且年长的徐星友之间的授三子局,在古今十番棋中属于协议让子十番棋。因为此十局棋对抗异常激烈,对局者又先后光耀于中国棋坛,于是这十局棋受到了古今棋家的格外看重,成为中国古典名谱。

血泪之局

徐星友，生卒年月不详，清顺治、康熙年间棋手。名远，钱塘(今浙江杭州)人，出身富庶之家，少知诗书，工文辞，长于书画。亦为象棋高手，曾撰《弃马十八法》。

徐星友壮年始弈，虽年长黄龙士七岁，却不耻师事。为史所载的是徐星友曾与黄龙士弈出著名的"血泪篇"，十局棋皆由徐星友受三子与黄龙士对弈。清人李汝珍评论道："间各竭心思，新奇突兀乃前古所未有，十局终后，徐遂成国弈。"

黄龙士与徐星友之间轶事史料记载较多，其中不乏小说家言，以黄铭功所著《棋国阳秋》(弈馀) 记载"康熙初，则周懒予、汪汉年、盛大有、周东侯。其弈皆有开国气象，如唐代诗家王、杨、卢、骆、陈、杜、沈、宋之体。黄龙士出，乃驾而上之，龙士年未及冠，大有尚在，年力已衰，对局屡败。或谓虽大有壮时，犹未足以敌龙士也。周东侯争奇觅险，常以偏锋制胜。而龙士应变无方，尤出意表，周亦推服焉。徐氏星友与龙士弈，受三子，凡十局，精思力构，遂成对手。当时目黄徐十局为血泪篇。黄生康熙中叶，荒于酒色，其年不永，徐遂独步。程兰如、梁魏金出而与徐抗，对局有谱，惜其未见黄也。"所评最为至当。

实战图一 开局黄龙士不占空角，直逼城下而挂角，当是高手君临天下的满满自信。进行至中盘，黑虽活下边，但被白85抢先走上边，顿时成为白有望的局面。黑86直接出动徐星友似有误算，被白89枷，黑不敢再动出。

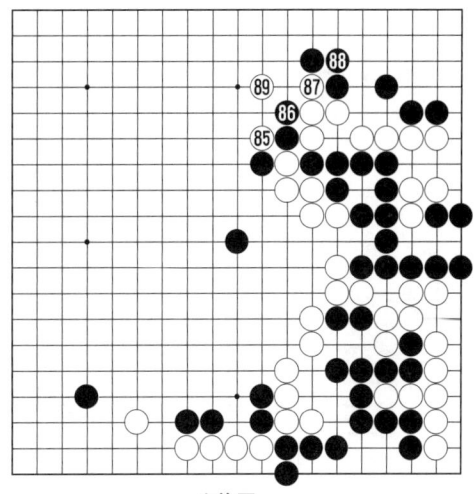

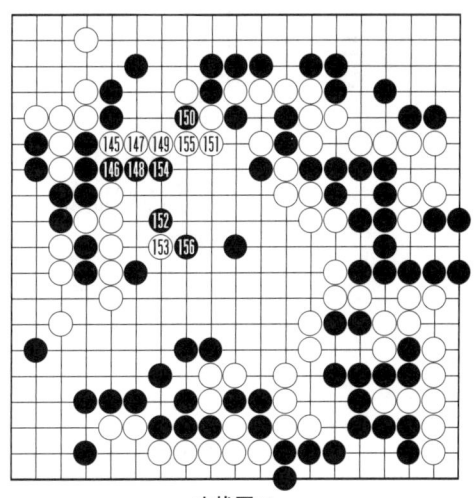

实战图二 白145断是严厉一击，悍然猛攻黑棋左方。至黑156，以下棋谱不存，胜负不详。实战究竟如何进行以及最终的胜负如何，虽棋谱中并无记载，不过后人一致认为白胜势已不可动摇。

013 圣手之局

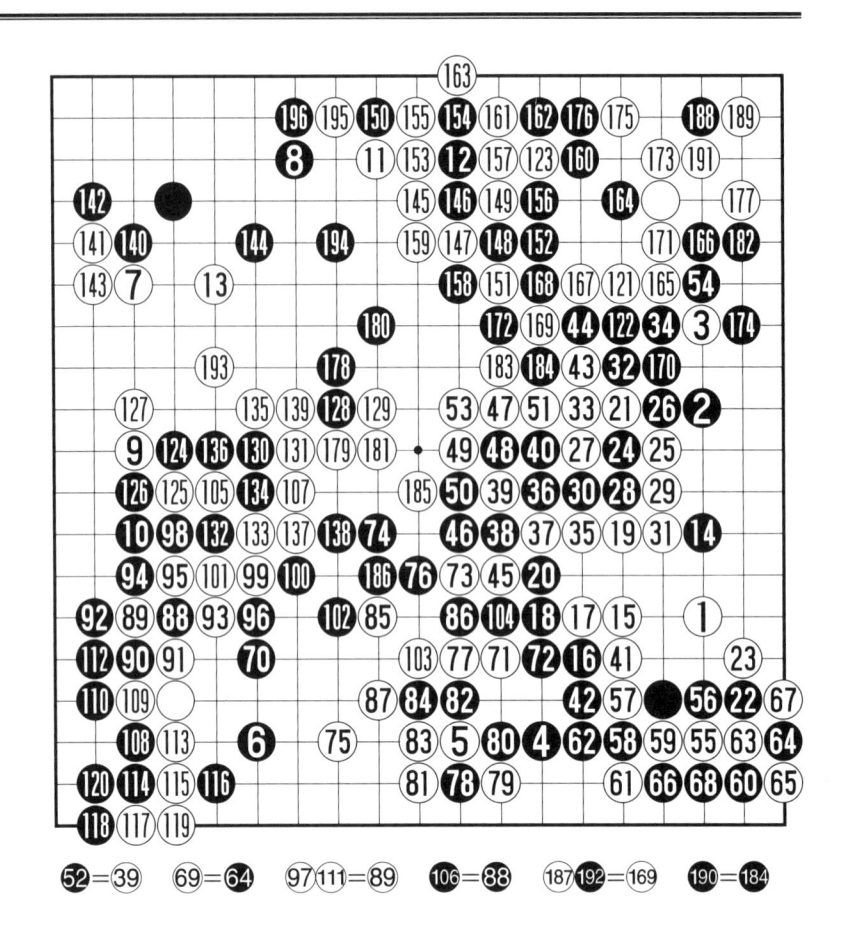

清代对局

○ 梁魏今

● 程兰如

共 196 手以下略 白胜

弈于清代

在清代围棋盛世中,梁魏今和程兰如是承上启下的人物,陈祖德先生尊称两人为"梁程圣手"。清代棋谱辑录家鲍鼎先生言:"程梁对局最为细腻风光,不必标新立异,而落落词高,令人有阳春白雪之叹。"

圣手之局

梁魏今(1680—1760)，江苏淮安人，清雍、乾时期著名围棋国手，与程兰如、范西屏、施襄夏并称围棋四大家。

程兰如(1690—1765)，安徽歙县人，清雍、乾时期著名围棋国手，与梁魏今、范西屏、施襄夏并称围棋四大家。

梁程范施名为清代围棋四大家，实际上梁魏今与范施二人更应为亦师亦友，施襄夏则与梁过从甚密，以师事之，受益良多。施襄夏在《弈理指归》自序中曾言及此："于吴兴唐改堂使君署遇梁程两前辈受先数局，获益实多……"

作为梁程的后辈，后来范西屏、施襄夏二人青出于蓝称霸棋界，对梁程的棋风亦多有评价。施襄夏评梁魏今棋风曰："奇巧胜者梁魏今"；评程兰如棋风："至程兰如又以浑厚胜。"程兰如曾与施襄夏弈出"九龙戏珠谱"，为世人推崇。此局行至近二百手，盘面有九条大均死活未明，互相绞杀缠绕，虽终屈人，然程兰如之棋艺精妙，可见一斑。

梁魏今与程兰如所传共23局弈谱，梁程间对垒的精彩程度，比起前辈黄龙士、周东侯和后辈范西屏、施襄夏略逊一筹，但仍不失为那个时代的代表之作。陈祖德先生尊称梁程为"圣手"，可见对梁程弈谱评价之高。

实战图一 中盘白棋将黑棋中

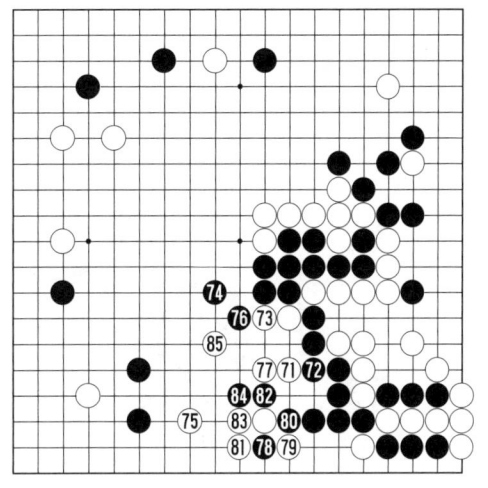

实战图一

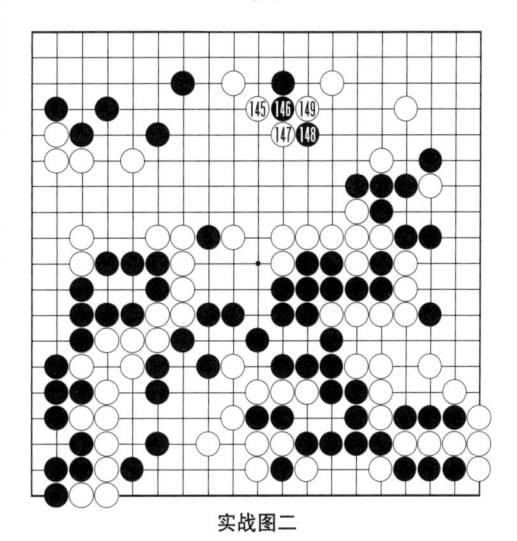

实战图二

央滚打成一团，继而白棋取得右下大角后，白71至85着法灵活，渐渐占据全局主动。

实战图二 胜负处转移至上方，白145尖紧凑，迫使黑146、148勉强动出，白147,149强硬切断。黑棋局部作战不利，白形势主动愈加明朗，最终获胜。

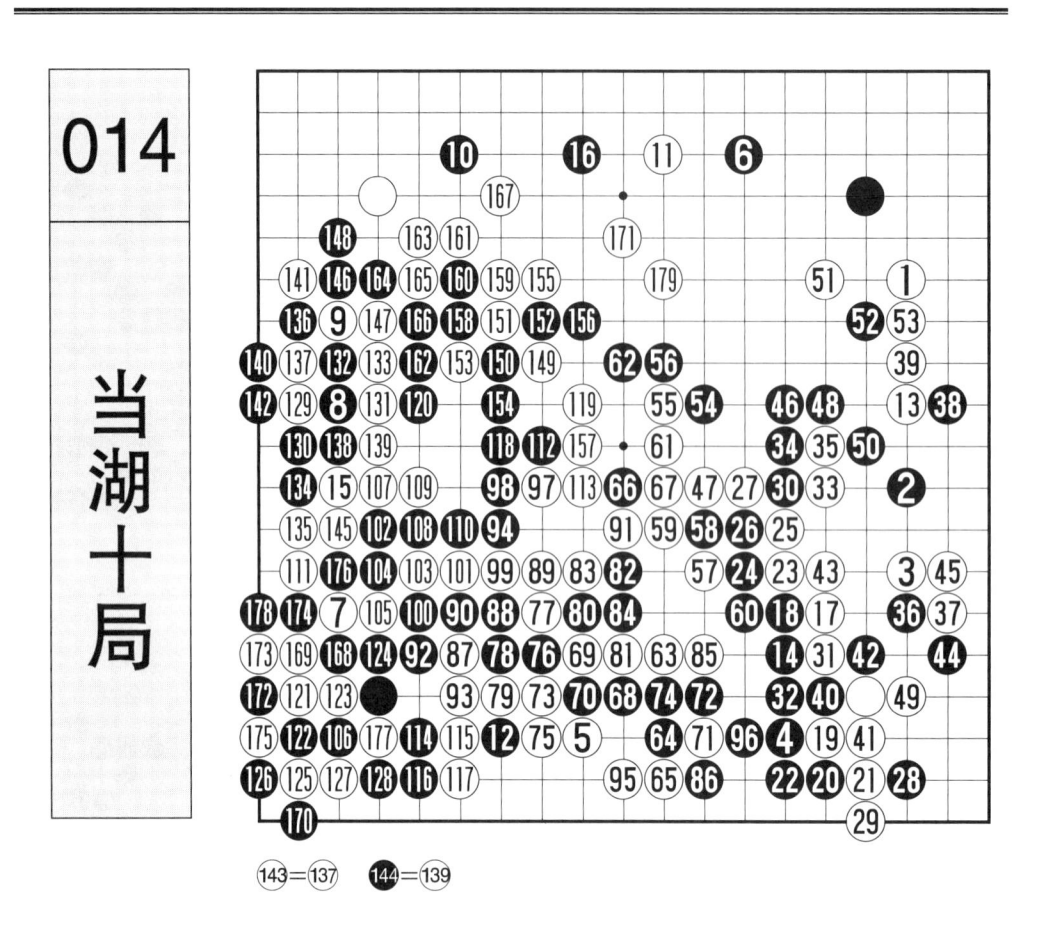

弈典

014 当湖十局

⑭₃=⑭₇ ⓵₄₄=⓵₃₉

当湖十局第5局
○ 范西屏
● 施襄夏
共179手以下略 白胜十四子半
清乾隆四年(1739年)弈于嘉兴平湖

  乾隆四年,清代国手范西屏、施襄夏受张永年所邀,在浙江当湖弈出著名的"当湖十局"。此乃范、施毕生杰作,也是历史所传中国古谱的登峰造极之作。

范西屏(1709—?)，名世勋，浙江海宁人，清康乾时期著名围棋国手。范西屏棋风灵活多变，弈棋出神入化，着子敏捷，出人意表，有"棋仙"之称。著有《桃花泉弈谱》《二子谱》和《四子谱》。

施襄夏(1710—1771)，名绍暗，号定庵，浙江海宁人。清康乾时期著名国手，与范西屏、黄龙士并称"清代三大棋圣"。施襄夏棋风慎思缜密，含蓄深远，有《弈理指归》传世。

范施之当湖十局，双方呕心沥血最终五比五战平，俯瞰每局棋，关键之处杀法精谨，惊心动魄，可谓登峰造极，出神入化，将中国围棋的高远意境体现得淋漓尽致。同代棋手对其赞誉有加，钱保塘对此评曰："昔抱朴子言，善围棋者，世谓之棋圣。若两先生者，真无愧棋圣之名。虽寥寥十局，妙绝千古。"

十局战绩如下：
第1局：范西屏执黑胜施襄夏
第2局：施襄夏执黑胜范西屏
第3局：范西屏执黑胜施襄夏
第4局：施襄夏执白胜范西屏
第5局：范西屏执白胜施襄夏
第6局：施襄夏执黑胜范西屏
第7局：范西屏执白胜施襄夏
第8局：范西屏执白胜施襄夏
第9局：施襄夏执白胜范西屏
第10局：施襄夏执黑胜范西屏

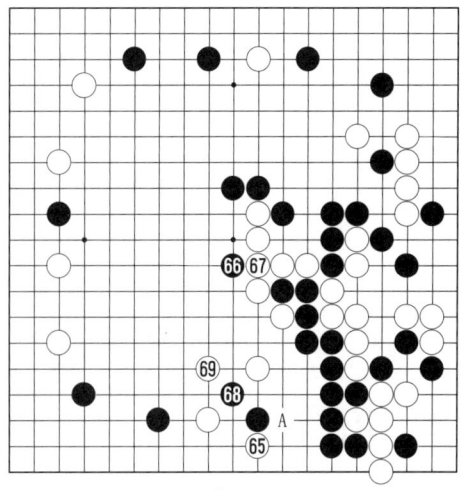

实战图一 白65托、69虚罩，为点睛之笔，展现出范西屏强大的实力。黑若在此处与白缠斗，因白有A位扳起的转身，黑棋反而受制。

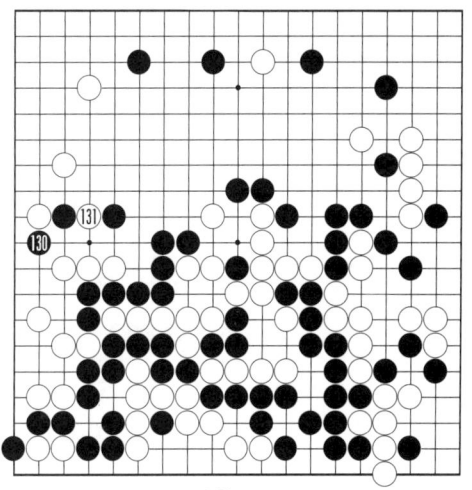

实战图二 黑130扳断，白131挖是脱困的妙手。参照实战总谱，白棋逃出后卷杀中央黑棋。黑棋虽然利用劫争弃左下活出大龙，但白在右方空旷地带连续着子，黑终无计挽回颓势，以十四子半失利。此局白所弈几无失误，是范西屏全盛时期的代表作。

015 吐血之局

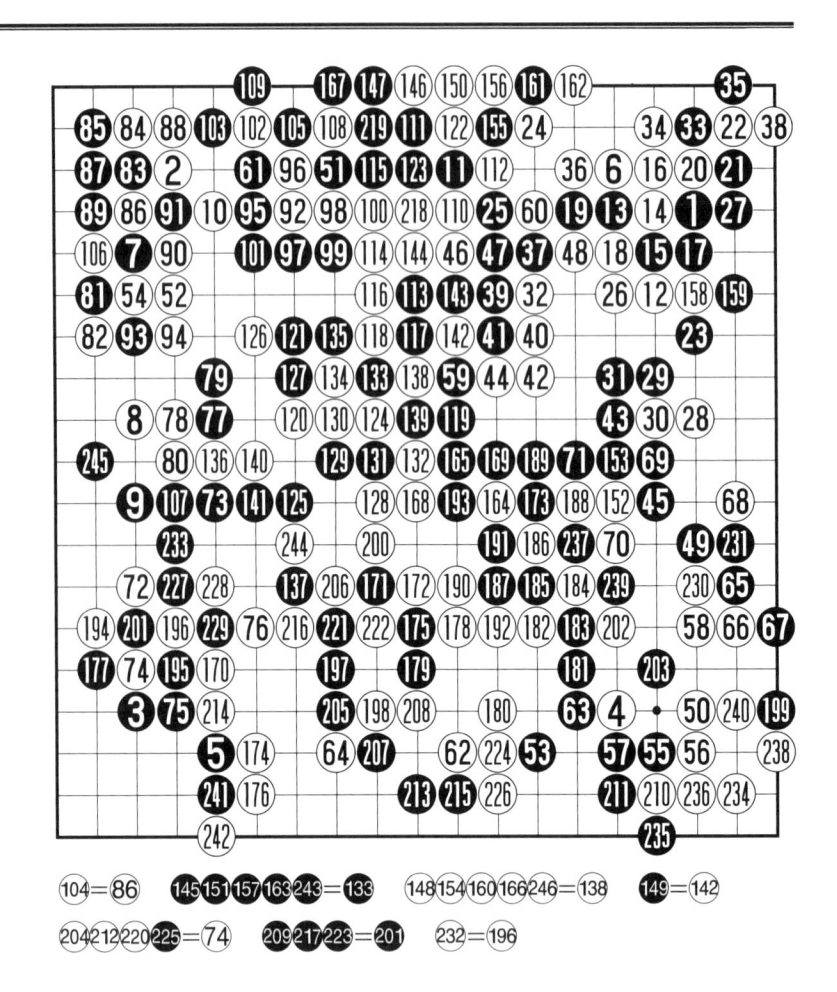

(104)=(86)　(145)(151)(157)(163)(243)=(133)　(148)(154)(160)(166)(246)=(138)　(149)=(142)
(204)(212)(220)(225)=(74)　(209)(217)(223)=(201)　(232)=(196)

日本因彻吐血局

● 赤星因彻(先)
○ 本因坊丈和
共 246 手　白胜
天保六年(1835)7 月 19 日–27 日
弈于松平周防守宅

　　十二世本因坊丈和对十一世井上幻庵因硕的弟子赤星因彻,丈和弈出"古今无类之妙手"而奠定胜局。赤星因彻为此局殚精竭虑,耗尽心智,局后吐血不止。日本棋界称本局为"因彻吐血局",亦称"三妙手之局"。

吐血之局

本因坊丈和（1787—1847），初姓户谷，后姓葛野，名松之助。其貌短躯肥大，眉若刷漆，生具异禀，相者以为不同凡响。八岁时为十一世本因坊元丈门人，1827年升七段，十二月元丈因病退隐后丈和袭十二世本因坊位。翌年正月丈和升为八段，1831年被官方确认就位名人棋所。丈和棋风雄劲卓拔，凶悍逼人，算路精确深远，超乎群类，与道策、秀策合称"三圣"。有《国技观光》《收枰精思》等著述传世。

1835年7月，本因坊丈和出席阁老松平周防守棋会，幻庵24岁的弟子赤星因彻挑战丈和。据《坐隐丛谈》记载，对局由赤星因彻之师、井上家的掌门人幻庵因硕促成。幻庵是丈和的宿敌，他视本局为井上家挑战丈和名人地位的重要机会，若赤星因彻受先获胜，就有理由提出丈和不具备名人资格而督促其早日引退。因此，这是有着夺位谋略的一盘争棋。

实战图一 本局丈和的发挥极为出色，序盘白在上边拔掉两子后，赤星因彻的先行之效就已近丧失。进入中盘，在黑棋欲一路扳粘定型之际，丈和弈出绝妙手段白68、70，尤其白68，被后世称为"古今无类之妙手"。

实战图二 战斗转移至左边，接着丈和又弈出白78顶的妙手，黑79勉强长时，白80弯，黑形接近破

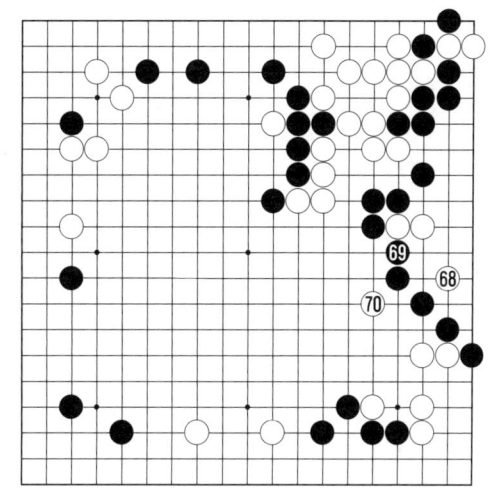

实战图一

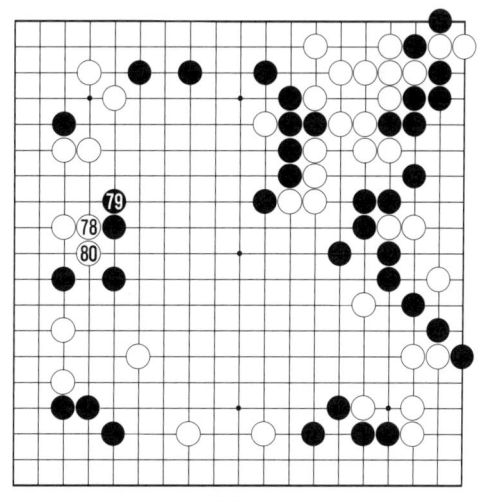

实战图二

碎。本局丈和凭借白68、70、78三手棋奠定胜局，此后黑棋虽进行了顽强的追赶，但终难挽回败局。棋局行至246手赤星因彻认输，局后吐血并于两年后病亡。

本因坊丈和以其独特的刚腕击退强敌，与因彻呕心沥血之落败形成鲜明对比，本局以其惨烈之凄美在日本近代争棋史上留下了浓墨重彩的一笔。

016 耳赤之局

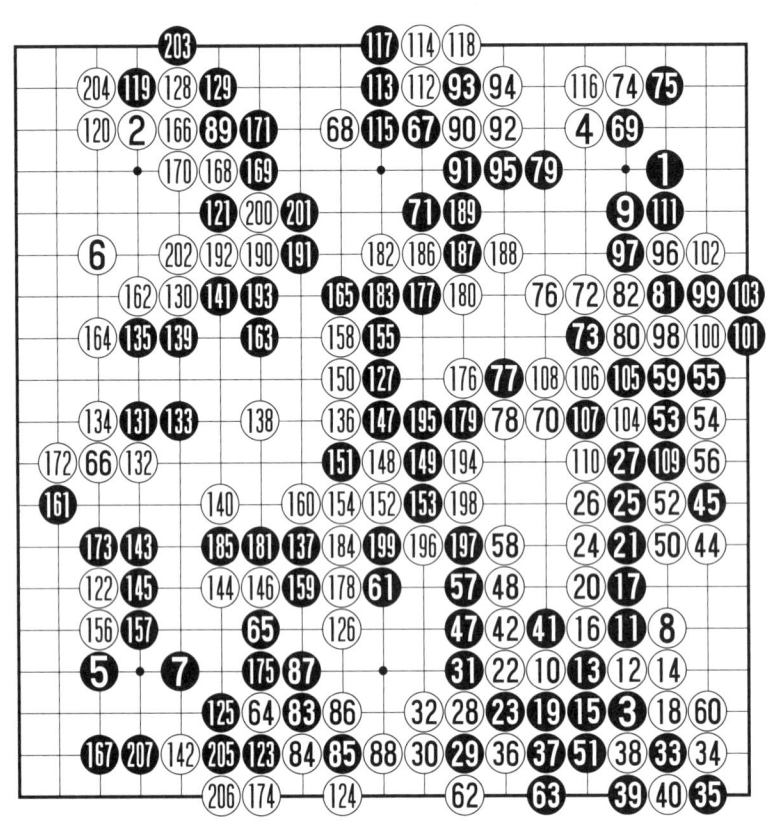

㊹㊾=㉝　㊻=㊵

日本耳赤之局

● 桑原秀策(先)

○ 幻庵因硕

共207手以下略　黑胜2目

1846年7月21日弈于浪华天王寺屋迁忠二郎宅

　　日本近代围棋史上地位极高的对局。在观战者多以为黑棋凶多吉少之际，秀策弈出扭转乾坤的第127手，幻庵愕然两耳发赤。其后局势开始向着黑棋有利的方向发展，黑127遂被称为"耳赤之妙手"，本局亦被称为"耳赤之局"。

本因坊秀策（1829—1862），本姓桑原，名虎次郎，出生于备后因之岛。五六岁时从母启蒙习弈，已近乡敌。秀策十岁入本因坊丈和门下，1848年被立为本因坊迹目并获准参加御城棋战资格。征战御城棋战十三年间，秀策代表坊门与井上，安井，林家等当世高手对阵十九局无一败北，令棋坛为之耸动。

幻庵因硕(1798—1859)原名服部因彻，隐居后自称幻庵。21岁被立为井上家迹目，23岁袭十一世井上因硕。

日本棋界对幻庵和秀策评价甚高，幻庵因硕为一代英杰，因与名人丈和争棋不得志，闻长崎商人言中国有国手周小松棋艺甚高，因思渡海西游。恰此时幕府方执行锁港政策，禁船只出海。幻庵乃与其门徒密议，以游览海滨为口实雇小船出海港，行不久遇大风暴，受阻折返。幻庵嗟叹说："嗟夫！我竟不能与中国名士相切磋，惜哉！惜哉！"

秀策十岁时丈和观看其对局后，叹为日本一百五十年一现的棋豪。秀策行棋深谙"见合"之道，素以平和而见韬略，既无诡谲亦无煞气，却以堂正之师布罗仙大阵，于渺无形处隐肃杀之机。故后世评日本古围棋名家三圣为：玄妙之道策、刚腕之丈和、平和之秀策。

实战图一 黑1—5是当时秀策爱用的布局，时人称之为"秀策小尖"和"不败之秀策流布局"。

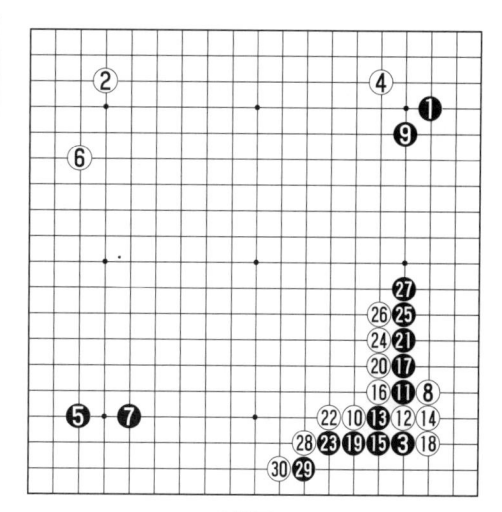

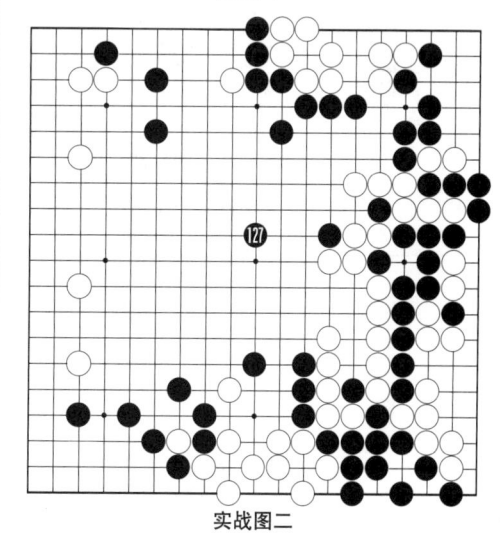

实战图二 时至中局，观棋者皆以为黑棋陷入难局之际，黑127一手占据中央要点，最大限度地发挥了中腹潜力，同时削减白的厚味，扼双方势力消长要所。幻庵见到此手顿时耳泛红潮，黑127可视为本局的胜着，得名"耳赤之手"永载围棋史册。秀策经此一战，名声更噪，坊门从此步入黄金时代。

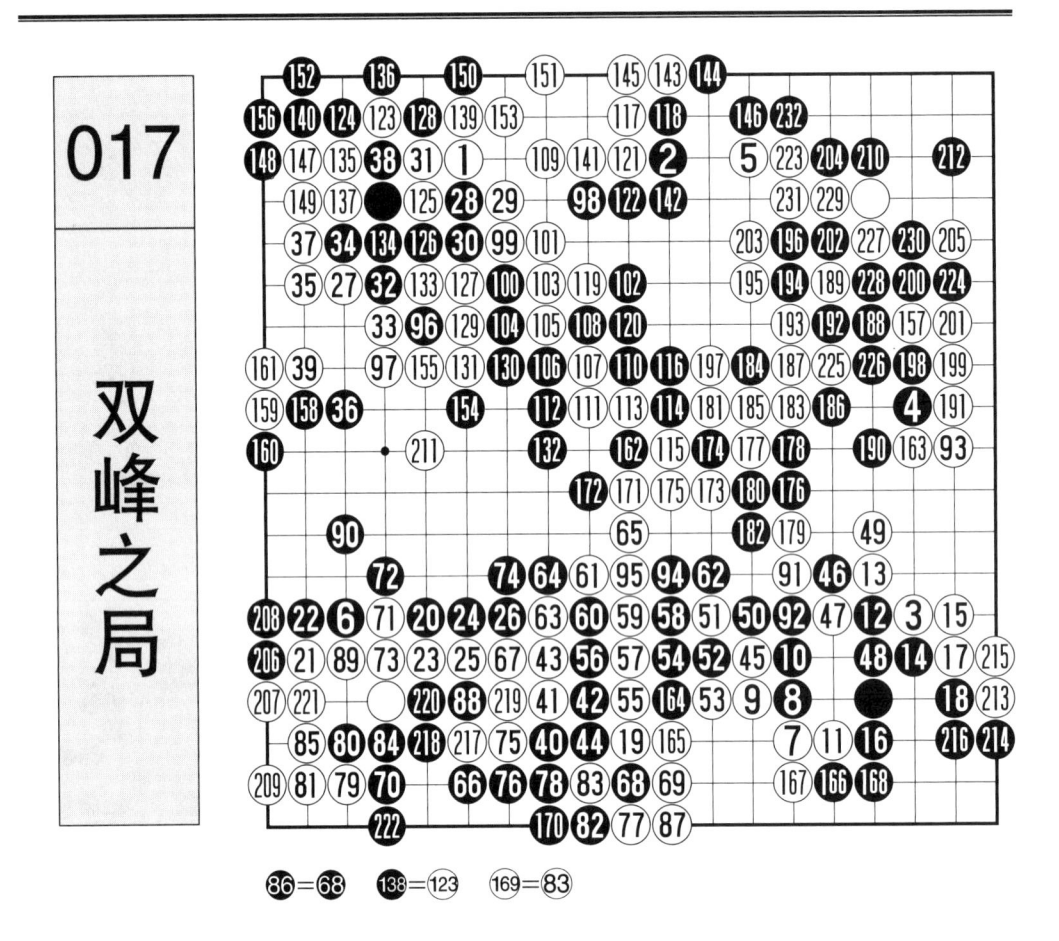

弈典

017 双峰之局

⑧⑥=⑧68　❶138=⑫123　❶169=⑧83

晚清对局
○ 周小松
● 陈子仙
共 232 手 黑胜
弈于清代

　　清同治中叶起,棋界名流相继下世,周小松与陈子仙被公认为晚清的两大围棋国手。两人对局甚多,堪称晚清围棋两高峰。周陈虽一时瑜亮,然才气陈子仙更胜一筹,可惜其寿不永,英年早逝,而周小松也后继无人,清代围棋从此逐渐走向衰落。

双峰之局

周小松(1810—1891),名鼎,江苏扬州江都县人。棋艺成名于道光年间,经历了咸丰、同治、光绪三朝,德高望重,无与伦比。周小松棋风稳健平和,算路准确,局谱流传有《餐菊斋棋评》,评解精当,为清代重要围棋著作。吴清源自传《中的精神》曾给予周小松极高评价:"中国围棋在清朝末期到中华民国初期是最差的时候。清朝末期有一位名叫汪云峰的国手。国手也就是日本的名人,但我认为汪云峰的棋力比起他的前任国手周小松要差二子。"

周小松之名远播海内外,日本《坐隐谈丛》及《名人打棋选》两书均曾提到,井上幻庵因硕听说周小松之名,萌发与之一较高下之意,可惜因海上风暴遇阻,徒留遗憾。

陈子仙(1821—1870),名毓性,别号一了山人,浙江海宁硖石人。8岁棋艺不凡,常代父与客对弈并屡胜。11岁随父到杭州下棋,名噪远近。13岁到常州与国手董六泉对局,董年逾花甲,须发皆白,而陈还是红丝扎发,一时传为佳话。后陈棋艺大进,东南罕逢敌手。清同治四年(1865)游武昌时,"晴川阁"刚落成,陈应邀在阁中与名手会弈,当时名士绘《汉江对弈图》并作文以纪其盛。九年,琉球国贡使杨光裕来我国,自负弈艺高超。安徽巡抚邀陈前往对局,贡使借口推辞不敢应战,陈冒暑回里,染痢疾而卒。

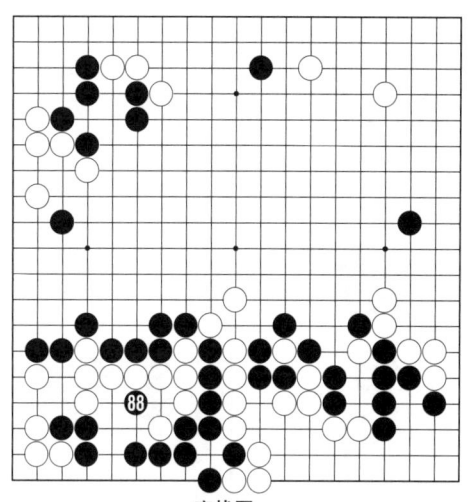

实战图一

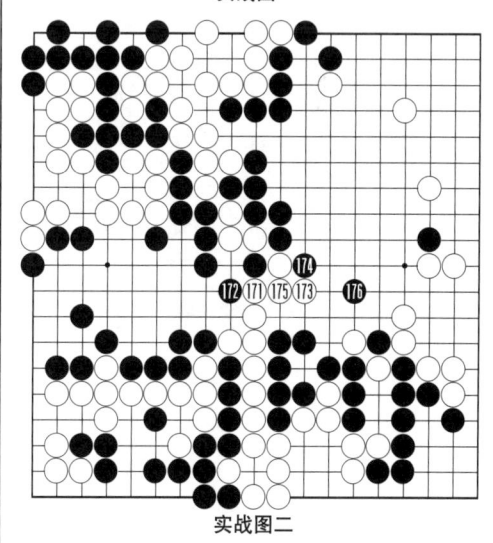

实战图二

实战图一 本局载于《寄青霞馆弈谱》。白棋虽封锁黑棋,但黑治孤游刃有余,黑88是做眼巧手,白棋的出击无功而返。

实战图二 经过一番攻杀,白棋急于平衡实空,未顾及下边大龙的安危,黑棋破白下方大龙眼位,白棋虽出逃却极为凝重。黑176急所一击,白大龙虽可活棋,但右方实地不保,形势一泻千里。

弈典

018 坊社和解之局

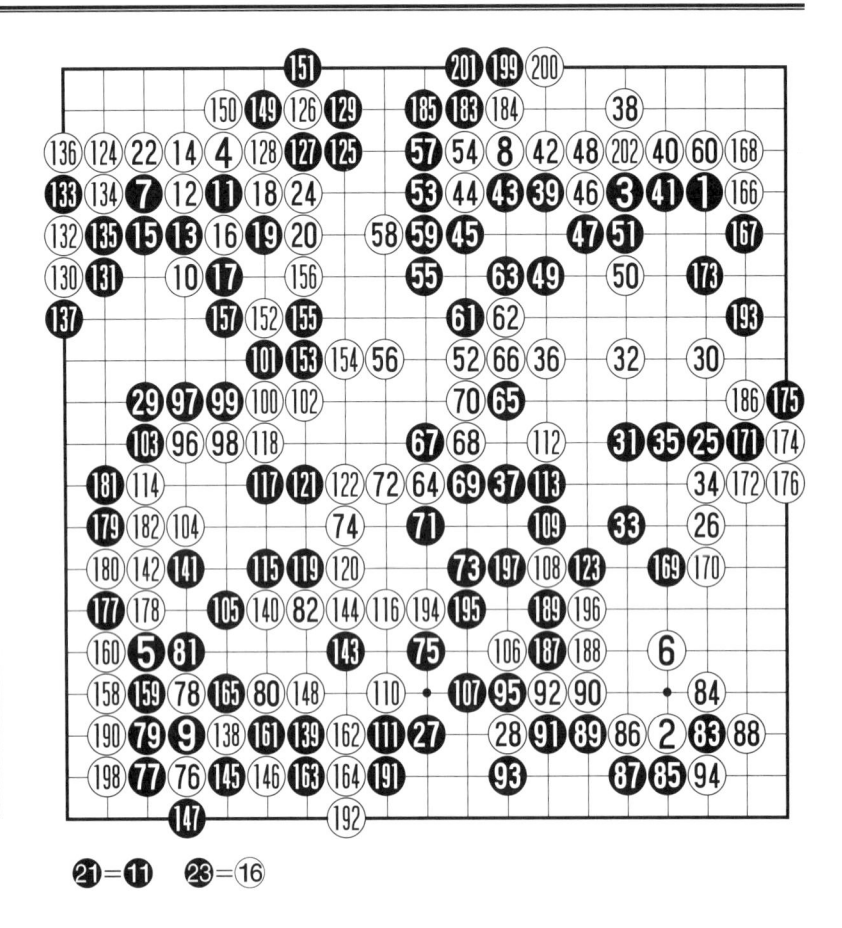

㉑=⑪　㉓=⑯

日本本因坊方圆社十番棋第 8 局
● 本因坊秀荣六段（先）
○ 村濑秀甫八段
共 202 手以下佚　白胜 2 目
1882 年 11 月 19 日弈于方圆社

　　十九世纪后期，代表本因坊家的秀荣与代表方圆社的秀甫展开十番棋战。对弈九局后受先的秀荣 4 比 5 落后，其政治家好友后藤象二郎抓住良机化干戈为玉帛，促成一段坊社和解的棋坛佳话。

36

坊社和解之局

本因坊秀甫(1838—1886),江户人,八岁入坊门,受十三子与本因坊丈策对弈获胜,被视为奇才。秀甫升七段后逐坊门迹目位未果,乃弃坊门出走历游各地,与中川龟三郎、高桥周德、小林铁次郎等共谋创立方圆社。秀甫自任第一任社长,社员共推其为八段准名人,其社以新私塾制提携后进,顺应时代潮流。

本因坊秀荣(1852—1907),第十三世林家家督、第十七世及十九世本因坊、第九位名人。本因坊秀和次子,本名土屋平次郎,法名日达。十九世纪后期,本因坊家日渐式微,方圆社逐渐掌控棋界局势。秀荣为维护坊门的荣誉,希望遵循古法以本因坊家为上,但当时政商名流都支持现代化的方圆社,秀荣遂与秀甫决裂,日益孤立。

1882年,秀荣放弃林家家督身分回归本因坊家。林家顺势并入本因坊家,秀元退位,只有五段的秀荣接任为第十七世本因坊。秀甫知秀荣继任本因坊,甚为震惊,毅然御驾亲征与秀荣进行十番棋对决。时秀甫八段,差三段手合应为先二,但秀甫自认不敌,改为让先十番棋。此役轰动一时,随后被政治家调停,有了坊社和解的棋坛佳话。

实战图一 秀甫棋风奔放不羁,犀利敏锐,常有奇着妙策,于后世广有影响。白76、78、80的侵消无忧角的方式长时间地被后人模仿,至今偶尔还能见到。

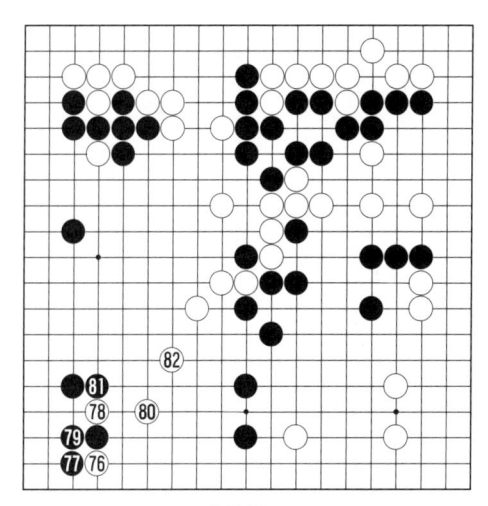

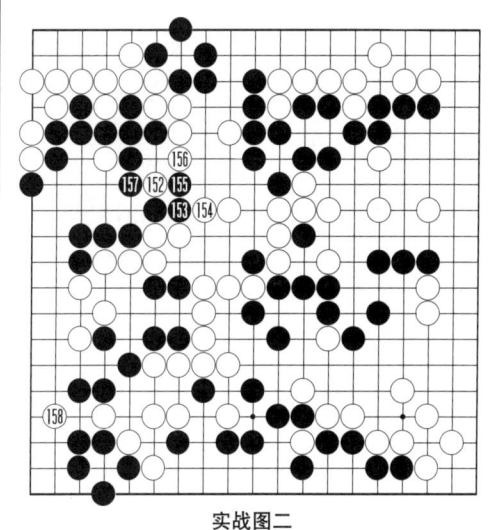

实战图二 白152是定型的好手,白158点妙手。本局共存棋谱202着,已是黑不可逆转之局面。

秀甫是十九世纪后期日本最强棋士之一,坊社和解后秀荣让出本因坊位,秀甫袭第十八世本因坊位。然而,秀甫仅在位三个月即英年早逝,未能再为后世贡献更多珍贵棋局,其后秀荣再袭十九世本因坊位。

弈典

019 执政与名人之局

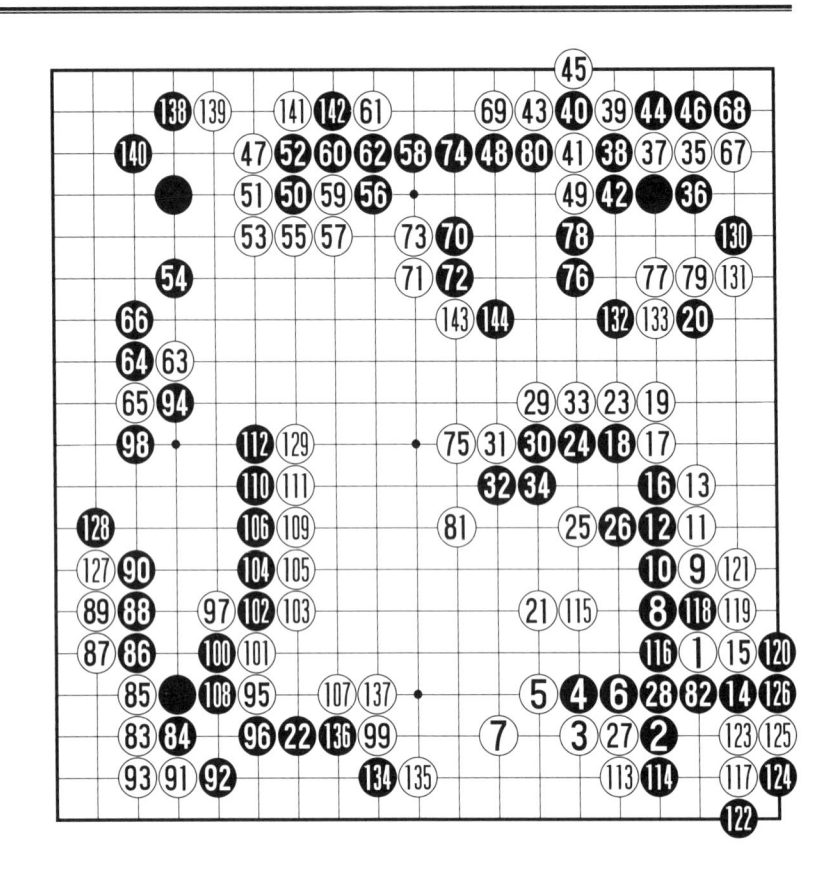

本因坊秀哉访华对局
● 段祺瑞(三子)
○ 本因坊秀哉名人
共 144 手 黑胜
1919 年弈于北京段祺瑞府

政治家与围棋名人的对决,时任民国总理的段祺瑞受三子与日本名人秀哉对局并获胜。此局 1919 年 11 月 12 日至 22 日连载于日本《东京朝日新闻》。秀哉在北京盘桓数日,这应该不是与段祺瑞的唯一对局,然史料记载仅存本局棋谱。

本因坊秀哉（1874—1940），本名田村保寿，生于东京。八岁知弈，十三岁入段，十七岁脱离方圆社外出经商，卒无所成弈技几废。十八岁改入秀荣门下，但因保寿曾为方圆社塾生，秀荣对其始终心存芥蒂。1907年秀荣病危，在遗书中立雁金准一为继任本因坊，至令坊门分裂成两派，一派支持本因坊印在握的准一，另一派则支持实力更强的保寿。准一自承无论棋力、段位和资历都不敌保寿，提请早已退休的秀元再袭家督任二十世本因坊。一年后秀元将本因坊位传予保寿，是为第二十一世本因坊秀哉。

段祺瑞(1865—1936)，字芝泉，安徽合肥人。民国时期政治家，皖系军阀首领，曾三次出任国务总理。1916年至1920年为北洋政府的实际掌权者和领导人。1924年至1926年为中华民国临时执政。政务之余段祺瑞酷爱围棋，精研不辍。段祺瑞还常常资助棋手，提携后进，一代围棋巨匠吴清源11岁时即与段祺瑞以棋结缘，段祺瑞每月资助吴100大洋直至助吴东渡日本。

实战图一 秀哉1919年访华时，段祺瑞受三子获胜。秀哉棋风雄肆奔放，机略纵横，常能以凶险之着出奇制胜，号称"不败的名人"。但终其一生，秀哉所弈多为让子棋，其让子棋功夫炉火纯青，二、三段的棋士受三子亦经常不能抗衡，故后世有

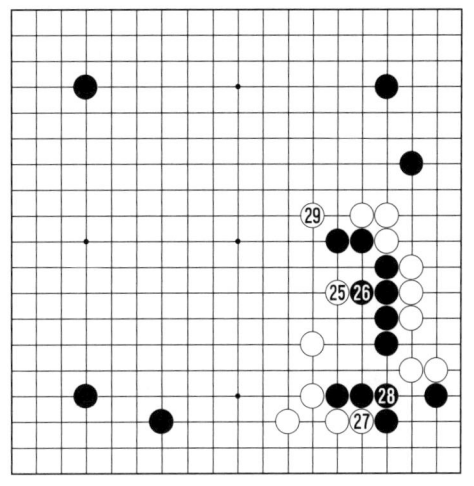

实战图一

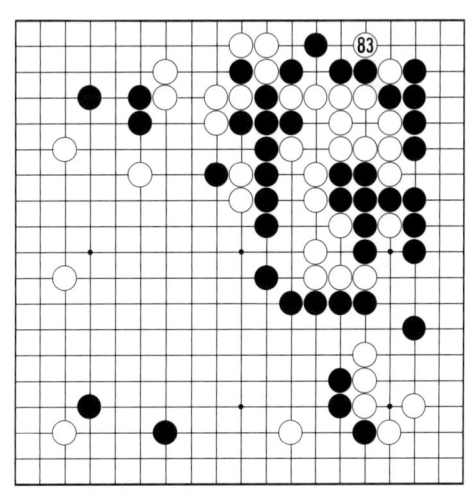

实战图二

评："黑棋学秀策，白棋学秀荣，让子棋则非学秀哉不可。"段祺瑞受三子能获胜，确有不俗棋力。秀哉访华时还曾与清朝遗老肃亲王授四子对弈，后者3目获胜。

实战图二 秀哉授三子与民国围棋国手顾水如对局。中盘顾水如直线追杀秀哉大龙，不知不觉落入圈套，白濒死之际83妙手一出，黑攻势崩盘，遂败。

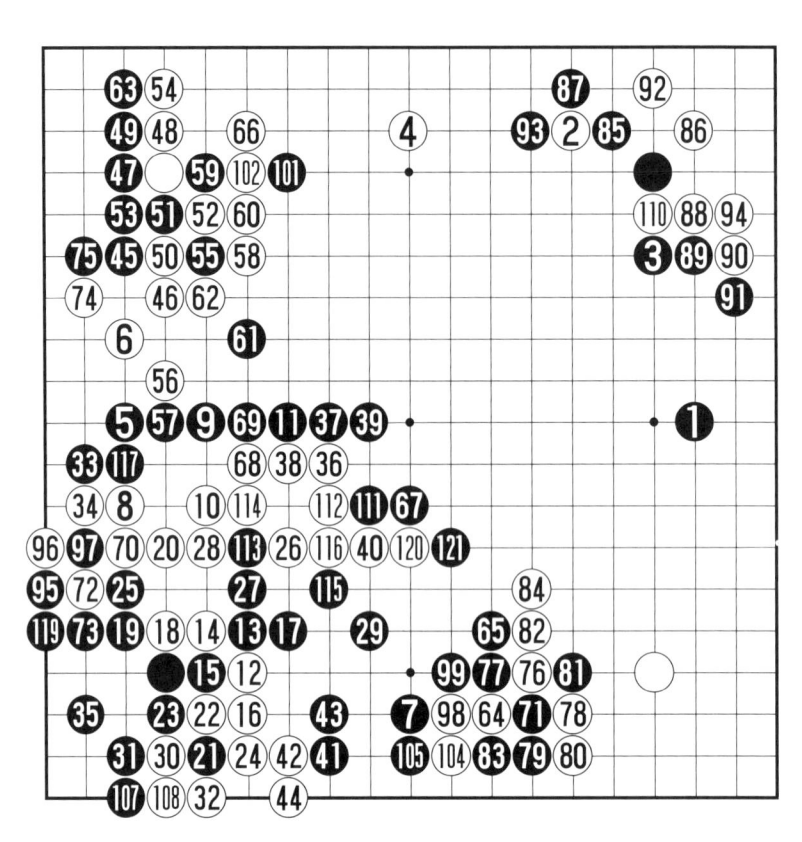

弈典

020 出世之局

⑩⑩⑪=⑦　　⑩⑩=⑨

民国时期对局
● 吴清源
○ 汪云峰
共 121 手 黑胜
1926 年弈于北京

晚清最后两高峰过后，中国围棋积贫积弱日渐衰落，时至民国跌至最低谷，因而有了访华的日本普通棋手让子横扫中国一线高手的惨痛景象。进入 20 世纪，中国围棋终于迎来了天才吴清源的横空出世。

出世之局

吴清源(1914—2014),名泉,字清源,1914年生于中国福建省,7岁时随父学弈,11岁时出入段祺瑞府弈棋。1926年夏,吴清源受三子与访华的日本棋士岩本薰六段对弈二连胜,声名远播日本。1927年,吴清源受先两胜桥本宇太郎四段,濑越宪作看过棋谱后在《棋道》上发表专文:"神奇天才的出现,令人想起本因坊秀策的年轻时代。"在濑越宪作、大仓喜七郎以及山崎有民等友好人士的共同努力下,1928年10月23日吴清源东渡日本,拜濑越先生为师,开始了异乡的求道之旅。后吴清源以擂争十番棋为标志称雄日本棋坛数十年,开创新布局,被誉为现代围棋第一人。

汪云峰,一作耘丰,名富,北京人,清末民初围棋高手。汪云峰多才多艺,对局落子如飞,擅长乱战,平生对局极多。现代名家如刘棣怀、金亚贤、崔云趾、汪振雄、王幼宸、吴清源等早年均受其指导。

吴清源少年时期经常去民国总理段祺瑞府中弈棋,对手包括老年的汪云峰、壮年的顾水如以及青年的刘棣怀等,11岁已经能与北京的一流高手分先对弈。

实战图一 在吴清源自著的《吴清源自选百局》中,开篇首局就选择了对汪云峰的对局。进入民国时期,无座子围棋开始盛行。不过,汪云峰因为不了解日本定式而坚持

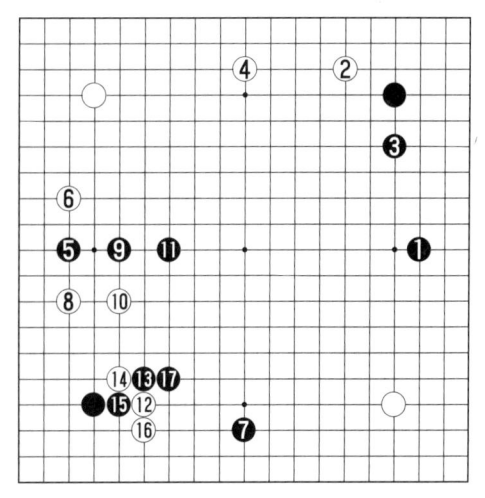

实战图一

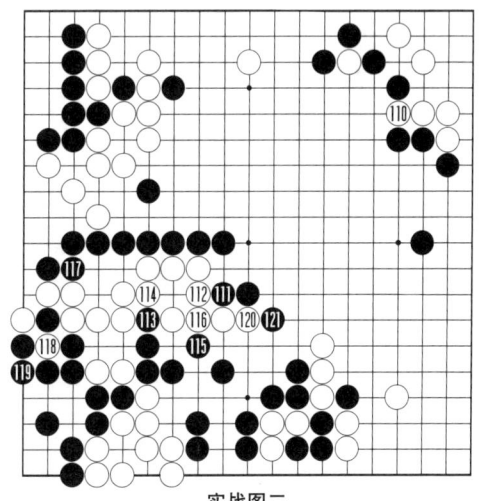

实战图二

本局下座子棋,成就了吴清源这位旷世天才在中国旧制围棋中留下了最后的印记。

实战图二 对弈此局时汪云峰年过六旬,本局只对弈121手,就因白棋左方大龙愤死戛然而止。

吴清源曾评价汪云峰是中国的一流高手,实力却要比晚清的周小松差出两子,婉转的评价中带着对民国围棋落寞的悲叹。

41

022 初始新布局

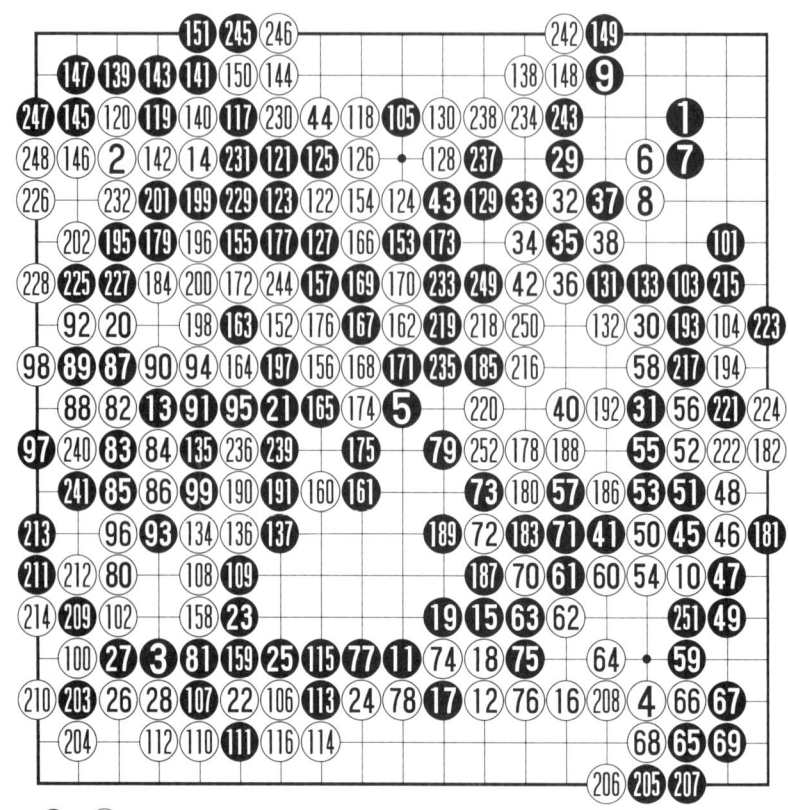

㊴=㉜

日本名人胜负棋
● 吴清源五段(先)
○ 本因坊秀哉名人
共 252 手 白 2 目胜
对弈于 1933 年 10 月 16 日—1934 年 1 月 29 日

　　围棋史上历时最长的对局，新布局旗手吴清源与旧体制权威本因坊秀哉百日对决，三三·星·天元开局以及白 160 鬼手造就人类历史上顶天立地的名局。

初始新布局

1933年，读卖新闻社主办由16名精英参加的日本围棋选手权战，优胜者将获得与秀哉名人下胜负棋的资格，结果吴清源四战全胜夺取挑战权。当时，秀哉已有数年没下重要的胜负棋，这场59岁的旧体制遗老与19岁的新布局旗手的对决引起了世人极大的关注，加之日本刚刚挑起伪满洲国事件，在舆论的疯狂渲染之下，本局又蒙上了中日对抗的辛辣意味。

实战图一 正值新布局巅峰期的吴清源开局即走出震惊棋坛的三三·星·天元，直指坊门的"禁地"。此举被视为对名人不尊并引发种种责难甚至恐吓，对局一度弥漫着敌视的气氛。

实战图二 本局每方限时24小时，秀哉名人可随时打挂。第13次对弈开始后，秀哉下出了20世纪之鬼手白160。面对突如其来的手段，吴清源黑161耗时1小时15分，最终右边五子被吃，2目败北。

历经109天苦战，这局围棋史上历时最长的胜负使秀哉保住了不败名人的尊严，同时也留下诸多悬案。1948年，在一次座谈会上吴清源的老师濑越宪作谈道："白160的妙手，是秀哉的弟子前田陈尔四段想出的。"尽管那时秀哉名人已去世八年，濑越也事先声明"谈话非正式，不得发表"，但《读卖新闻》对此奇闻如获至宝，迫不及待地刊出。结

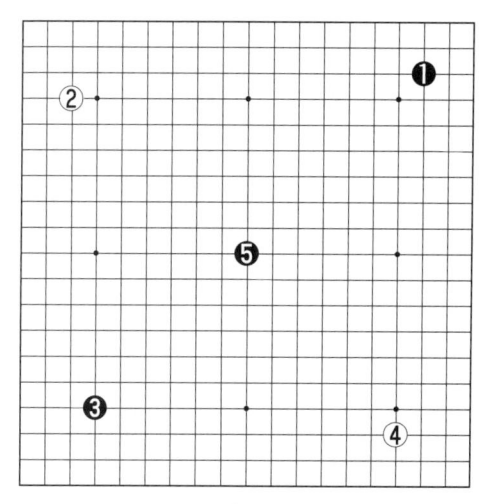

实战图一

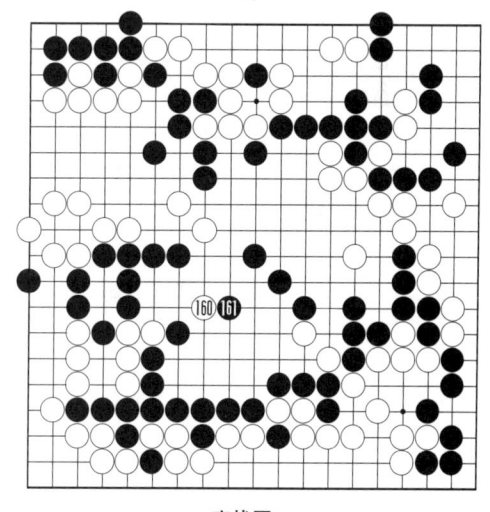

实战图二

果坊门弟子们怒不可遏，认为此说有损秀哉名人的尊严，对濑越进行了严厉的追究，致使濑越不得不辞去日本棋院理事长一职。

此局作为新旧时代两大统帅的对决，尽显新布局风华和旧制围棋精髓，仅靠黑1、3、5、白160四手棋就足以永垂青史。它无论背景、内容以及影响都被天下棋士无限推崇，堪称20世纪棋坛顶天立地一局棋。

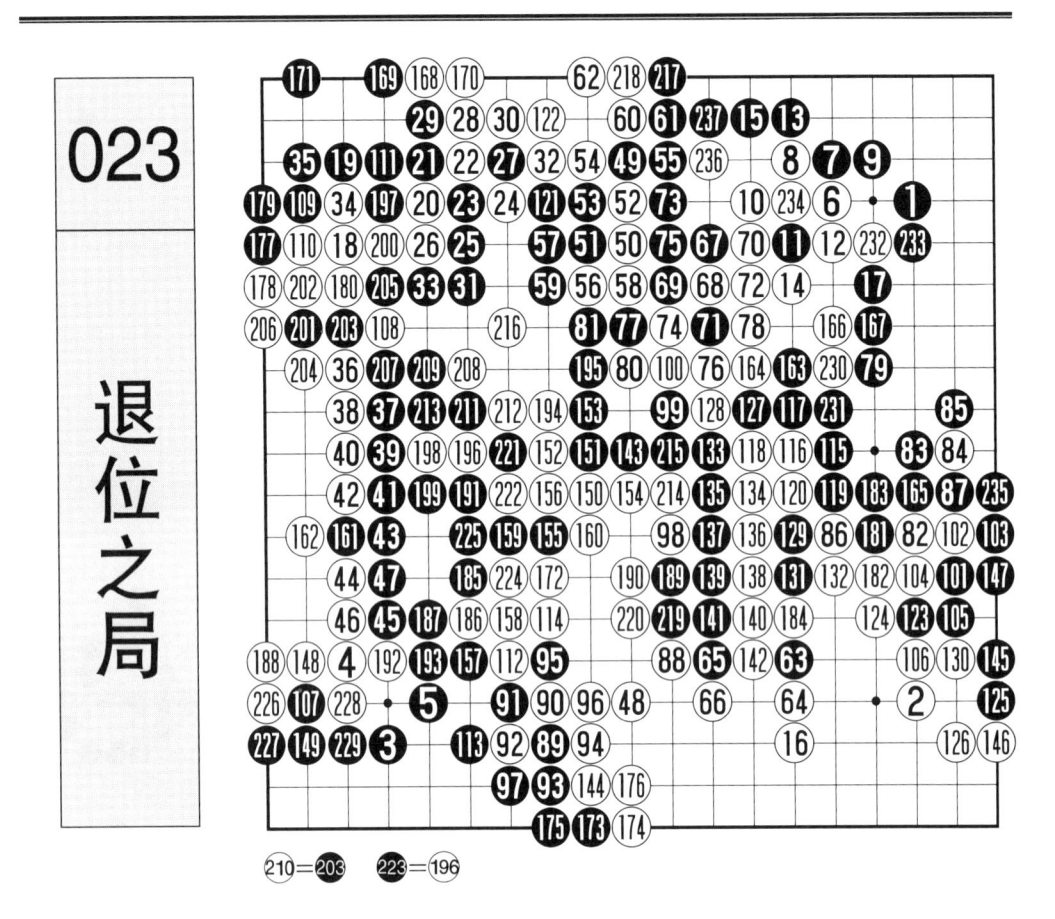

弈典

023 退位之局

210 = 203　223 = 196

日本名人引退棋
● 木谷实七段(先)
○ 本因坊秀哉名人
共 237 手　黑 5 目胜
对弈于 1938 年 6 月 26 日—12 月 4 日

　　"不败的名人"本因坊秀哉生涯最后一局棋,旧制围棋终结的标志性棋局。全日本棋士层层选拔出木谷实为代表挑战秀哉,秀哉终盘失误成为最大的谜团。以本局为蓝本,日本文坛巨匠川端康成日后创作出不朽之作《名人》。

退位之局

1938年，本因坊秀哉迎来了他一生中的最后一盘棋——名人引退棋。日本棋院举办汇集了全日本精英棋士的"名人引退棋挑战者选拔赛"，吴清源因病弃权，木谷实脱颖而出取得挑战权。

木谷实（1909—1975），生于神户，日本著名棋手，门下有大竹英雄、武宫正树、加藤正夫、赵治勋、小林光一等名手。

为迎接棋士生涯中最重要的对局，木谷实从1937年秋季就对一切棋赛休战，长达半年时间潜心苦研、精心备战。为避免坊门弟子集体研究，木谷吸取吴清源名人胜负棋时的教训，坚持实行封棋制和同憩一馆、闲人免进的对局形式。

实战图一 对局每方限时40小时，每隔4日对弈一次。木谷一改行棋高位的新布局思维，重返保守的旧棋基调。黑47厚接疑问手，白48后黑棋先行之效逐渐丧失。

实战图二 续上图，中盘形势极度细微，黑129断试白应手，白130意外脱先，黑131,133以下击穿白腹空，胜负立决。以秀哉高超的棋力，为何会犯如此低级的错误，白130究竟意欲何为？给后世留下一个难解的谜。

作为最后一位终身制的名人本因坊，秀哉一生反秀荣、克中川、逐雁金、鏖战新布局精英吴清源、木谷实，为捍卫旧制围棋的权威穷经皓

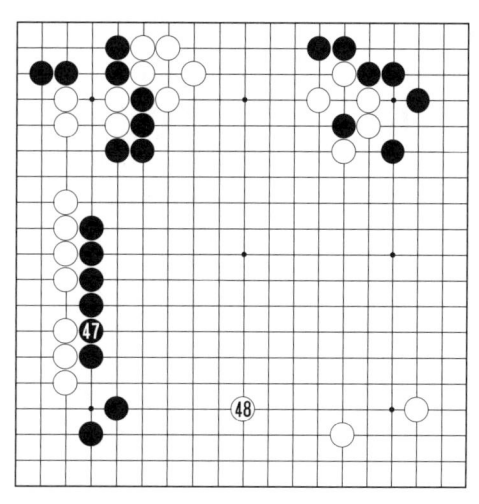

实战图一

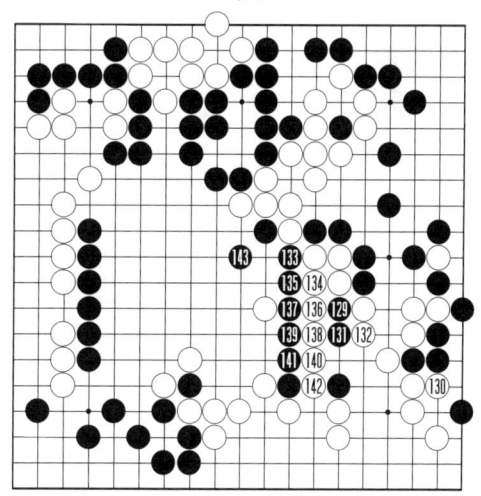

实战图二

首竭尽心智。面对最后一战，本因坊64岁的垂老之躯中仍爆发出高昂斗志和炉火纯青之技。长达半年的激战中秀哉曾因病住院治疗3个月，15次打挂仍坚持不弃。弈完本局1年零45天后秀哉辞世，使之成为"不败名人"的绝唱。数年之后本局的观战记者、日本文坛泰斗川端康成以此为题材写下了不朽之作《名人》。

024 镰仓十番棋

82=59　127 153=121　150 156=124　204=198　205=200
208 214 220 226 232 238=192　211 217 223 229 235=197　273=154　276=269

日本镰仓十番棋第 1 局
● 木谷实七段
○ 吴清源七段
共 276 手 白 2 目胜
对弈于 1939 年 9 月 28—30 日

　　吴清源围棋生涯中的第一次升降十番棋,本因坊秀哉之后的新布局双雄深山古刹对决,夜风吹拂,木谷血淌棋枰。镰仓十番棋战最终木谷实以 1 胜 5 负惨遭降格,成为吴清源棋坛二十年全盛之路的开端。

48

二十一世本因坊秀哉封刀引退后,棋界第一人者的宝座空空如也,日本棋界必须以一场激战来填补秀哉身后萧条的胜负世界。当时,棋界八段已无一人,七段中除垂垂老矣的明治三长老铃木为次郎、濑越宪作、加藤信外,当属年轻的木谷实最为耀眼,名人引退棋击败秀哉名人后,木谷实将成为围棋新霸主的呼声日益高涨。1939年,另一位希望之星吴清源升入七段,木谷明确对《读卖新闻》表示:"愿与吴清源擂争胜负,不惜打它几十盘!"

1939年,《读卖新闻》断然以每盘700日元的对局费主办吴清源木谷实擂争十番棋,高出本因坊战对局费两倍之多。从1930年野泽竹朝VS铃木为次郎擂争十番棋以来,日本棋界熄灭九年之久的争棋之火再次熊熊燃起。

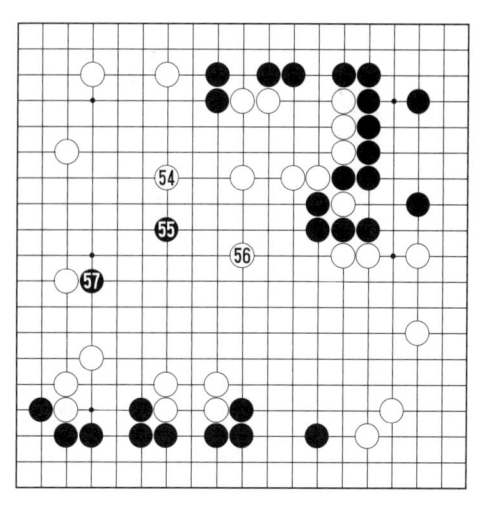

实战图一 十番棋用时规则每方限时13小时,较之秀哉时代,现代赛事的用时已大大缩短。第1局弈于镰仓建长寺,故名镰仓十番棋。布局阶段吴清源的白棋延续着新布局的思维,而黑棋木谷实的着法则重返旧时棋路,坚实钝重,步调缓慢,两种截然不同的布局格调相映成趣,跃然盘上。

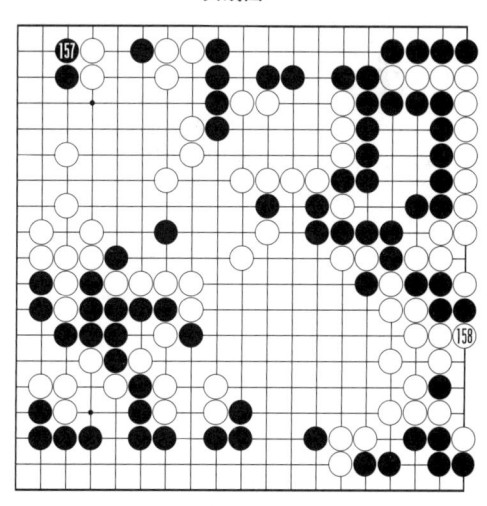

实战图二 续上图,中盘阶段双方都将头深埋在盘上苦算。木谷在落下黑157后突然流出了鼻血,晕倒在盘侧,对局一度中止。白158消劫,黑活左上角,劫争转换后黑扭转了不利局面,但后半盘木谷实又弈出败着,被白逆转2目胜。

十番棋第1局执黑败北使木谷遭受重创,在濒临降级的第6局木谷剃掉珍爱多年的长发,重现当年"怪童丸"的形象,但仍以1胜5败被降至先相先。镰仓十番棋终使新布局的双雄吴清源、木谷实在命运的大路上分道扬镳。

弈典

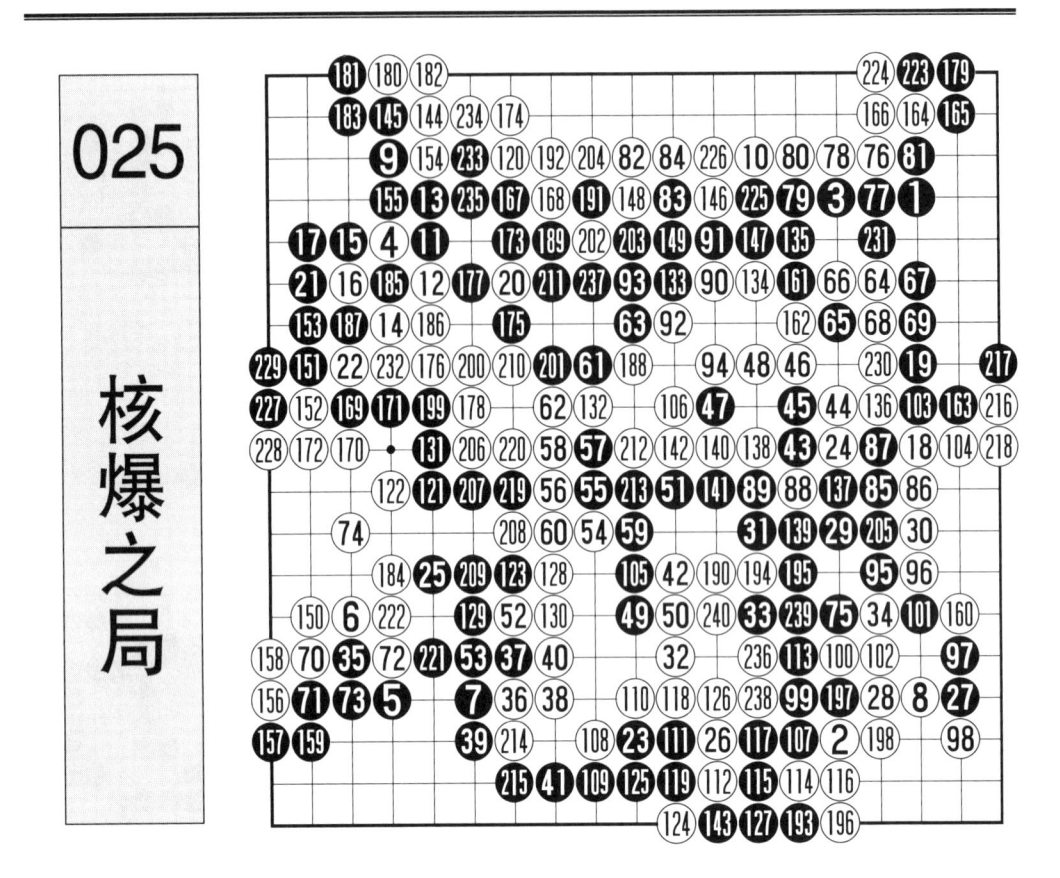

025 核爆之局

日本第3届本因坊战六番胜负第2局
● 岩本薰七段
○ 本因坊昭宇
共240手 白5目胜
对弈于1945年8月4—6日

距离战争最近的对局,本因坊秀哉在引退前捐出"本因坊"称号,日后本因坊战的创建,成为日本迄今仍在举办的、历史最为悠久的新闻赛事。第3届本因坊战第2局对弈中因二战末期广岛原子弹爆炸,遂成传世名局。

核爆之局

本因坊秀哉在引退前将本因坊称号"捐赠"给日本棋院，促成了本因坊战于1940年诞生。首届本因坊战关山利一获得冠军，易名本因坊利仙。由桥本宇太郎挑战利仙的第2届本因坊战第2局仅弈90手利仙就因严重的神经衰弱症在对局中晕倒，其后对局全部弃权，桥本成为第2届本因坊战冠军，易名本因坊昭宇。当时，利仙门下的年轻弟子梶原武雄四段执意要顶替师父出战，一时为棋界瞩目。

两年后的第3届本因坊战，日本在二战中濒临战败，各大新闻社都在压缩围棋版面，岩本薰七段夺取挑战权鲜为棋迷所知。

桥本宇太郎（1907—1994），生于日本大阪，日本著名棋手。

岩本薰（1902—1999），岛根县人，日本著名的围棋普及家。

1945年7月，本因坊挑战六番胜负第2局在广岛进行，当时广岛已列为盟军空袭的目标，但对局者不顾警方的告诫，执意坚持比赛。

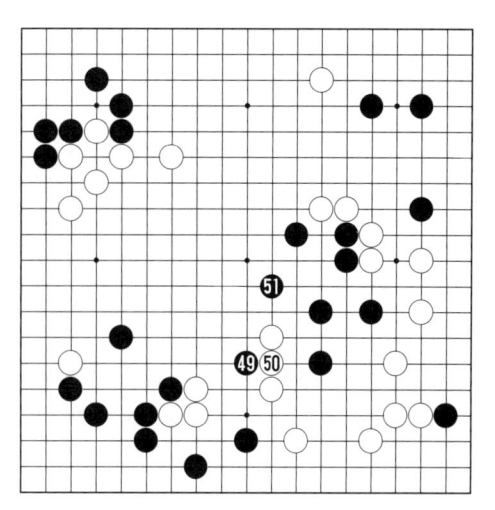

实战图一　本局对弈于广岛郊外的五日市，对局前两日平安无事。

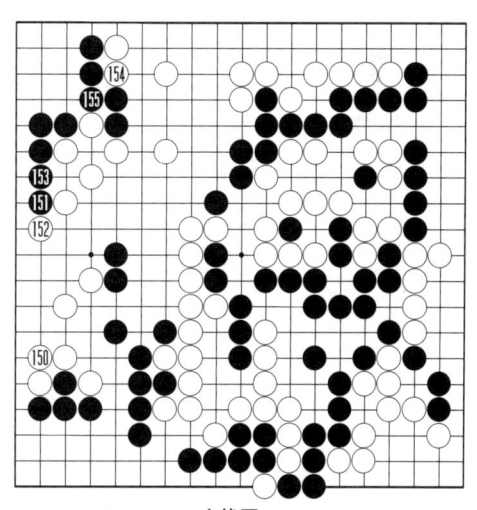

实战图二　第三天空袭警报解除后，双方立即着手对局。不久空中掠过一架美军飞机，随即飘落一个降落伞，霎时一片闪光直射大地，乌云翻卷，狂风夹杂着雨点直扑对局室，门窗玻璃全被震碎。濑越木然坐在裁判席上，岩本匍匐在棋盘上，桥本则被甩到室外。此时10公里之外的广岛已化为废墟，当时对局者以为只是一般的空袭，简单收拾对局室后续战，桥本以5目获胜。

后四局岩本奋力直追，最终双方3比3战平。九个月后加赛三番胜负岩本2比0夺取本因坊位。本局中，究竟原子弹爆炸发生在哪一手，两位对局者和裁判长濑越事后都不能说清，成为最大的遗憾。

弈典

026 九段首诞之局

(133)(139)(264)=❽⑤　(136)(142)=(130)　(188)=(151)

日本 1949 年春季大手合
● 坂田荣男七段
○ 藤泽库之助八段
共 268 手 白 3 目胜
对弈于 1949 年 6 月 8/9 日

　　九段,在日本近代围棋史上就是棋界第一人"名人",即使如此,旧制之下的日本名人也无一人敢妄称九段。1949 年,围棋史上第一位九段出现,藤泽库之助在大手合(段位赛)中击败坂田荣男,凭借积分晋升为九段棋手。

九段首诞之局

1949年春季大手合，年仅30岁的藤泽库之助八段执白战胜坂田荣男，以28局平均75分的优异战绩直抵前人从未到达的九段之巅。

藤泽库之助（1919—1992），日本横滨人，日本著名棋手。

坂田荣男（1920—2010），日本东京人，日本著名棋手。

旧制围棋时代，段位是棋士等级与地位的象征，一些战绩平庸的棋士常常苦战数年也难得晋升一段。像野泽竹朝VS铃木为次郎擂争十番棋这样因段位引发的争斗不胜枚举，至于九段更是棋界霸主的代名词。秀哉名人引退后，日本棋院适当放宽了升段的标准，废除了同段位中甲、乙组的级差制，将升段线由过去平均70分降为1939—1940年间的65分。

实战图一 前14手是藤泽非常善用的模仿棋。

实战图二 中盘双方形成乱战，中央劫争转换后，白棋已将局面追成细棋。终盘藤泽在左下角下出白190的官子妙手，3目获胜。

藤泽异军突起晋升九段使日本棋院大喜过望，同时也搅乱了棋界固有的秩序。吴清源是擂争十番棋的霸主，岩本薰连霸本因坊位。在未与两人交手的情况下，晚辈的藤泽以"九段"盛名凌驾之上，依照段位制的等级，吴清源、岩本薰与藤泽对弈反要以先相先屈尊。为此，正投身

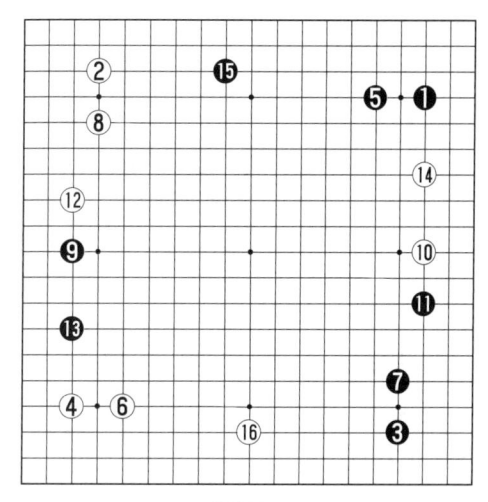

实战图一

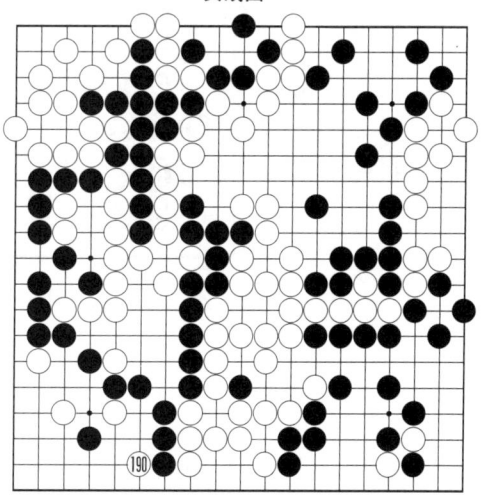

实战图二

于关西棋院筹建的桥本宇太郎首先对藤泽的升段表示不服，关西专门召开棋士全体会议发出向藤泽库之助挑战十番棋的宣言。对此，一向蔑视关西的日本棋院外事部长奥山伍当即回绝了桥本宇太郎的挑战。

藤泽库之助成为围棋史上的第一位九段，以此为最高点，九段的神圣魅力开始一点一点褪去色彩，直至成为一个符号。

弈典

027 关西独立之局

232=222　234=229　245=206

日本第6届本因坊战七番胜负第7局
● 本因坊昭宇　黑贴4目半
○ 坂田荣男七段
共262手　黑3目半胜
对弈于1951年6月27/28日

20世纪50年代初，手握本因坊位的桥本宇太郎创立关西棋院，日本棋院决意要以实力夺回桥本手中的本因坊位。第6届本因坊战对坂田荣男1比3落后时，桥本坦言"引颈以待"，弈出本因坊战历史上著名的升仙峡大逆转，连胜三局卫冕本因坊。

关西独立之局

引颈以待，出自于日本围棋史上桥本宇太郎与坂田荣男的第6届本因坊战。

1950年，桥本宇太郎直落4局击败岩本薰第二次登上本因坊宝座，使刚刚从战后复苏的日本棋界站在了分裂的风口浪尖。早在1948年，在日本棋院的重建过程中关西因经费问题与关东产生分歧，关西棋院遂发起与日本棋院12对12的"东西对抗大棋战"，最终以关东方7比5获胜告终。接着双方再进行擂台赛，关东方仅用藤泽秀行、梶原武雄两将就将关西方五人击退。对抗的失利加快了关西独立的步伐。8月9日关西成立新的理事会，16日成立评议会，9月2日正式命名为关西棋院并进行独立的段位证书发行，关西棋院终于成立。

关西的分裂行为使其代表人物桥本成为众矢之的。一些人坚持要求院方以"本因坊位是秀哉赠于日本棋院的永恒荣誉"为由剥夺桥本的本因坊位，但最终日本棋院决心以实力夺回本因坊位。第6届本因坊战挑战权由新锐坂田荣男夺得，前四局即3比1把桥本逼上绝路。日本棋院已备好庆祝会，认定本因坊位唾手可得的坂田狂傲之气锐涨。桥本却镇定自若地宣称："我将洗净脖子引颈以待！"第5局桥本在必败之势下创下著名的"升仙峡大逆转"，接着第6局再度获胜。

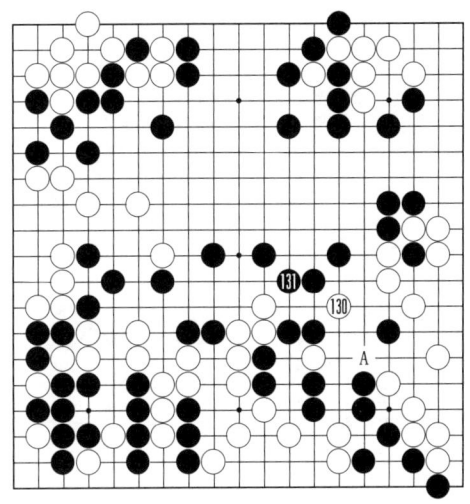

实战图一

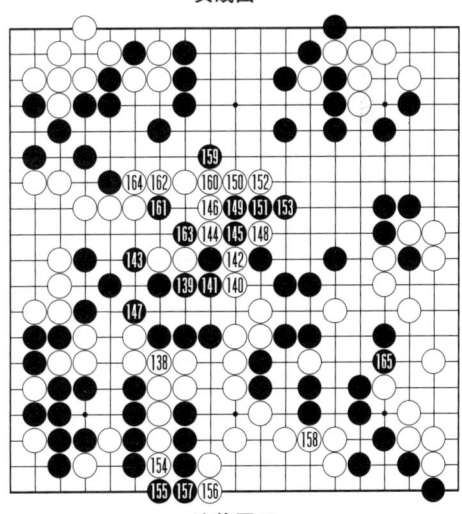

实战图二

实战图一 第7局对弈于日本三重县。坂田白130刺敏锐，白凭空多出A位切断黑右方一子价值14目的官子，胜负天平向白猛倾。

实战图二 续上图，观战的关西棋士全都深陷在死寂的氛围中，得利的坂田却变得躁动不安，面对冷静的桥本，他甚至对优势产生了怀疑，致使疑问手迭出，黑占据165位后白再无胜机。

028 国手与元帅之局

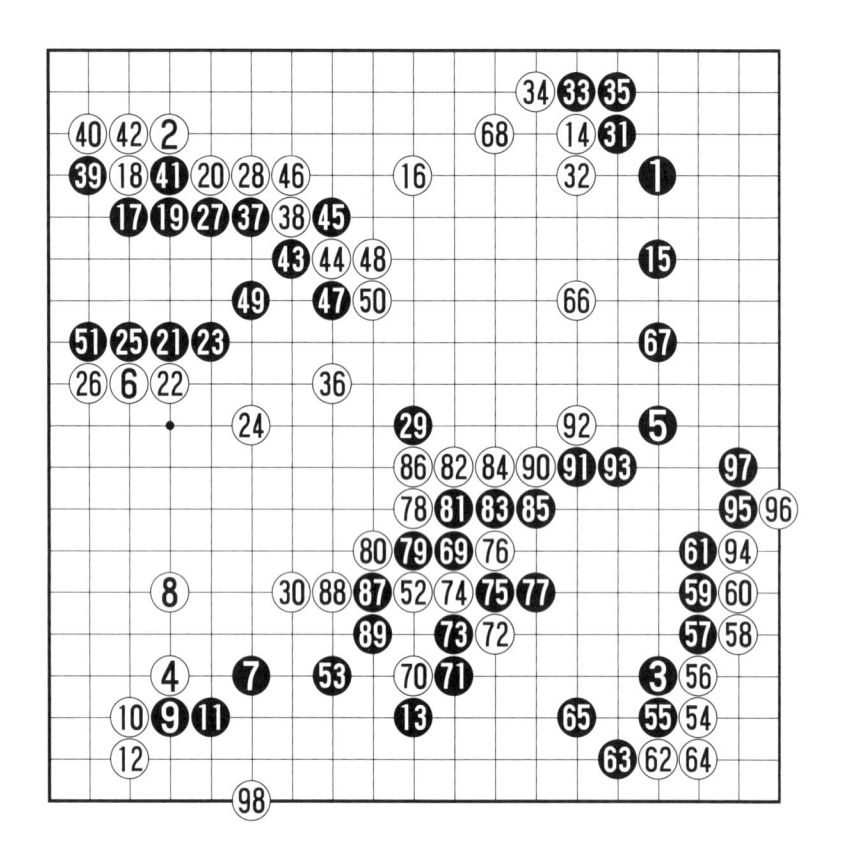

1951年友谊对局
● 陈毅
○ 过惕生
共98手以下不明 白胜
1951年6月18日弈于北京

1951年6月18日，在北京西总布胡同李济深宅，围棋国手过惕生与陈毅元帅(时任华东军区司令员、上海市长)的对局，留下了中国围棋复兴时代的珍贵印记，这是围棋界现存的唯一一局陈毅元帅的对局弈谱。

国手与元帅之局

旧中国围棋长期在谷底徘徊，极大地制约了围棋竞技的发展。新中国成立后，在陈毅元帅的关心和大力推动之下，中国围棋迅速走上复兴之路。

陈毅 (1901—1972)，四川乐至人，久经考验的无产阶级革命家、政治家、军事家、外交家和诗人。党和国家的卓越领导人，中国人民解放军的创建者和领导者之一、中华人民共和国元帅。新中国围棋事业的奠基人。

过惕生 (1907—1989)，安徽歙县人，中国围棋界一代名宿。

陈毅早年喜欢弈棋，在艰苦卓绝的革命战争年代，他在戎马倥偬之中参与围棋活动。新中国成立后，陈毅积极倡导中国围棋的开展。1960年，由陈毅副总理和日本自民党议员村松谦三共同发起，第一个日本围棋代表团访华，以此为开端，中国围棋开启了赶超日本的征程。回首往昔，陈毅元帅为中国围棋事业的复兴做出了巨大贡献。

1962年，陈毅元帅担任中国围棋协会第一任名誉主席。1963年1月《围棋》月刊杂志刊登了陈毅元帅的题词：围棋易学而难精，愈精则趣味愈浓。愈精此业，非作专门研究不可。业余努力，进度必有限。我主张，专业与业余结合进行。中国手谈，必将有巨观。

实战图一 1990年华龄出版

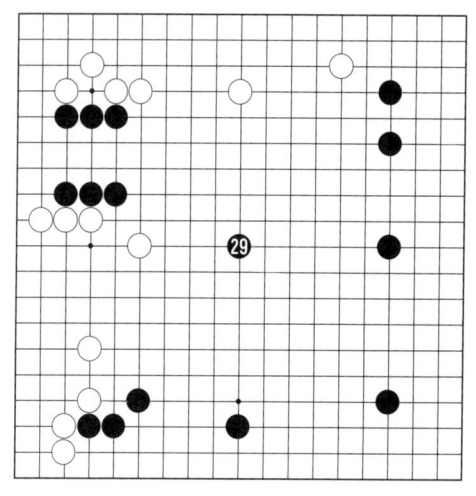

实战图一

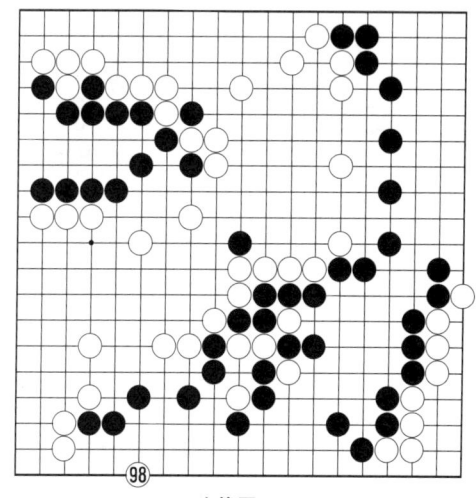

实战图二

社出版的《沧桑谱》由程晓流六段评注，书中汇集了过惕生、过旭初弈谱30局。其中第13局是陈毅元帅执黑与过惕生的对局。

实战图二 本局只记载了98手，却是现存唯一有谱记载的陈毅元帅对局棋谱，弥足珍贵。虽然本局对弈的时间略早于共和国元帅授衔时间，但由于围棋界一直对陈毅以元帅尊称，故本书特用此名。

029 世纪争棋之局

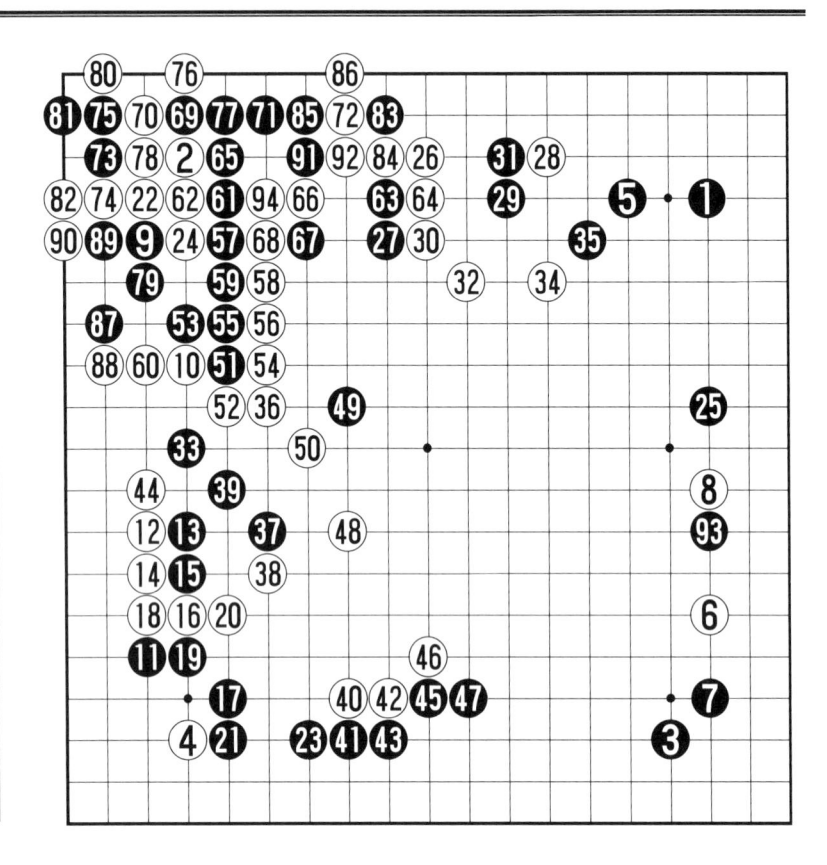

吴清源/藤泽库之助擂争十番棋第 1 局
● 藤泽库之助九段
○ 吴清源九段
共 94 手 白中盘胜
对弈于 1951 年 10 月 20—22 日

史上最早两位九段的争棋决战,因赛前双方对用时的争执和极其惨烈的比赛进程而闻名,被称为 20 世纪最残酷的争棋之一。第 1 局因双方看错死活,94 手终局,可谓争棋无名局。

世纪争棋之局

20世纪50年代初，一场一山不容二虎的世纪争棋不可避免地来临。1949年，藤泽库之助成为棋界第一位九段棋手，一年后日本棋院赠授吴清源为九段。棋界并列出现两位九段，在人们心目中不亚于天空中存在两个太阳，注定要以一场厮杀决出强弱。吴清源/藤泽十番棋由《读卖新闻》主办，由于在对局时限上吴清源坚持两日制10小时，而藤泽坚持三日制限时13小时争执不定。直到1951年10月20日，吴/藤泽十番棋战终于启动。

实战图一 每方13个小时的对局，战至不足百手双方就已经耗掉20个小时。仅剩13分钟的藤泽下出黑91自紧气的大恶手，黑93制造劫材，白94补后，藤泽认输。

变化图一 黑应直接在1位紧气，将来收气白提四子后黑7位卡可成缓一气劫。实战黑91无意中自紧一气，反成紧气劫。两位对局者均以为实战必然，当局后记录员盐入逸造四段指出这个变化时，两位棋界泰斗都面红耳赤，惊讶不已。

在不贴目的争棋赛制下，前四局藤泽执黑1败1和、吴清源执黑2连败，足见拼杀之惨烈。从第5局起吴清源连胜六局，最终以7胜2负1和将藤泽降至先相先。复仇心切的藤泽在第10局时提出将该局作为另一次擂争十番棋的首局挑战吴清源被拒。1952年10月，《读卖

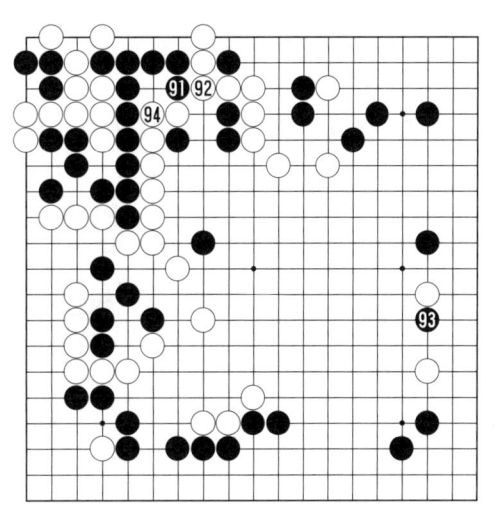

实战图一

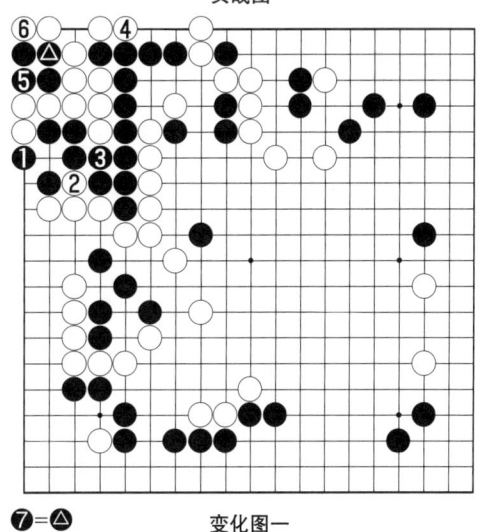

变化图一
❼=△

新闻》主办吴、藤泽第二次升降十番棋，吴清源仅用六局就以5比1将藤泽从先相先打至让先。

在降级的关头，藤泽怕有损日本棋院的声誉而怀揣辞呈与吴清源决战，一时成为棋界的话题。最终藤泽未能挽狂澜于既倒，1953年12月他宣布脱退日本棋院，直到六年之后才复归，成为日本争棋历史上的悲壮印记。

弈典

030 南刘北过之局

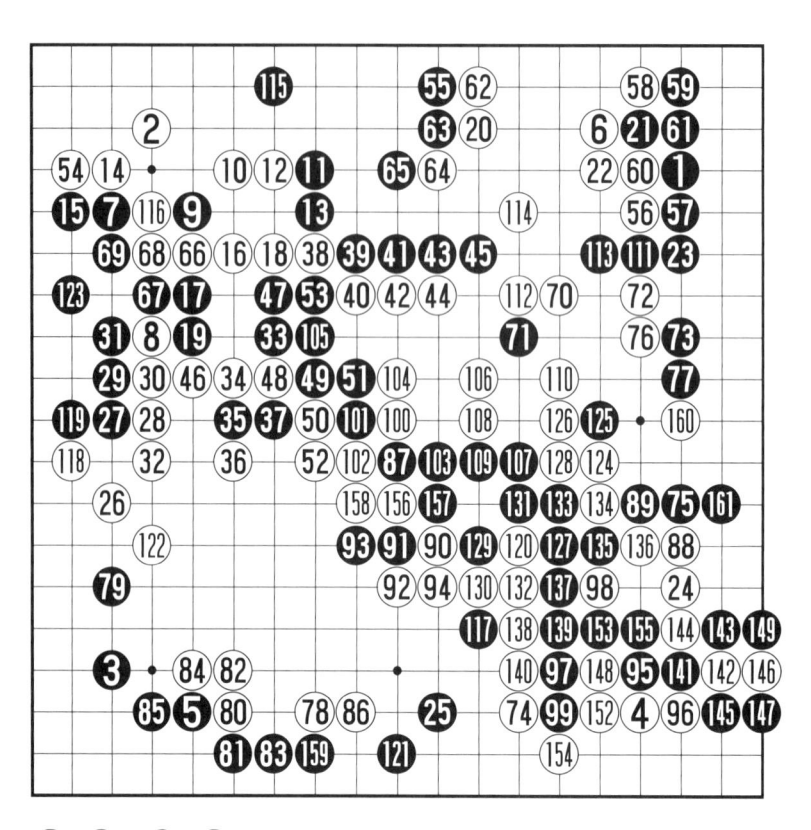

⑮₀=⑭₂ ❶₅₁=⑭₆

1959年第1届全运会围棋比赛
● 刘棣怀 黑贴 $2\frac{1}{2}$ 子
○ 过惕生
共 161 手 黑中盘胜
对弈于 1959 年 9 月 26 日

  新中国成立后围棋得以迅速复兴,1957 年,全国围棋比赛创立,1959 年,第 1 届全国运动会引入围棋比赛。上海刘棣怀和北京过惕生凭借这段时期出众的战绩,共同开启了"南刘北过"时代。

南刘北过之局

20世纪前半段,在日本围棋飞速发展的同期,围棋发源地中国还没有专门的职业棋士和系统的赛事。新中国成立之后百废俱兴,1957年,在陈毅副总理的关怀下,第1届全国围棋锦标赛于11月在上海市举行,成为新中国成立后最早的围棋赛事。经过八轮比拼,北京过惕生以7胜1负夺冠,陈嘉谋和刘棣怀位居第2、3名。1959年,围棋成为第1届全运会的正式比赛项目。经过预赛和决赛两个阶段的比赛,最终上海刘棣怀以6胜1负获得冠军,过惕生以5胜1负1和屈居亚军,南刘北过的格局逐渐形成。

刘棣怀(1897—1979),安徽桐城人,生于南京,中国棋界一代名宿。

刘棣怀与过惕生同为安徽人,但两人的围棋之路却大相径庭。1960年1月16日,我国第一本专业性围棋刊物《围棋》月刊在上海正式出版发行,由刘棣怀任主编。过惕生则定居北京,刘、过成为中国南北的两大"围棋重镇"。在国内早期的围棋赛事中,北京过惕生1957年、1962年两获冠军,上海刘棣怀1958年、1959年两获冠军,并称为"南刘北过"。

实战图一 南刘北过对决在最后一轮上演,刘棣怀曾两获全国冠军,被称为"一子不舍刘大将"。序盘阶段白棋行棋较缓,黑棋弈出35碰

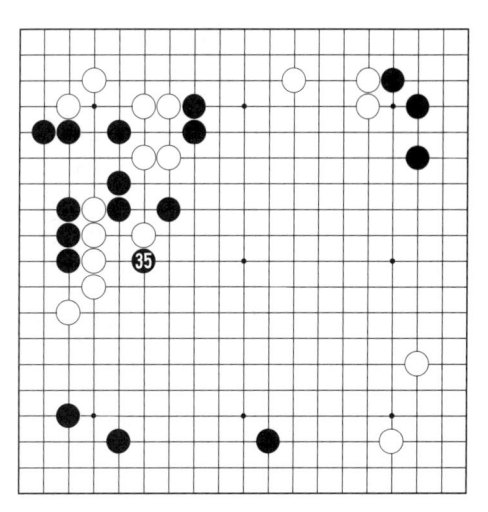

实战图一

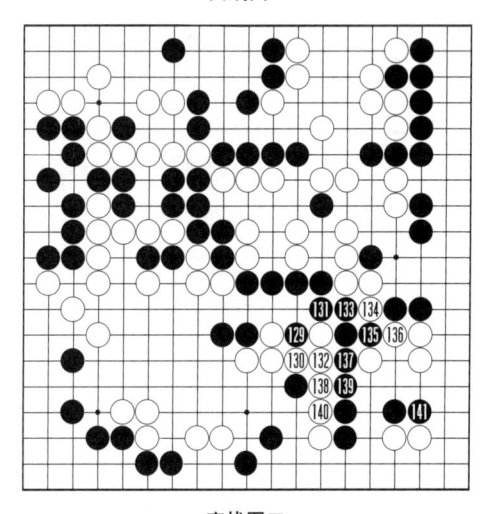

实战图二

的强手后占据了攻击的主导地位。

实战图二 本局几经反复,黑141确立胜势。

旧中国积贫积弱,围棋基本上处于停滞状态。新中国成立后,棋手虽然做出了极大的努力提高棋艺,但以南刘北过为代表的顶尖高手还处在相对落后的水平,这是中国围棋发展必要的一步,对日后的腾飞有着不可或缺的意义。

031 九连霸之局

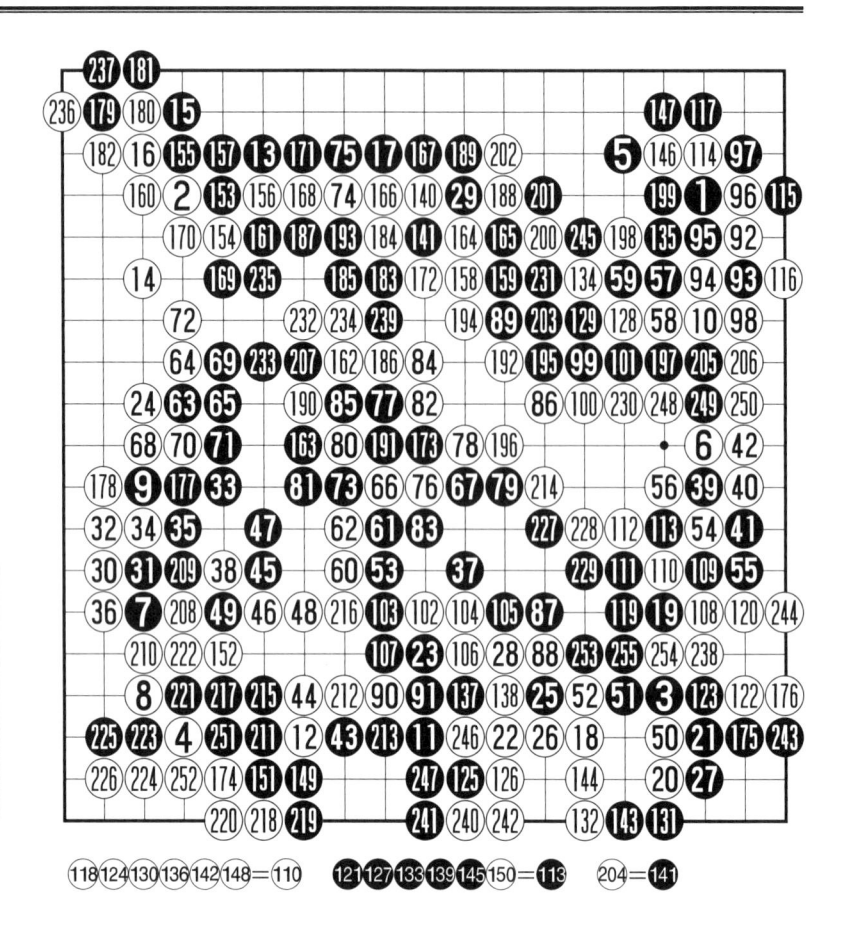

日本第 15 届本因坊战七番胜负第 4 局
● 藤泽秀行八段 黑贴 4 目半
○ 本因坊秀格
共 255 手 白 2 目半胜
对弈于 1960 年 5 月 30/31 日

　　流水不争先的高川格取得本因坊九连霸，创下日本新闻棋战半世纪之纪录。不可思议的是，高川奇迹的连霸，却是靠一个瞎劫实现的。

本因坊战自诞生以来就不断地缔造传奇。第1届几度濒临夭折才艰难问世；第2届卫冕冠军关山利一对局中晕倒在棋盘之侧；第4届更是因"核爆之局"闻名天下；第5届加速了关东关西的决裂；第6届桥本、坂田的血斗震惊棋界。从第7届起高川格战胜桥本宇太郎夺取本因坊，走上了九连霸的霸者大道。

第7届4比1桥本宇太郎，第8届4比2木谷实，第9届4比2杉内雅男，第10届4比0岛村利博，第11届4比2岛村利博，第12届4比2藤泽朋斋，第13届4比2杉内雅男，第14届4比2木谷实，第15届4比2藤泽秀行。

高川格(1915—1986)，出生于歌山县，日本著名棋手。

藤泽秀行(1925—2009)，出生于横滨市，日本著名棋手。

实战图一 本局之前挑战者藤泽秀行2比1领先，至此黑棋已处于绝对优势，而在劫争中高川又下出白122的瞎劫。据当时的观战记者尾崎一雄回忆，对局中藤泽不断地嘟囔"有棋吗？""对手可是高川呀！""味道真恶呀！"于是黑123补了一手，最终被白打赢右边的劫后逆转了局势。

变化图一 观战室中有人断言:根本就没有棋！如果黑1脱先消劫，白2断后至黑13白局部无棋。因此本局被称为"改变日本围棋历

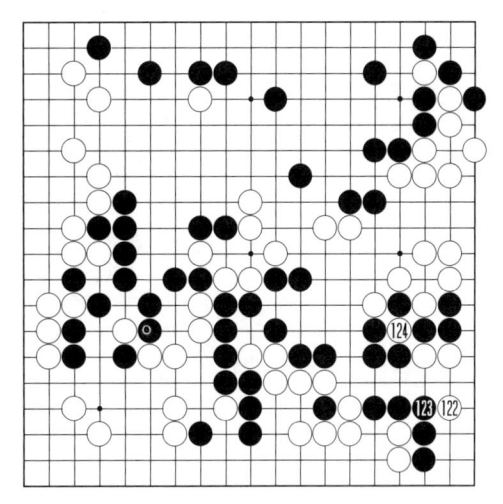

实战图一

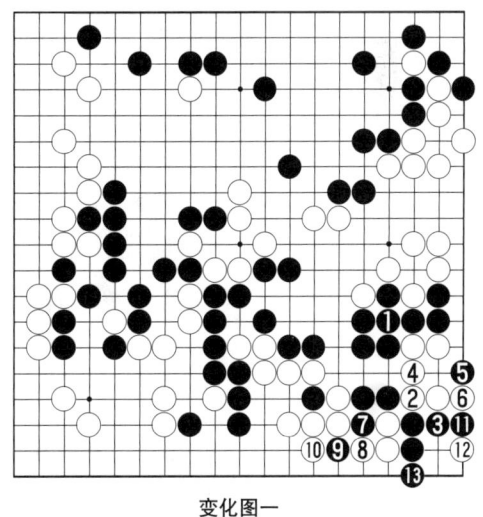

变化图一

史的瞎劫"。

接着高川格连胜第5、6局，以4比2击败藤泽秀行，达成辉煌的本因坊九连霸。在那个时代，人们称高川为"非力""流水不争先"，认为他的棋像温吞水一样缺乏力量和斗志，而是擅长以形势判断来赢棋。由于高川出色运用贴目的技巧和本因坊战中所向无敌的战绩，被日本棋界誉为:贴目棋的达人。

弈典

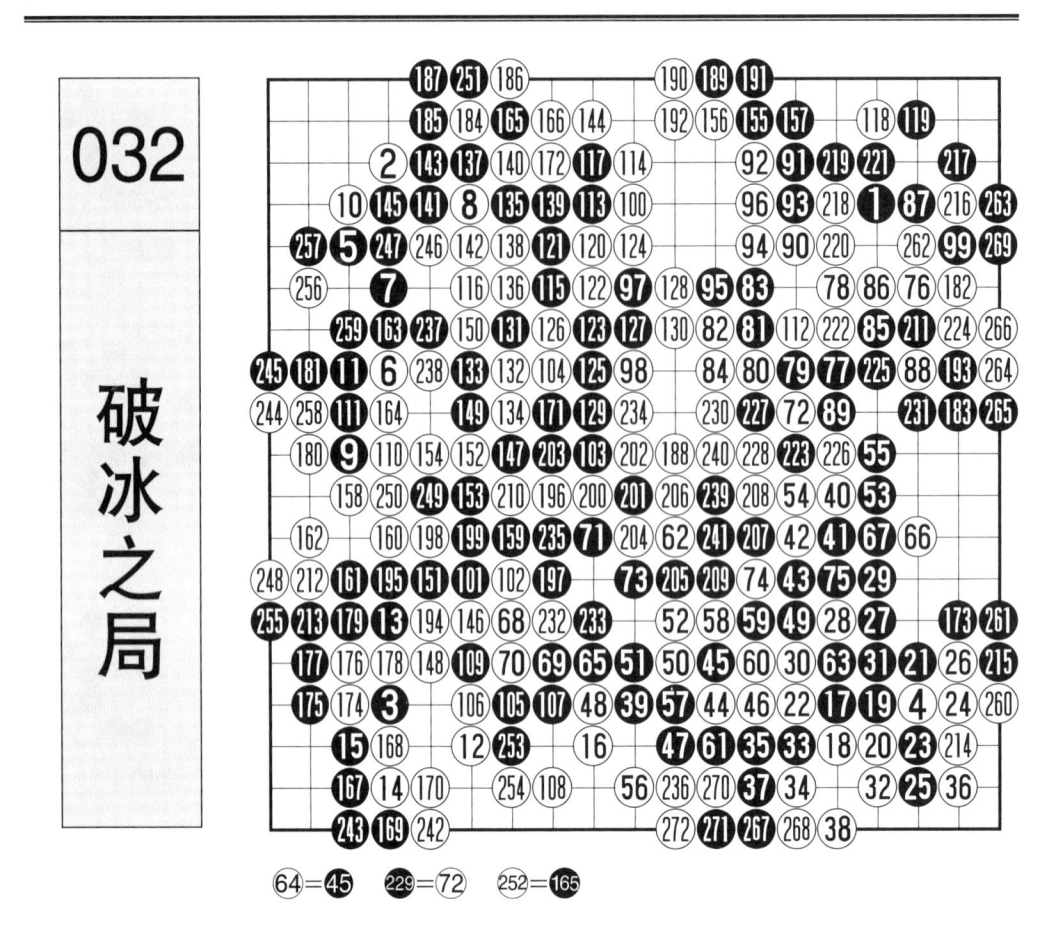

032 破冰之局

㊻=㊺ ㉙=㊹ ㊾=⑯

1963年中日围棋交流赛
● 陈祖德五段(先)
○ 杉内雅男九段
共272手 黑胜½子
对弈于1963年9月27日

  1963年，陈祖德受先战胜日本九段杉内雅男，这一破冰壮举成为中国围棋追赶日本围棋的重要里程碑。两年后，陈祖德又在分先的情况下击败日本九段岩田达明，再建殊勋。

破冰之局

1960年，新中国成立后日本围棋代表团首次访华，以桥本宇太郎和坂田荣男领衔的日本棋手全部让先，我国棋手苦斗七场以2胜1和32负惨败。

1962年中日交流赛日方降低出战棋手档次，我方仍以5胜1和35负失利，日方坐镇第三台身着艳丽和服的55岁的女子棋手伊藤友惠竟一路连胜中国一流棋手八场，让人不堪回首。

1963年，由杉内雅男带领的日本围棋代表团访华，此时中国围棋已出现飞跃进步，经北京、上海两地11场对局，日本队虽以33胜19负1和取胜，但中国棋界冉冉升起的新星陈祖德对日五战五胜，并力克日本九段杉内雅男，创下了新中国围棋的一个里程碑。

陈祖德(1944—2012)，上海人，中国著名棋手。

杉内雅男(1920—2017)，日本宫崎县人，日本著名棋手。

实战图一 经过10个小时惊心动魄的鏖战，陈祖德顶着剧烈的胃痛，几乎耗尽了所有精力终于以半子战胜日本曾两度挑战本因坊位的强九段杉内雅男。陈祖德自称为这是其步入棋坛以来最艰苦、最漫长、最重要的一场对局。

实战图二 1965年中日围棋赛陈祖德五段执黑5子半胜达明九段，1965年10月弈于上海。虽然陈

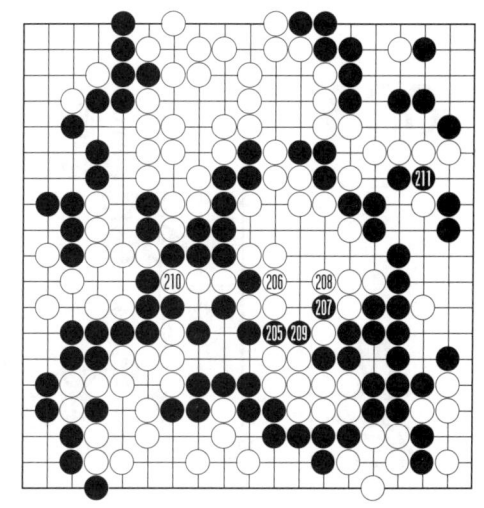

实战图一

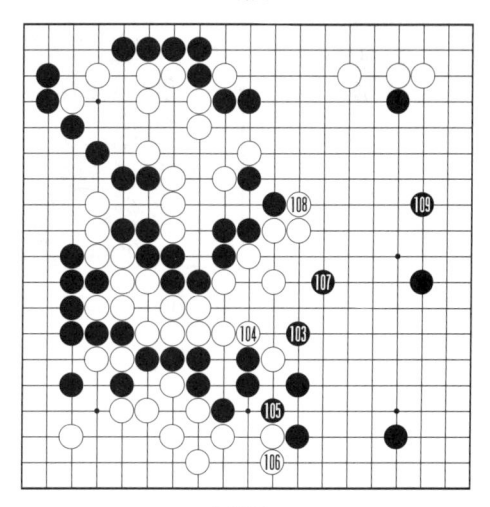

实战图二

祖德战胜杉内雅男是在受先情况下取得的，但它预示着中国棋手分先战胜日本九段已为时不远了。1965年10月，陈祖德终于迈出了永载史册的一步。岩田是木谷实的高足，曾是日本第1届名人战的12位参赛者之一，七段时就与吴清源、坂田、高川等同场竞技。本局陈祖德气势如虹以5子半大胜对手，终于分先跨越了"九段"的鸿沟。

65

弈典

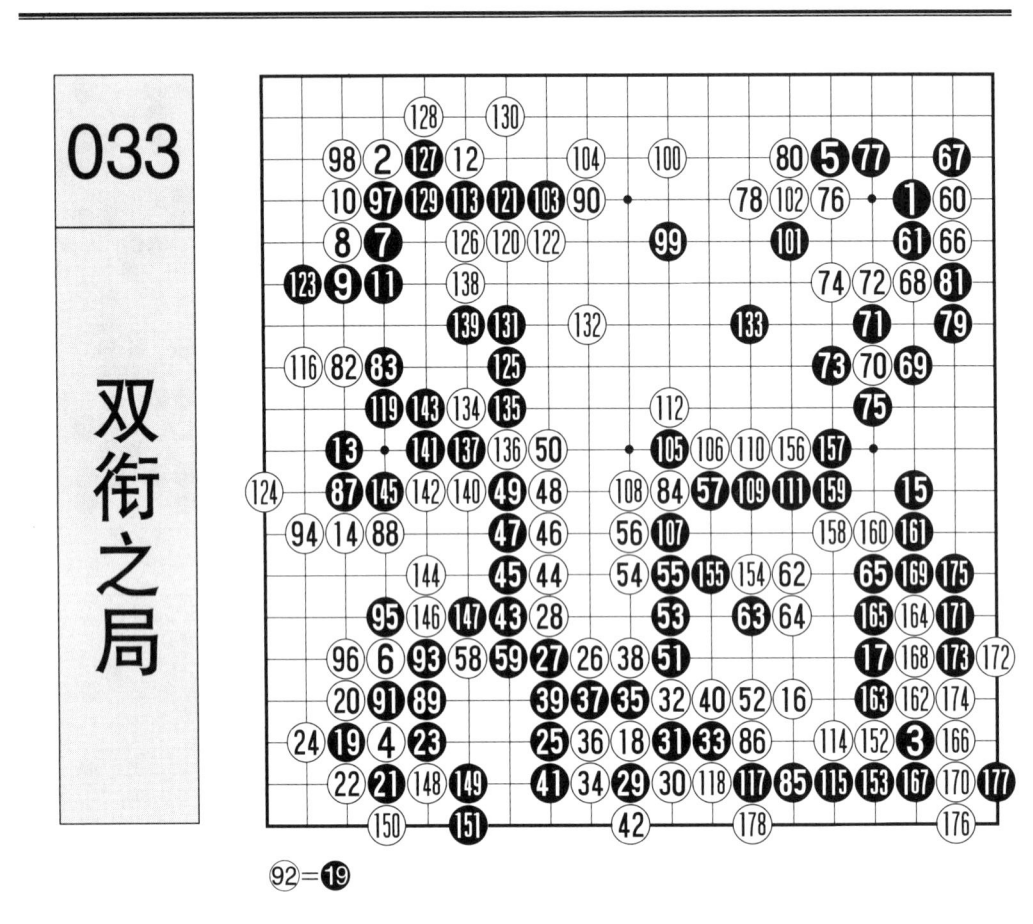

033 双衔之局

㊾=⑲

日本第 2 届旧名人战七番胜负第 7 局
● 藤泽秀行名人 黑贴 5 目
○ 坂田荣男九段
共 178 手 白中盘胜
对弈于 1963 年 9 月 29/30 日

日本新兴棋战名人战七番胜负创立，藤泽秀行凭借吴清源与坂田荣男在循环圈最后一战中"命运的和棋"，在酩酊大醉中加冕名人位。第 2 届坂田荣男从藤泽手中夺走名人称号，成为日本棋界第一位冠军制的名人·本因坊，坂田时代来临。

双衔之局

旧制围棋时代结束后,曾象征棋界权柄的本因坊称号成为挑战制七番胜负,名人战拉开了60年代大激斗的帷幕,吴清源因车祸衰落,藤泽秀行和坂田荣男成为棋界新的轴心。不仅在棋盘上随处可见两者竞技与心智之争,更能窥见到他们精神死斗的火星,不同的禀性、迥异的棋风和势不两立的胜负恩怨使他们之间的每一盘棋都带有浓重的争棋色彩。第1届名人战循环圈藤泽力屠坂田48个子的大龙后放言:"本来不杀大龙也能获胜,但因为对手是坂田。"第2届名人战赛前坂田要求与名人有亲属关系的藤泽朋斋回避裁判人选,局后复盘双方更是锱铢必较不肯妥协半分。第1届名人战坂田含恨出局后,第2届即以锐不可当之势夺取挑战权,日本棋界首现名人VS本因坊大决战。

第1、2局藤泽连续1目惜败,其后连胜三局反把夺冠心切的本因坊逼上绝路,尤其第3、4局均以13目和12目大胜。此后,坂田将自己关在家中闭门思过,在一周内翻遍秀和与秀策全集,就连坂田夫人也惊讶地声称这是结婚以来从来未见过的情景。第6局坂田一改前五局无论执黑还是执白都下三三的开局,以无比冷静的心态扳平比分。

实战图一 决胜局藤泽针锋相对地以坂田所擅长的三三布局迎战。白下方作战成功,右边白70过

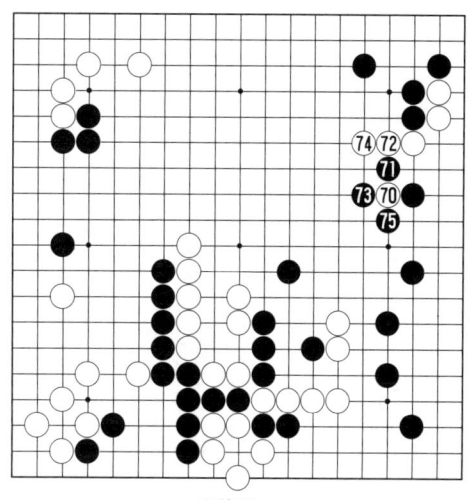

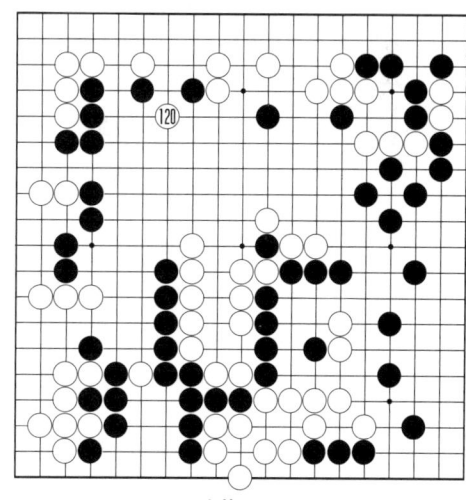

分,黑71,73强手,黑75空拔一子后藤泽名人占据攻击优势。

实战图二 续上图,就在观战室中都以为黑胜券在握时,坂田弈出被吴清源称做"天来之妙手"的白120。此手看似平淡,却使中央的厚味逐渐发挥出效率,简明确立优势。被天下人无限关注的名人战急剧落下帷幕,坂田荣男成为日本棋界第一位冠军制的名人·本因坊。

034 新人并立之局

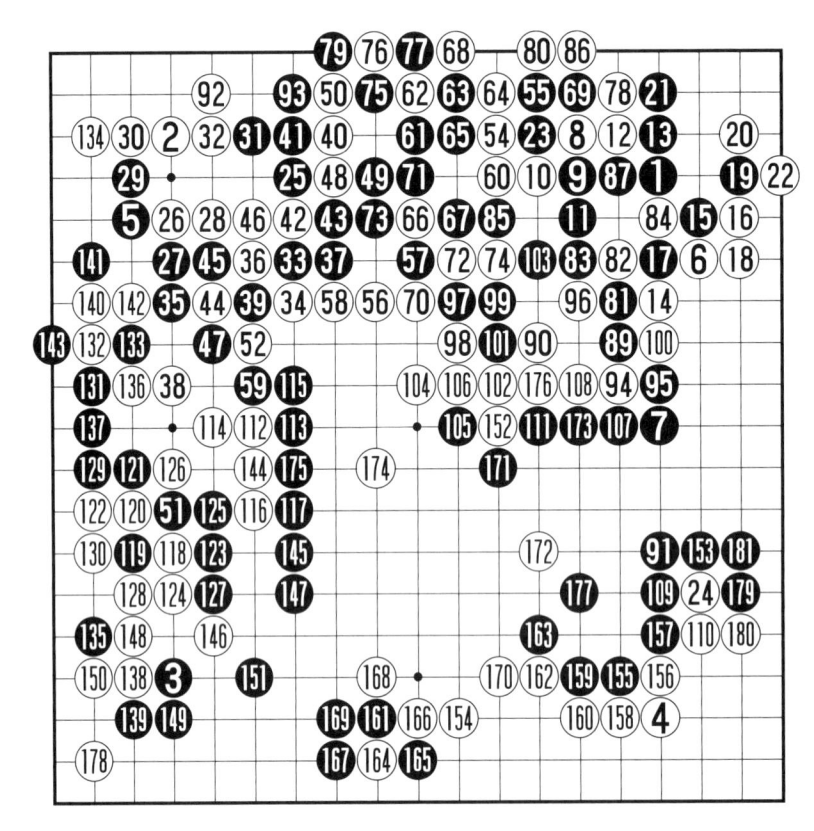

㊼=㊹ ㊻=㊺

1964年全国围棋锦标赛
● 陈祖德五段 黑贴 $2\frac{1}{2}$ 子
○ 吴淞笙五段
共181手 黑中盘胜
对弈于1964年5月9日

20世纪60年代中期，职业段位的出现，标志着中国围棋体制初步建立时代的来临。南刘北过走向衰落，年轻的陈祖德和吴淞笙迅速崛起，中国棋界出现了短暂的陈吴并立时代。

新人并立之局

20世纪60年代，新中国培养的第一批年轻棋手开始崛起，最具代表性的是陈祖德、吴淞笙、沈果孙、王汝南、华以刚、罗建文等。在前所未有的研究棋艺的热潮中，无论是初露头角的新秀还是"南刘北过"这些从旧中国行过的老棋手，都展现出极大的提高棋艺的热情。

1962年秋，在安徽举办的全国棋类锦标赛，北京老将过惕生勇夺围棋冠军，第2、3名被上海18岁的陈祖德和17岁的吴淞笙夺走。这次比赛结束后，过惕生、刘棣怀、陈祖德、吴淞笙被定为五段，他们成为我国第一批获得段位的棋手。

吴淞笙（1945—2007），福建莆田人，新中国成立后的一代国手。

围棋体制的初步建立客观上推动了围棋事业的发展。1964年4月26日至5月24日，全国围棋赛在浙江杭州举行，陈祖德和吴淞笙分别夺得冠亚军，标志着以南刘北过为代表的老一代棋手退向幕后，中国的新生代开始走向台前。

实战图一　黑1，3对角星是当时陈祖德极为喜爱的布局。陈祖德在少年时代，因被人讥讽为缺乏力量的"书房棋"而苦研中国古谱，练就了一身过硬的杀力，即使是实力强大的日本高手，也常常遭到陈祖德的强力屠龙。陈祖德对中国古棋涉猎甚广，从中不断汲取滋养，逐渐形成了偏向古棋的战斗棋风。对角

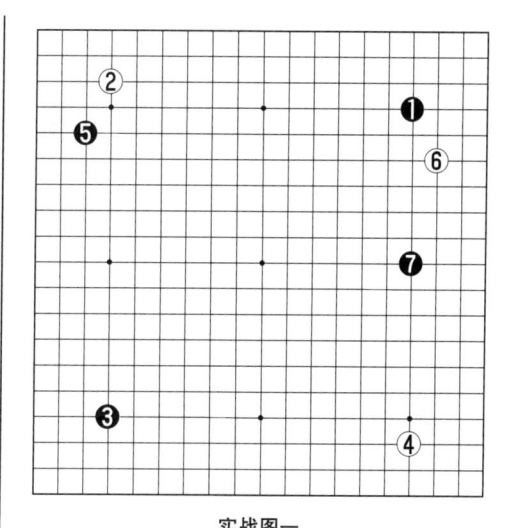

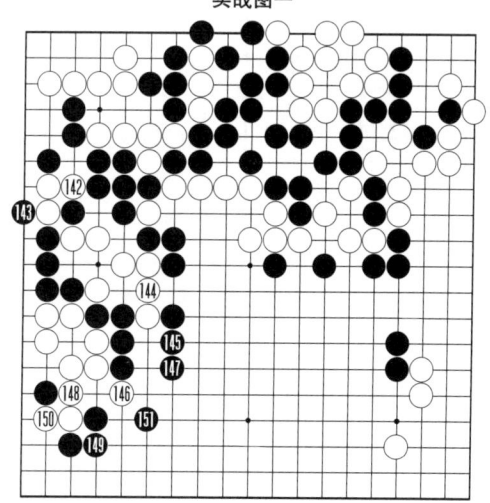

实战图一

实战图二

星布局类似于中国古棋中的座子，利于迅速挑起战斗。

实战图二　当时，受我国古代座子棋的影响，中国棋手大多都是倾向于攻杀的力战型，布局善于下对角星，中盘喜欢追逐战斗格局。本局战斗从上方挑起，蔓延至左边并迅速波及全盘，黑棋以力取胜，中国围棋进入了1964—1966年短暂而炽烈的陈吴时代。

035

中国流首局

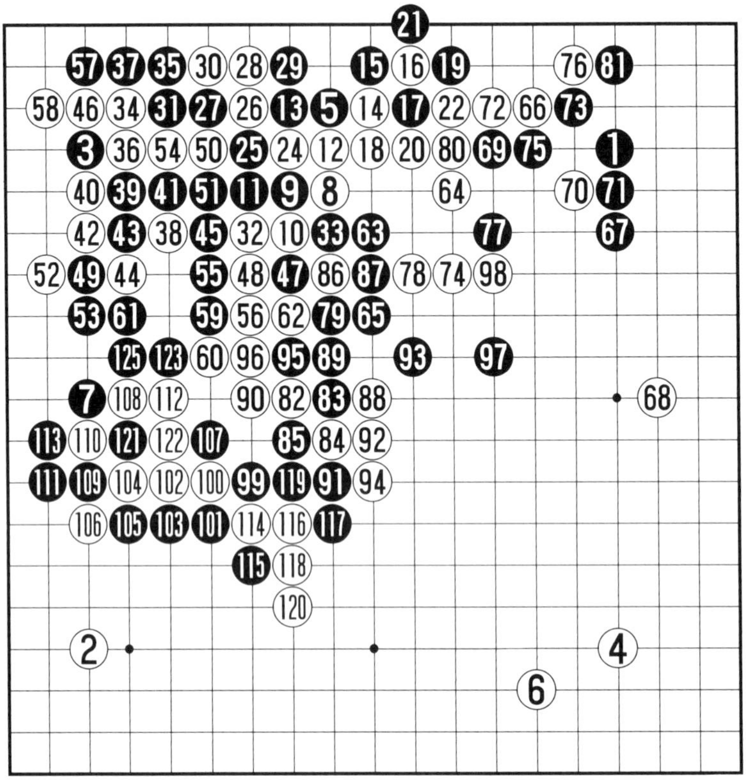

㉓=⑯　(124)=(110)

1965年中日围棋交流赛

● 陈祖德五段　黑贴 2$\frac{1}{2}$子

○ 梶原武雄八段

共 125 手　黑中盘胜

对弈于 1965 年 4 月 20 日

20 世纪 60 年代中期，在中国棋手的共同努力之下，陈祖德弈出中国棋界首创的“桥梁型”布局。中国流首度出现，并迅速燎原棋界被围棋强国日本所接受，时至今日，中国流仍在围棋实战布局中占有一席之地。

中国流首局

受古谱的影响,中国棋手大多是力战型,喜欢打散局面的对角星布局。随着水平的提高,棋风流派逐渐形成,以陈祖德为首的一些中国棋手开始研究探索适合于自己风格的布局套路,"桥梁型"布局应运而生。由于该布局兼速度、作战、地势转换灵活的优点,很快在棋界流行,被称为"中国流"。陈祖德从1963年开始在比赛中应用中国流布局,在他苦斗梶原的1965年达到了高峰。

梶原武雄(1923—2009),日本新潟县人,日本著名的围棋理论大师。1965年,陈祖德与梶原武雄苦战六局,虽然以2胜3负1和失利,但中国流布局在这次对抗中得到了充分的演练。

实战图一 陈祖德对梶原的第2局,当时他执黑必以1,3,5的中国流布局开局。

实战图二 续上图,本局陈祖德发挥出直线攻击的特长,白上边和左边无法兼顾,黑棋仅125手取得快胜。

中国流寥寥三枚棋子在棋盘上快速和灵活的组合,极大地丰富了现代围棋布局的内涵,一度成为中国棋手的实战主流布局。在其最初诞生的年代,凝聚着陈祖德等前辈棋手为战胜强敌呕心沥血的付出,是中国围棋在贫弱时代中探索精神的结晶。

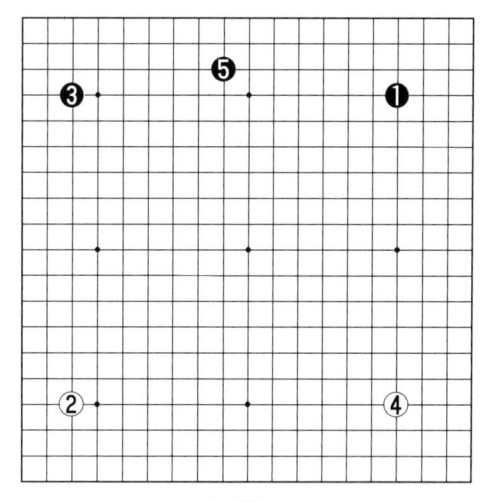

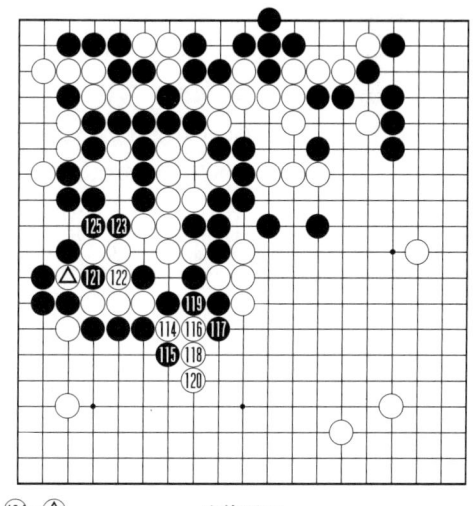

此后,中国流布局很快被日本一流棋手所接受,开始频繁应用于重大的赛事中,从而出现了"高中国流"、"变形中国流"等派生布局。20世纪70年代末,日本棋手对中国流布局的使用达到了高峰,在藤泽秀行与加藤正夫决战的第2届棋圣战中,七局棋全部是中国流开局,加藤正夫日后更是创作出《中国流》布局一书。直至今天中国流青春不老,几度盛行,仍为现代棋手所热衷。

71

弈典

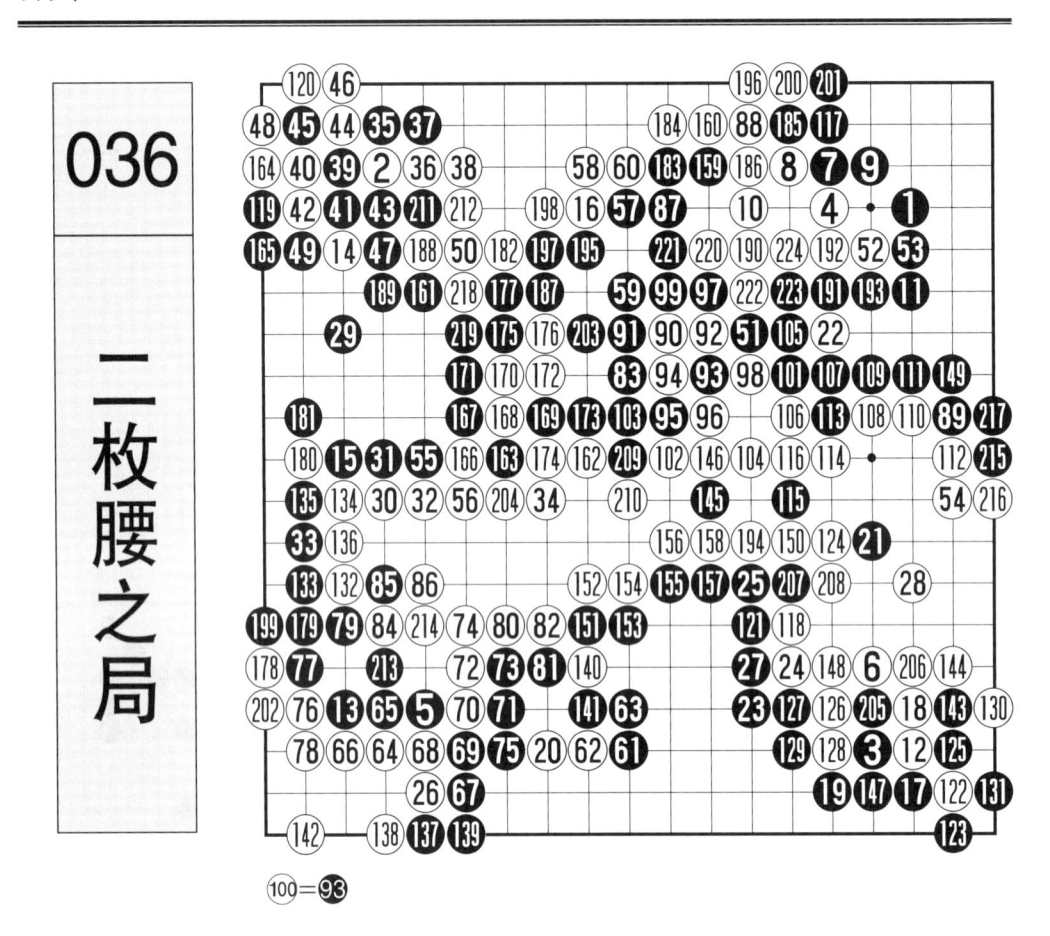

036 二枚腰之局

⑩0＝❾3

日本第 4 届旧名人战七番胜负第 6 局
● 林海峰七段　黑贴 5 目
○ 坂田荣男名人
共 224 手　黑 12 目胜
对弈于 1965 年 9 月 18/19 日

　　林海峰在日本名人战中以其独特的厚重棋风击败剃刀坂田，获棋界美誉"二枚腰"。24 岁的新名人诞生，打破了"四十岁得天下"的宿命论断，日本棋界迎来昭和一代。

二枚腰之局

20世纪60年代，日本棋界进入坂田时代。1961年第16届本因坊战坂田荣男终结高川九连霸；1963年坂田击败藤泽秀行成为首位名人·本因坊；1964年坂田挟全年战绩30胜2败，高达94%的胜率，以摧枯拉朽之势独揽名人、本因坊、王座、日本棋院选手权、专业十杰、日本棋院第一位、NHK杯七项冠军，坂田时代来临。第4届名人战循环圈吴清源因车祸后遗症七战全败，木谷实脑溢血中途弃权，真正对坂田构成威胁的藤泽、高川等表现不佳，当23岁的林海峰夺得名人挑战权时，被视为"意外"的挑战者。

林海峰，出生于1942年，上海人，中国台湾旅日超一流棋手。

七番胜负首局坂田完胜林海峰后，放言"绝不会有20多岁的名人出现"。但坂田继升仙峡大逆转后再度为自负付出代价，其后几局在林海峰顽强的抵抗下，"剃刀"一次一次地卷了刃。

实战图一 2比3落后，本局是坂田的最后一道纺线。坂田的棋算路深远，常能在复杂多变的局势中爆发力量，但林海峰却很少在细腻之处与之纠缠，常以一种粗线条的"厚重"行棋，展现出与其年龄极不相符的老成。面对林海峰，由于坂田攻杀与计算的长处完全被遏制住，以至于难以发力，他经常叹息：通盘找不到一个妙手。此后林海峰便有了"二枚腰"的美名。

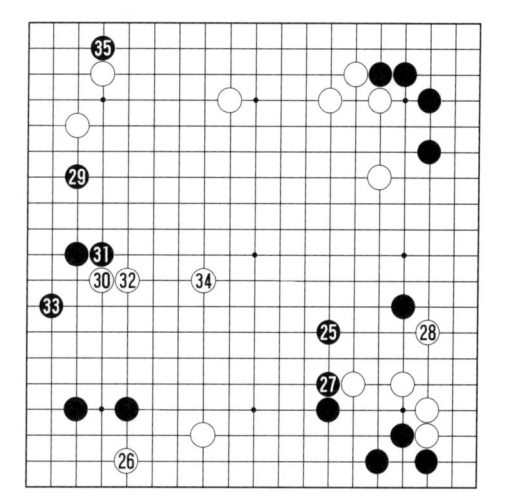

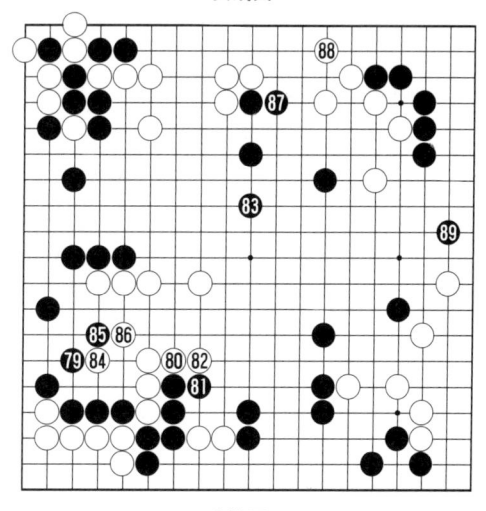

实战图二 本局的结果坂田以12目惨败。年轻的挑战者以4比2夺走坂田的名人头衔，彻底打破了"40岁得天下"的宿命论断。坂田在失去名人桂冠后痛苦异常，当夜喝得烂醉如泥，数天未出家门。24岁的林海峰加冕名人桂冠，在日本围棋史上被称为"昭和的足声"，日本围棋进入年轻化的天下。

037 破垒之局

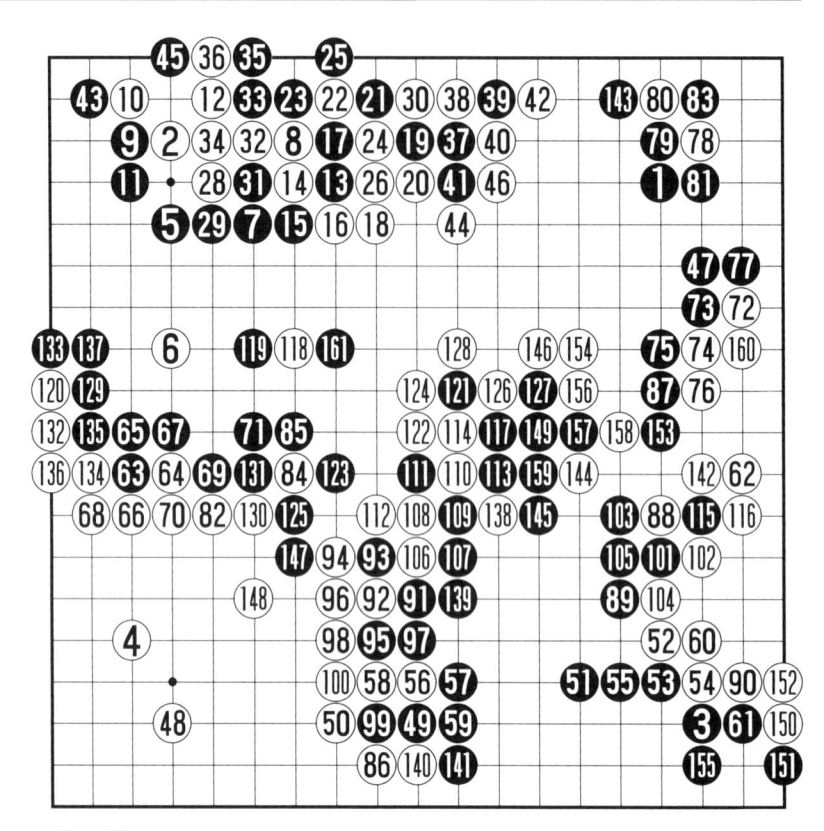

㉗=㉒

1966年中日围棋交流特别棋战

● 王汝南五段 黑贴4目半

○ 梶原武雄九段

共161手以下略 黑1目半胜

对弈于1966年

在政治、军事、外交等博弈中,首胜一般被称为"破冰",接下来向纵深发展,一般被称为"破垒"。继1963年陈祖德首胜日本九段后,1966年王汝南以20岁弱冠之龄战胜日本九段梶原武雄,堪称是破垒之局。

王汝南，生于1946年，安徽合肥人，中国著名棋手。

1966年6月5日，中国围棋代表团访日，参赛的五位棋手是吴淞笙、王汝南、沈果孙、黄进先和黄良玉。中国队阵容中没有首次战胜日本九段的陈祖德，是因为这次交流是中国棋手与日本业余棋手进行的比赛。这样形式的比赛，在新中国成立后的中日交流中还是第一次，也从一个侧面彰显当时中日围棋的差距。中国职业顶尖的实力仅处于与日本业余高手抗衡的水准，不过，中国棋手已经有了长足的进步和取胜的自信，所以便"雪藏"最强棋手陈祖德，挑战日本业余强豪。

然而，比赛的结果却让人震惊，共三场五对五的对抗，前两场比赛我方均以2比3失利，最后一场更以0比5惨败。不过，这次比赛有一个意想不到的收获，比赛结束后由日本九段梶原武雄对王汝南进行了一场特别比赛，20岁的王汝南不畏强敌，在分先的情况下力克梶原，一扫访日惨败的颓势。

实战图一 序盘阶段，棋风温良的王汝南便与梶原展开肉搏战，黑35至47形成大转换。

实战图二 由于年代久远，本局进行至黑161夹吃白一子后便再无后续记录，最终王汝南执黑以1目半获胜。

1966年是中日围棋交流史上

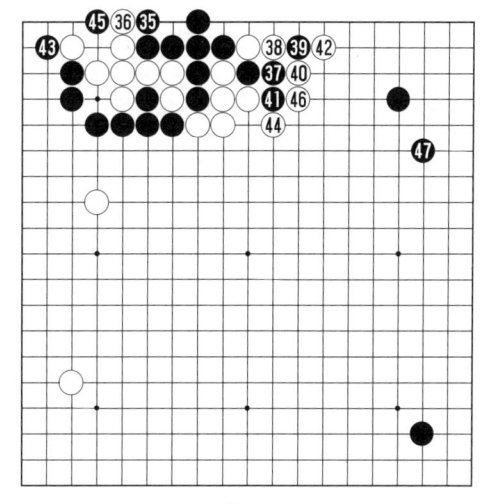

实战图一

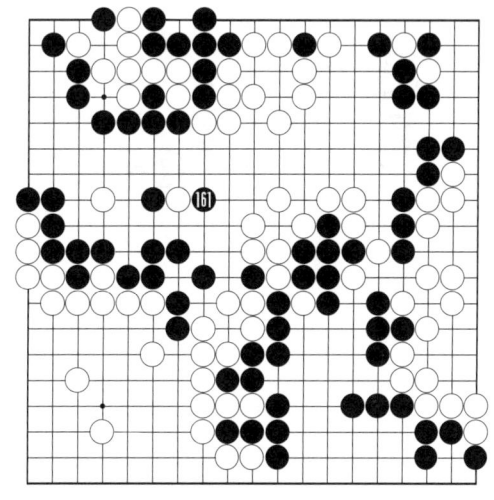

实战图二

重要的一年，中日围棋界经过了夏冬两季的互访。因为国内政治风暴来临，延续七年的中日围棋交流此后便暂时中止了，我国唯一的围棋刊物《围棋》也于10月份出完最后一期后停刊，刚刚复苏的中国围棋又陷入了停滞。在这样的历史背景下，王汝南战胜日本九段之事也变得鲜为人知，不过，这局棋却真实地存在于中国的围棋史中，不能遗忘。

弈典

038 韩流萌芽之局

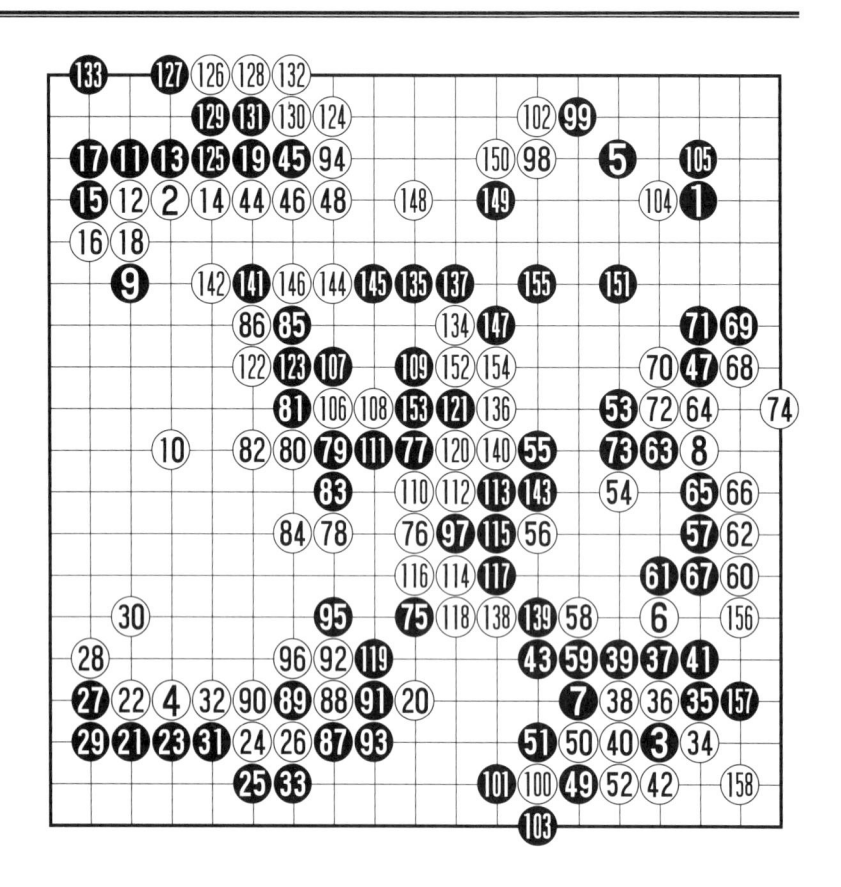

韩国第 10 届国手战五番胜负第 4 局
● 赵南哲国手 黑贴 5 目半
○ 金寅五段
共 158 手以下略 白 6 目半胜
对弈于 1966 年 2 月 10 日

手推独轮车普及围棋的赵南哲成为韩国第一代国手，随着金寅旅日归来，韩国围棋进入赵、金争雄时代。以金寅终结赵南哲国手九连霸为标志，韩国围棋逐渐走向崛起之路。

韩流萌芽之局

中国围棋在年复一年与日本围棋的交流中艰难前行，同时邻邦韩国也启动了围棋发展的车轮。

赵南哲（1923—2006），韩国全罗北道人，韩国现代围棋之父。

金寅，生于1943年，韩国康津人，韩国著名棋手。

1956年，韩国棋界历史悠久的国手战创立，进入60年代，一些中小型赛事不断出现，韩国现代围棋的先行者、曾在日本求学的赵南哲成为韩国第一代职业棋士。从50年代中期到60年代中期他几乎包揽了当时韩国棋界的全部冠军，以国手九连霸为标志确立了长达十年的"赵南哲时代"。

进入60年代中期，随着同样旅日归来的金寅崛起，赵南哲时代开始动摇。以第10届国手战五番胜负为标志，金寅取代赵南哲成为韩国棋界的新霸主，此后在韩国御风而行，无人能敌。据不完全统计，从1964年到1973年，金寅连霸国手6届、王位8届、霸王7届共计28次夺冠，并创下了285胜87败2无胜负的惊人战绩，韩国围棋的金寅时代一直延续到曹薰铉的出现。

实战图一 因为赵南哲和金寅都曾长期在日本学习围棋，从20世纪60年代的韩国棋谱来看，带有浓重的日本围棋风格。

实战图二 进入中盘，韩国围棋又有其独特的好战倾向。这是韩国棋界改朝换代的一局，凭借本局获胜，最终金寅以3比1的比分终结了国手九连霸的赵南哲，从此统治韩国棋坛。

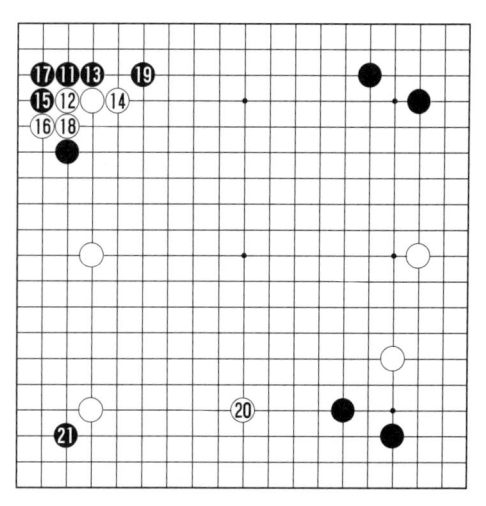

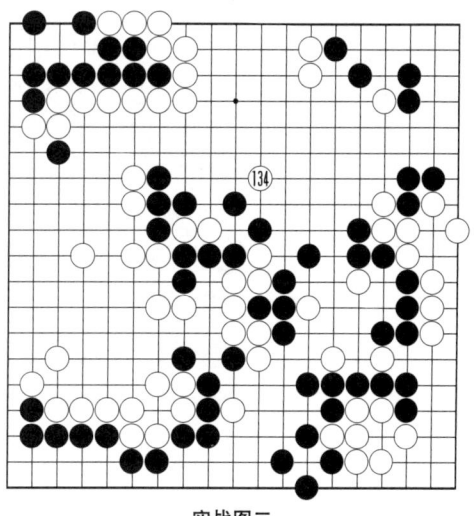

20世纪五六十年代韩国围棋的最高水准与当时日本棋界的顶尖高手的差距很大。韩国围棋从这样一个落后的起点起步，在短短三十年的时间里发展成为世纪末的围棋强国，不能不说是一个奇迹。

弈典

039 大逆转之局

日本第12届旧名人战七番胜负第4局
● 石田芳夫九段 黑贴5目
○ 林海峰名人
共262手 白和棋胜
对弈于1973年9月25/26日

日本围棋七番胜负创设23年后，第一次出现三连败四连胜大逆转，第12届旧名人战林海峰逆转击败曾九连败的苦手石田芳夫，卫冕名人位，为二枚腰正名。

大逆转之局

自1965年林海峰夺取坂田的名人位起,连续八年的名人战一直充当着大正与昭和两大围棋阵营激情碰撞的舞台。第12届名人战石田芳夫以八战全胜杀出循环圈,继本因坊战之后,名人战再次成为新生代划分棋界江山的决斗舞台。

早在1970年第26届本因坊战,22岁的石田芳夫击败林海峰成为最年轻的本因坊,棋界就期待着实现名人VS本因坊的顶峰对决,以再现十年前藤泽VS坂田大战的热血场景。当石田芳夫如愿取得名人挑战权时,棋界待望已久的大胜负即将来临。

石田芳夫,生于1948年,爱知县人,日本著名职业棋手。

此前,林海峰在第26、27、28届本因坊战三次七番胜负中均败于石田,遭遇不堪回首的九连败。石田的棋长于判断和官子,棋风相克使林海峰对石田几乎达到了一胜难求的境地。三十岁的林海峰背负着前所未有的压力投入本届名人战七番胜负中,一开始便连败三局。第3局结束后,《棋道》杂志特地举行了一次读者问卷调查,99%的人认为石田将实现名人·本因坊的一统。

实战图一 前半盘白62至74在上边鲸吞黑四子,优势历然。

实战图二 因白在下边对杀中下出失着,致使六子被杀,接着石田又出现失误,局面变得极度细微。最后的胜负处,林海峰竟利用劫材优势将下边的单片劫(见实战谱167—228)和左下的两手劫全部打赢,如履薄冰地和棋胜。

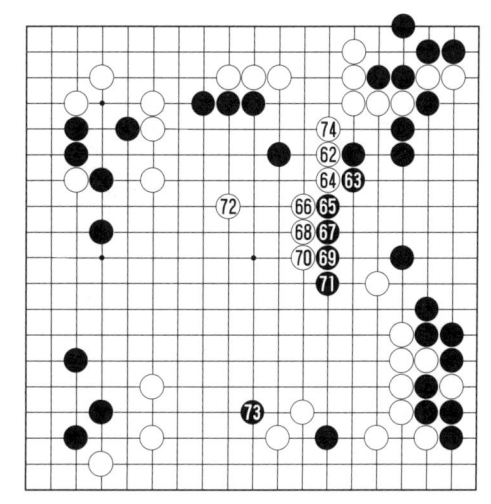

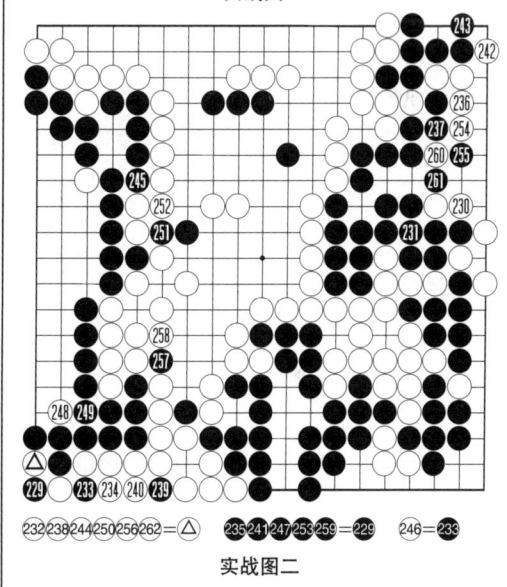

死里逃生的林海峰斗志猛增,重新拾起"二枚腰"横扫棋坛的霸气,连胜第5、6、7局,创下了名人、本因坊七番胜负战史上史无前例的三连败四连胜大逆转。

040 刚克柔之局

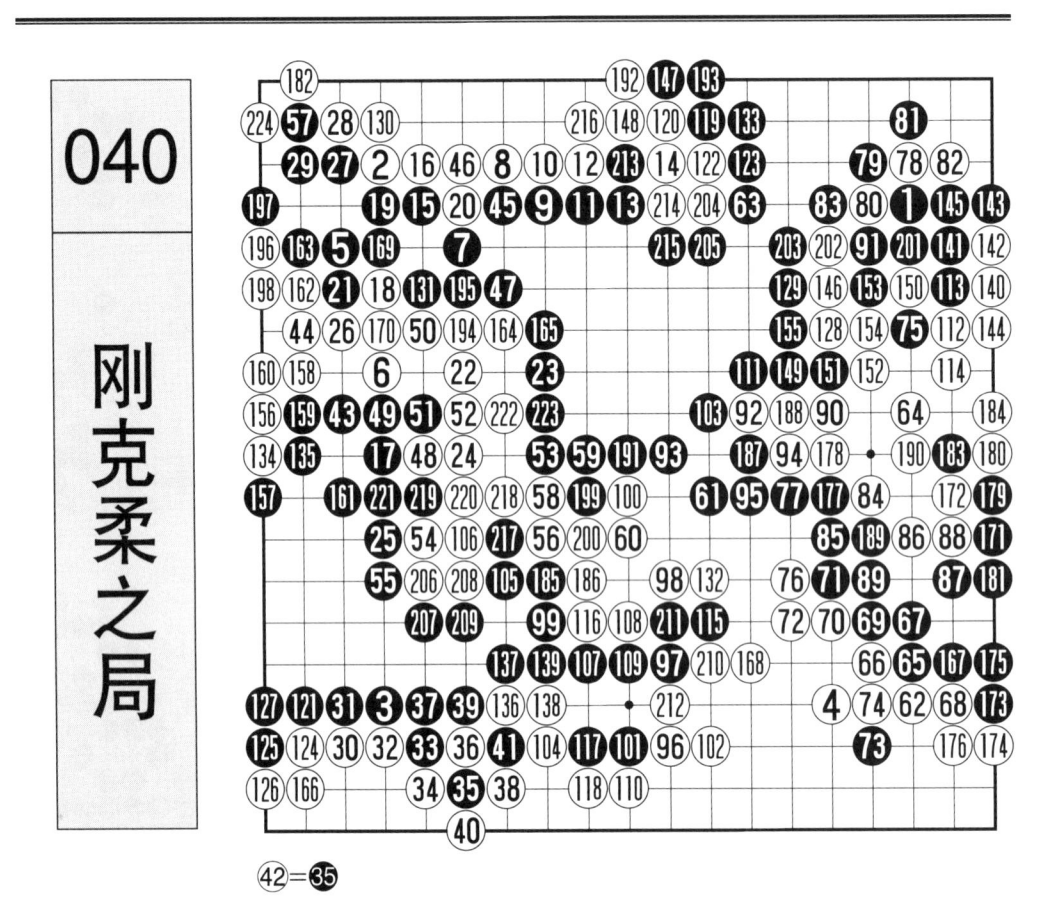

㊷=㉟

1974年中日围棋交流赛
● 华以刚五段 黑贴4目半
○ 加田克司九段
共224手 黑4目半胜
对弈于1974年4月23日

  作为新中国的同龄人，华以刚是中国围棋复兴时代的优秀棋手。1974年他在访日比赛中力克日本的"诘棋大师"加田克司，实现了战胜日本九段的夙愿。

1973年，停滞八年之久的中日交流赛恢复。由于中日棋手久未交流，由有光次郎率领的日本访华代表团慎重地派出了六名职业棋手，排名第一位的便是大名鼎鼎的"剃刀"坂田荣男。坂田当时在日本棋界握有十段冠军，虽说他已不像1960年访华时在赛场上拖着木屐四处巡场，但对局时不假思索，每手棋几乎都是秒出，获胜一盘比一盘快。坂田每胜一局傲气便多一分，以至于不仅与之对局的棋手，甚至连观战者都被他的气势所震慑。

实战图一 1973年中日对抗赛中国队以12胜40负2和失利。坂田连胜六局后，在上海与沈果孙的对局依旧落子如飞，被沈果孙白204一并，最终白A、B截杀右方大龙，大败4子之多。据陈祖德先生《超越自我》中记载，失利后坂田称赞沈果孙说："这是你毕生的杰作。"

1974年，以陈淇为团长，陈祖德、吴淞笙、王汝南、华以刚、黄德勋、邱鑫、孔祥明、陈慧芳等八名棋手为团员的中国队访日，取得了25胜28负2和的战绩，创下中日交流十四年以来的最佳战绩。其中，25岁的华以刚击败日本加田克司九段，建立殊勋。

华以刚，生于1949年，江苏常州人，中国著名棋手。

加田克司(1931—1996)，大分县别府市人，日本著名棋手。

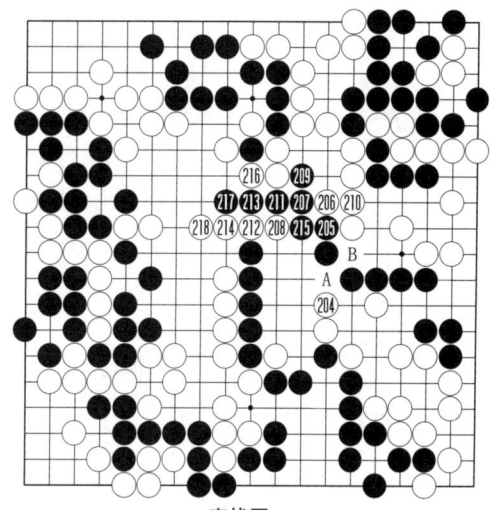

实战图一

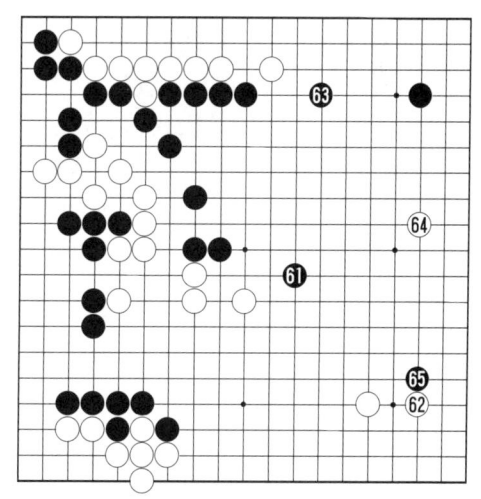

实战图二

实战图二 加田手下常有妙趣横生的死活题创作，其棋风却循规蹈矩，柔和稳健。黑61、63、65的手法气盛而刚猛，最终华以刚执黑堂堂获胜，创下了以刚克柔的名局。

中日围棋交流赛华以刚首胜日本九段棋手。在陈祖德、王汝南、华以刚、沈果孙等棋手努力之下，中国棋手战胜日本九段已成常态，中日围棋交流进入实质性对抗的前夜。

041 旋风之局

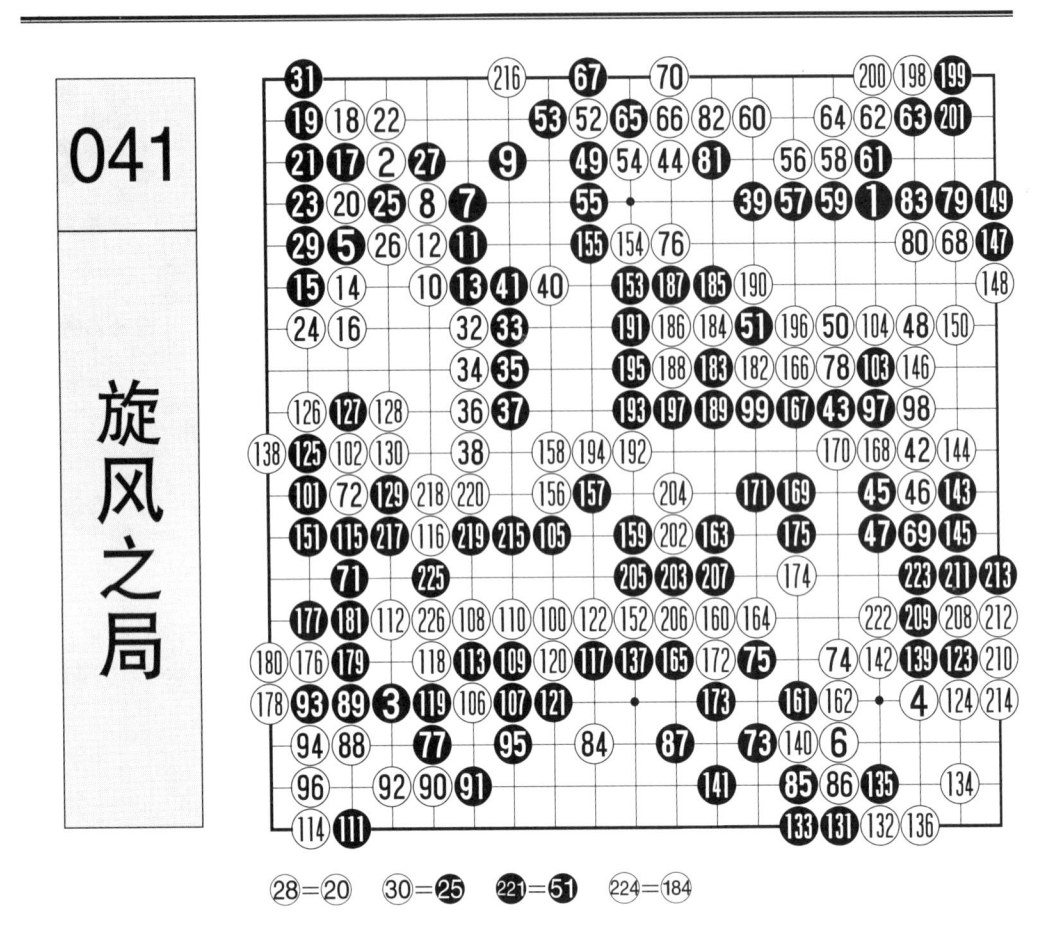

㉘=⑳　㉚=㉕　㉑=㊿　㉔=⑱④

1976年中日围棋交流赛第 7 场
● 聂卫平 黑贴 5 目
○ 石田芳夫九段
共 226 手以下略　黑 7 目胜
对弈于 1976 年 4 月 19 日

　　中日对抗连胜日本头衔获得者本因坊石田芳夫和天元藤泽秀行,聂卫平如旋风般卷起横扫日本棋坛。中国队也以 27 胜 24 负 5 和的总战绩第一次夺得中日对抗赛的胜利,竖起一座中国围棋复兴的丰碑。

20世纪60年代前半段，中国围棋完成了新旧更替，整体水平取得长足进步。就在实现"十年赶超日本"的目标渐露曙光的时候，十年动乱爆发，国家集训队被解散，棋手们被下放到工厂和农村，关心围棋事业发展的陈毅副总理1972年去世，中国围棋的发展停滞了八年之久。这段艰难时期催生了中国围棋史上最杰出的"抗日"英雄——聂卫平。

聂卫平，生于1952年，河北深州人，中国著名棋手。20世纪60年代末，聂卫平被下放到黑龙江山河农场，四年间从未间断棋艺的研究。1973年，在周总理的关怀下国家围棋集训队重新组建。1974年，全国棋类比赛恢复，陈祖德、曹志林、聂卫平获前三名。1975年9月，聂卫平获第3届全运会冠军，在同年的中日交流赛中聂卫平连克日本棋手，尤其1比1战平高川格名誉本因坊，被日本棋界称为"聂旋风"。

1976年中国围棋代表团访问日本，日方为聂卫平安排了五名九段作为对手，第一战聂卫平就遭遇赫赫有名的藤泽秀行天元。

实战图一　聂卫平执黑对藤泽秀行，很多日本棋士认为聂卫平将遭受惨败，大竹英雄甚至断言：秀行像一个大相扑，聂卫平好比一个小相扑，大相扑只要稍微一弹小相扑就会败下阵来。中盘聂卫平以黑63至75的锐利手段将白空破袭并封

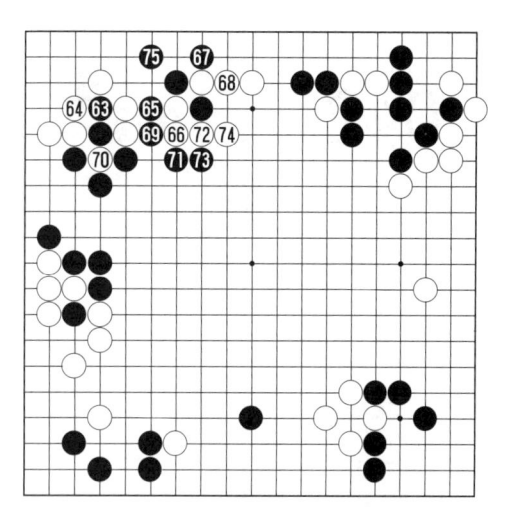

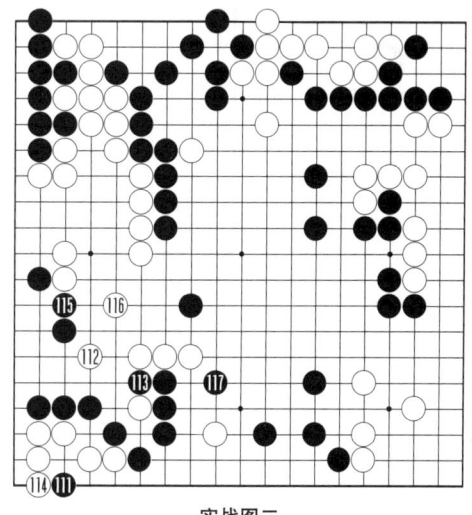

实战图一

实战图二

锁外围，藤泽竭尽全力仍2目败北，聂卫平一战震惊日本棋界。

实战图二　击败藤泽秀行后，聂卫平又连胜加田克司、岩田达明两九段。最后一战，横亘在聂卫平面前的是如日中天的石田芳夫本因坊。聂卫平越战越勇，最终获胜。

1976年中日交流赛中方以27胜24负5和获胜，这也是中日围棋交流以来我方的第一次胜利。

042

大杀戮之局

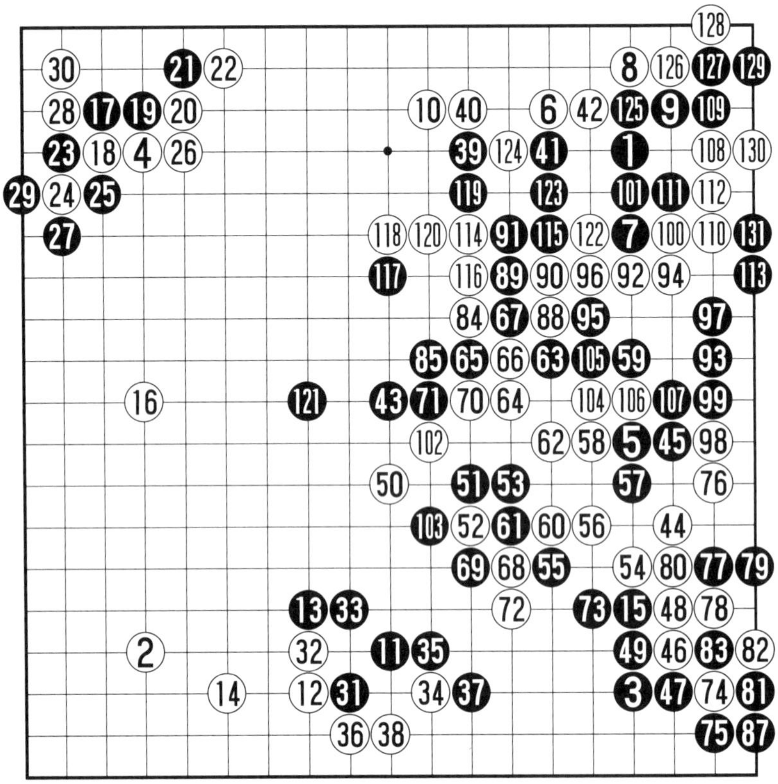

86=74

日本第 2 届棋圣战七番胜负第 5 局

● 藤泽秀行棋圣 黑贴 5 目半

○ 加藤正夫七段

共 131 手 黑中盘胜

对弈于 1978 年 3 月 1/2 日

日本棋圣战七番胜负于 20 世纪 70 年代中期创立，年过五旬的藤泽秀行连续六届加冕棋圣头衔统治日本棋坛。最著名的第 2 届,藤泽一胜三败后大逆转昭和强豪加藤正夫,转折点的第 5 局是日本围棋史上屈指可数的大杀戮之局。

大杀戮之局

1976年,《读卖新闻》创设冠军奖金高达1700万日元的棋圣战,取代名人战成为日本第一棋战。

第1届棋圣战半决赛中藤泽秀行和桥本宇太郎分别击败武宫正树本因坊和大竹英雄名人,七番胜负藤泽4比1击败桥本加冕初代棋圣。因棋圣战本赛中加藤曾被藤泽逆转,故在祝贺藤泽夺冠时他不服气地说:"如果现在我与老师下棋圣战,大概六四分我胜。"藤泽棋圣当即回击道:"希望明年你成为挑战者,我将把你碰得粉碎!"第2届加藤果真夺取挑战权,双方的豪言壮语演变为一场殊死较量。

加藤正夫(1947—2004),生于福冈,日本著名超一流棋手。

1978年春,本因坊、十段、碁圣三冠王加藤正夫挑战藤泽秀行棋圣,前四局以3比1的比分将藤泽逼到绝境。就在人们静待新棋圣黄袍加身一刻来临的时候,第5局藤泽棋圣使出浑身解数上演了一出疯狂的大杀戮局。

实战图一 本局对弈于日本北九州,加藤白54一头扎进黑空,黑55、57亮出最狠的杀招。

实战图二 黑93棋圣埋头苦算了2小时57分钟,200多个变化、近万步的下法,最终131手屠龙速胜。藤泽棋圣说:"我深为现在的围棋偏离弈棋的本质而感到痛心,如果将一盘棋比做双方分100元,几乎所有的人都认为拿到51元就可以了。但我认为应争取拿到全部才是真正的胜利,能杀的棋不杀,即使获胜也不是真正的胜利者。"

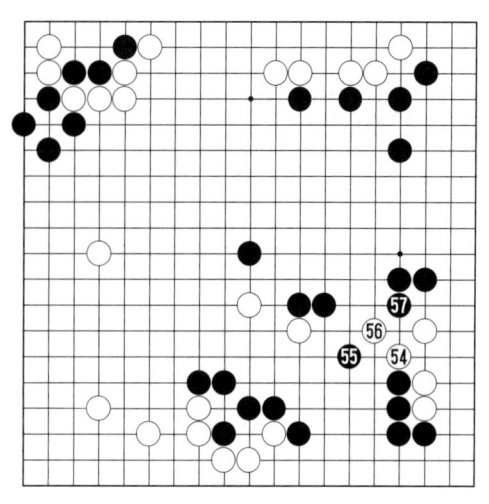

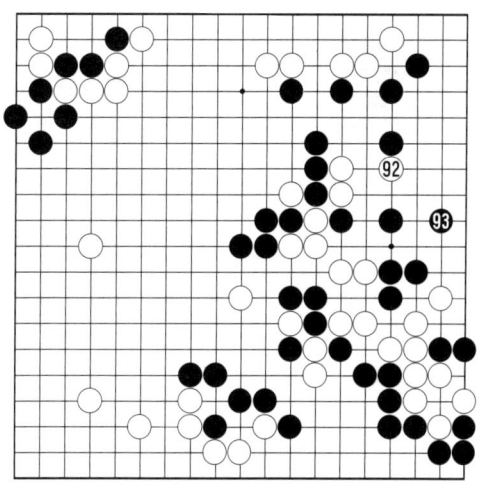

本局无论从对弈背景、杀棋的子数、长考的时间、计算的内容都堪称是百年难遇的世纪杀局。此后藤泽秀行又在第6局取胜,并在决胜局的官子阶段半目逆转卫冕棋圣位,开启了棋圣六连霸的辉煌历程。

043 大三冠之局

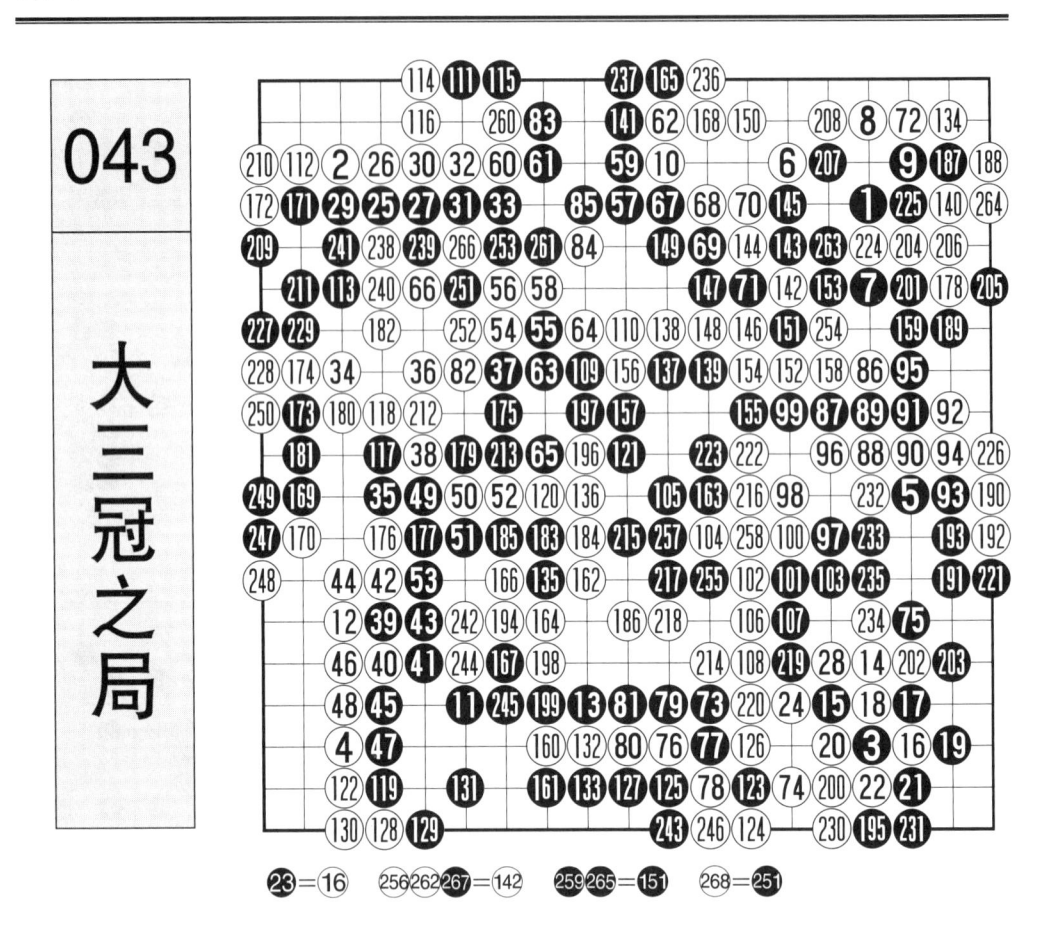

日本第 7 届棋圣战七番胜负第 7 局

● 藤泽秀行棋圣 黑贴 5 目半
○ 赵治勋九段
共 268 手 白 1 目半胜
对弈于 1983 年 3 月 16/17 日

日本现代围棋史上大正昭和两阵营的巅峰之战。四冠王赵治勋以三连败四连胜的大逆转终结藤泽秀行棋圣六连霸，成为同时拥有日本棋圣、名人、本因坊三大七番胜负头衔的绝对王者，赵治勋时代来临。

大三冠之局

战后围棋史的急所！藤泽秀行的急所！赵治勋的急所！这是《读卖新闻》在第7届棋圣战特辑《激斗的七番胜负》的开篇引言。

赵治勋，生于1956年，韩国釜山人，韩国旅日超一流棋手。

进入80年代，棋圣六连霸的藤泽秀行号称日本围棋第一人，却面临"朝小野大"的窘迫；赵治勋名人、本因坊、十段、NHK杯四冠在握，更不愿以王者之身寄人篱下。1982年深冬，赵治勋直落两局击退加藤正夫夺得棋圣挑战权，日本媒体以"最强的挑战者到来"加以渲染。这场头衔质与量的对冲给棋界带来空前的悬念，双雄迎来名人VS棋圣的世纪之战。赛前《读卖新闻》的夺冠调查显示：在全部5614张投票中赵治勋获得3196票，藤泽秀行2418票。在开幕式上，藤泽握着赵治勋的手豪爽地宣称："赵君的棋很厉害，但不懂哲学，不是我的对手！"开赛后藤泽破竹三连胜，距七连霸只有一步之遥。然而，赵治勋从第4局起展开了绝地大反击，连扳三局迎来最后的决战。

实战图一 进入决胜局，藤泽棋圣气魄十足，开局就下出黑15尖的新手。

实战图二 续上图，中盘藤泽本可一举全歼对手大龙，但优势意识下不想再冒风险。第二日下午3时15分，藤泽口中边嘟囔边落下一

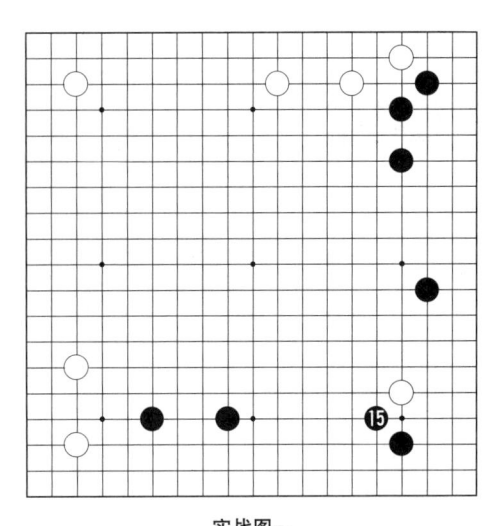

实战图一

实战图二

着致命的随手。即便如此，如果藤泽下出正确的次序至少还要胜半目，但遭受突变的藤泽又弈出最后的败着。至白268终局，藤泽含恨以1目半败北，此时，他还有四个半小时的思考时间。

午后5时33分，日本各大电视台纷纷中断正常节目，争相报道这一划时代的瞬间。藤泽神话从此远去，赵治勋时代来临。

044 破讖之局

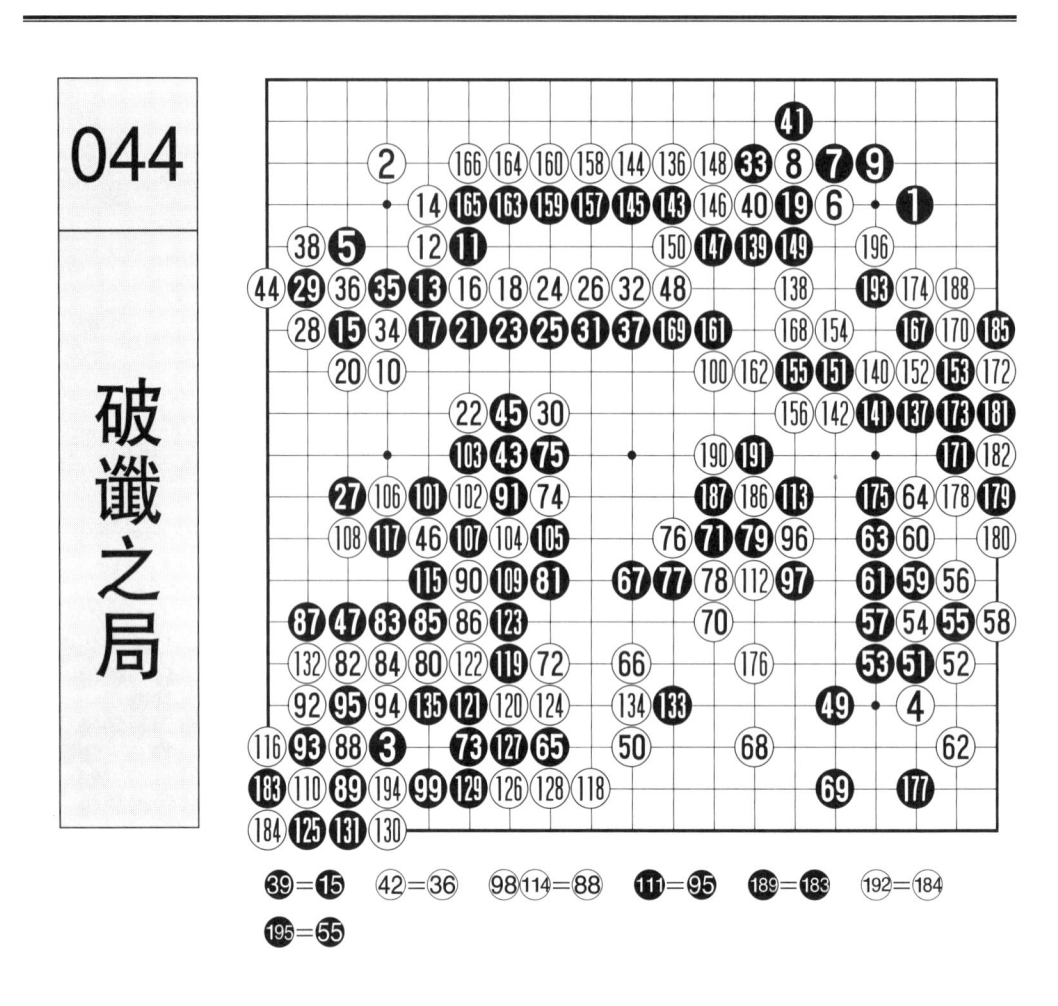

㊴=⑮　㊷=㊱　⑱⑭=⑱⑧　⓫⓫=⓽⓹　⓳⓽=⓫⓫⓫　⓴⓫=⓫⓫⓫
⓿⓹=⓹⓹

第 1 届中日围棋擂台赛第 6 局
● 石田章九段　黑贴 5 目半
○ 江铸久五段
共 196 手　白中盘胜
对弈于 1985 年 3 月 10 日

　　二十五年中日交流的最强赛事、影响围棋历史进程的中日围棋擂台赛于 1984 年诞生。中国队第二位出场的江铸久取得怒涛五连胜，打破了日本棋界"三位棋手终结擂台赛"的预言。

中日围棋交流始于60年代初，我方2胜1和32负、日本55岁的女子棋手伊藤友惠八连胜中国一流高手等不堪回首的记载，激励着中国棋手以赶超日本为己任。随着中国围棋的不断进步，到1982年，双边对抗我方取得43胜13负的压倒战绩。1984年中日围棋赛日方命名为“日中围棋决战”，不再像以前有业余棋手和女子职业棋手参与，尽遣日本棋界的一流精英出战。结果，日方在这一年的对抗中获得胜利，并实现了中国第一人聂卫平与日本第一人赵治勋的首度对局。

1984年秋，中日棋界达成共识，双方各选派8名棋手，以古代武士打擂的方式进行比赛。双方调兵遣将，展开划时代对抗的中日围棋擂台赛。

中方选派出了当时的最强阵容，但在《新体育》杂志收到的27349张中国棋迷的投票中80%认为日方将获得胜利。据日本《围棋俱乐部》的调查，91%的日本棋迷认为日本会获得最终胜利。然而，实战的进程却与赛前的预测背道而驰。

江铸久，生于1962年，山西太原人，中国著名棋手。

石田章，生于1949年，日本东京人，日本著名棋手。

实战图一　先锋之战依田纪基战胜汪见虹后，中方第二位选手江铸久出场后连胜日方依田纪基、淡路修三、小林觉、片冈聪、石田章五人，令日方阵营一片风声鹤唳。本局，江铸久拼命三郎式的招法令棋风本格的石田极不适应。

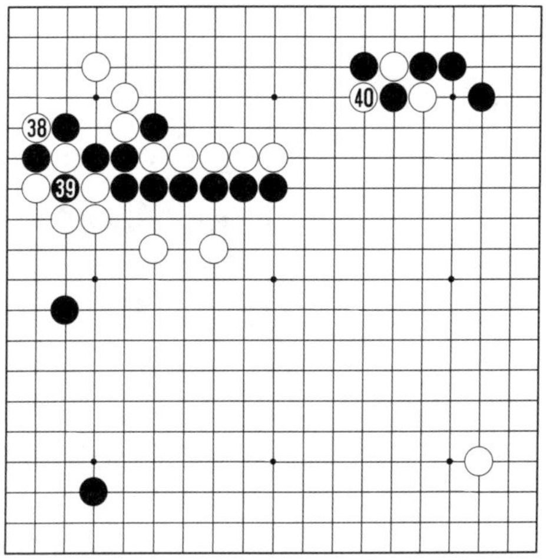

实战图一

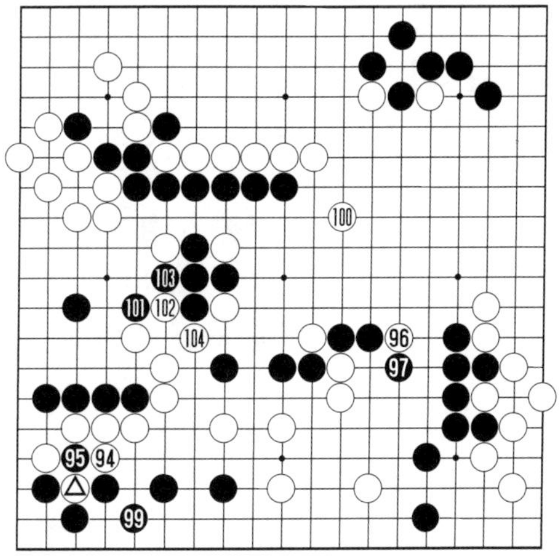

98=△

实战图二

实战图二　续上图，白94和104连续做劫，在乱战中占得先机。最终江铸久击败石田取得擂台赛五连胜，彻底倾斜了本届擂台决战的天平，以至于日方主将藤泽秀行哀叹：听到中国铁蹄逼近的声音。

045 克超首局

195 205 229 272 = 19　202 226 234 = 18　219 = 211　235 = 16　268 = 212
269 = 216　271 = 74

第 1 届中日围棋擂台赛第 13 局
● 聂卫平九段　黑贴 5 目半
○ 小林光一九段
共 272 手　黑 2 目半胜
对弈于 1985 年 8 月 27 日

　　日本超一流之说起源于 20 世纪 80 年代。弈于日本热海的中日围棋擂台赛第 13 局，面对六连胜势不可当的小林光一，聂卫平旋风再度掀起，以一番堂堂的胜利成就了中国棋手首度战胜日本超一流棋手的伟大纪录。

中日围棋擂台赛中方江铸久五连胜后，日方小林光一直线六连胜直逼中国队主帅帐前，聂卫平面临背水一战。

小林光一，生于1952年，日本北海道人，日本著名超一流棋手。

小林光一是木谷门下的优秀弟子，以执着于胜负而闻名。擂台赛小林以日本十段冠军的名义出战，势如破竹连胜六位中国棋手，加上以前中日交流赛小林的八连胜，聂卫平面对的是一个对中国棋手十四连胜的敌手。

为迎接这不能输的一役，赛前聂卫平搜集了小林近百局棋谱，针对其酷爱实地的棋风积极备战。据说他常常半夜睡下后又爬起来研究，仅对小林爱用的一个二路飞角的下法就研究了数百个变化。

实战图一 在日本热海，身着印有"中国"字样红色运动服的聂卫平，在棋盘的右上角静静地落下一颗黑子。苦心的研究终于没有付之东流，聂卫平在序盘针对小林的棋风积极取地，确立微弱的优势，并一直保持到中盘。

实战图二 续上图，在小林的顽强追赶下，局面逐渐接近。黑231是聂卫平绝妙的官子，小林不安地看着裁判席上的坂田荣男，万分焦虑。黄昏终局时，小林不敢相信盘面8目的数棋结果，从裁判手中要过棋谱仔细验证，其后双手抱头久久

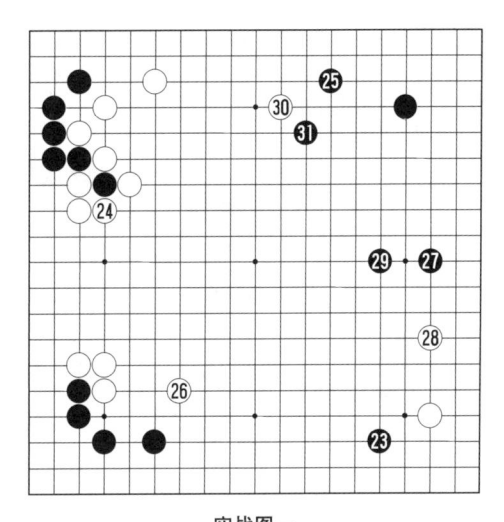

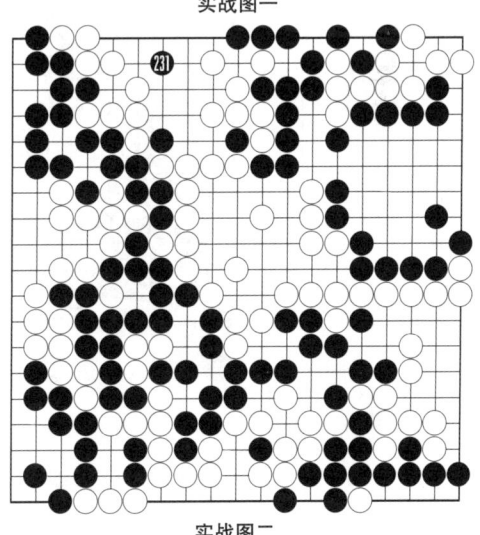

实战图一

实战图二

无语。后来，他拒绝了与日本棋迷见面的请求，没有复盘就离开了对局室，这在其棋士生涯中是绝无仅有的事情。

此后聂卫平挟余勇迎战日方副帅加藤正夫，发挥出色取得完胜，连在旁观战的武宫正树都感叹"学了一手"。聂卫平赴日连胜小林和加藤双保险，力挽狂澜扳平比分，"聂旋风"又一次震撼了日本棋坛。

046 复兴之局

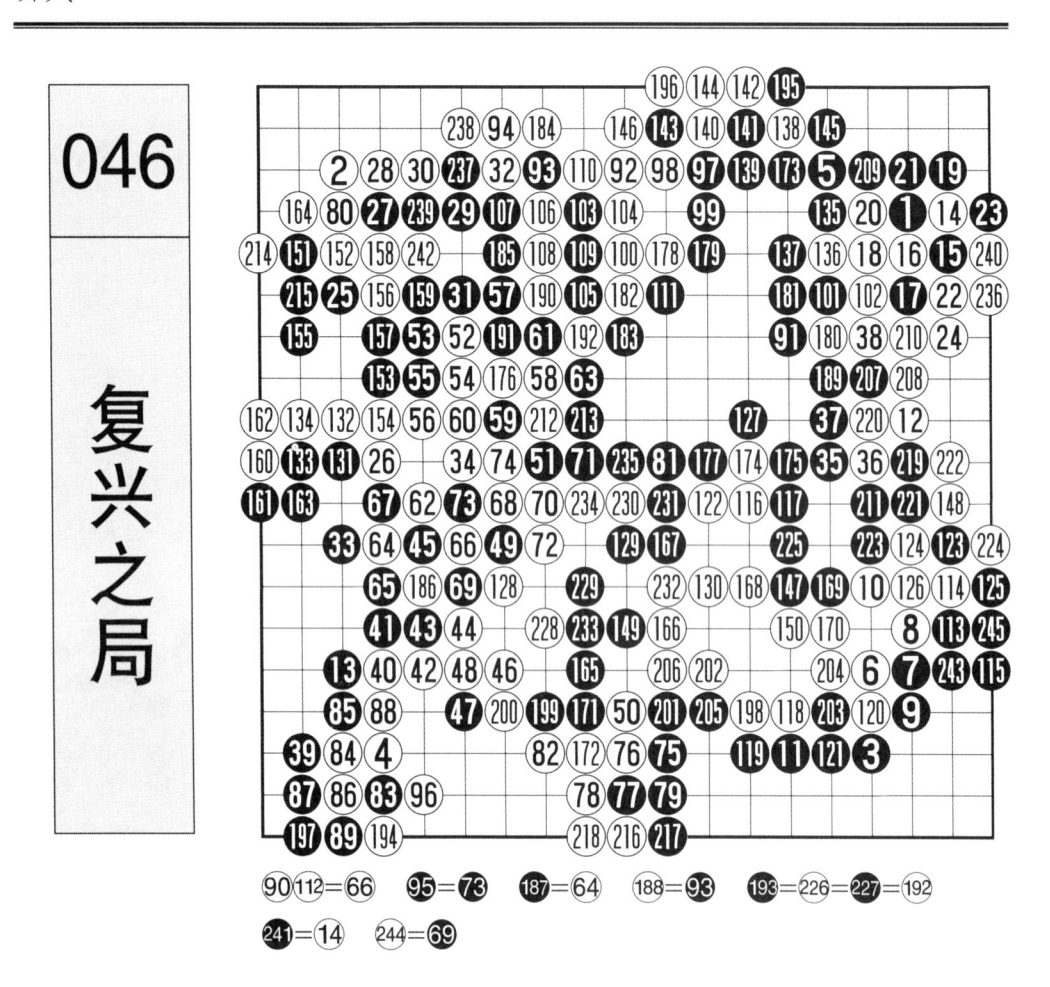

90 112 = 66　95 = 73　187 = 64　188 = 93　193 = 226　227 = 192
241 = 14　244 = 69

第1届中日围棋擂台赛决胜局
● 聂卫平九段　黑贴 2$\frac{3}{4}$ 子
○ 藤泽秀行九段
共 245 手　黑胜 1$\frac{3}{4}$ 子
对弈于 1985 年 11 月 20 日

　　20世纪中日围棋最大的胜负，擂台赛聂卫平独撑危局连胜小林光一、加藤正夫两大超一流之后，最终决胜局战胜日本主将藤泽秀行。赛后，聂卫平将获胜棋谱陈放在八宝山革命公墓的陈毅元帅遗像前，此战成为中国围棋复兴的标志。

复兴之局

聂卫平赴日两战,力克日方"双保险"小林光一和加藤正夫,使日方不得不两次推延闭幕式,中日围棋擂台赛迎来在北京的最后决胜战。

与当打之年的两位超一流高手小林和加藤相比,丢失棋圣两年的藤泽秀行战绩上逊色不少,但其深厚的功力和强大的爆发力仍然不可小视,尤其藤泽作为日本主将必会全力以赴。哀兵必胜,骄兵必败,像当年藤泽秀行的棋圣六连霸,昭和列强石田芳夫、林海峰、大竹英雄和加藤正夫都是在外界极为看好的情况下一次次成就藤泽连霸棋圣的传奇。故最终的主将战对中国队获胜的乐观判断并未使聂卫平失去冷静,在不到两个月的时间内,他一如既往地潜心研究藤泽秀行的棋局,力求以最佳的状态迎战最后的对手。

实战图一 比赛当天,很多的中国棋迷都是从闪着雪花的黑白电视上观看最终局的实况直播。当时藤泽秀行将一头的华发染黑,像年轻人一样坐在聂卫平对面,开局即弈出白14托无忧角的新手。

实战图二 续上图,前半盘聂卫平发挥出色,长时间处于领先,但在终盘空中却不觉出现重大的危机。当时,藤泽也敏锐地感到黑空味道不佳,因为读秒无法细算,一时没有看出手段,白176接,黑177挡,黑棋幸运地躲过了最后的危机。经

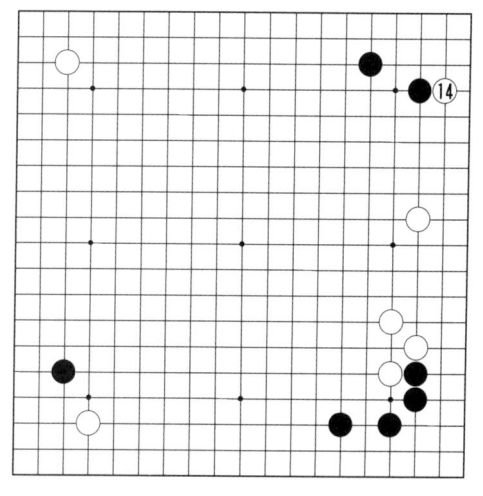

实战图一

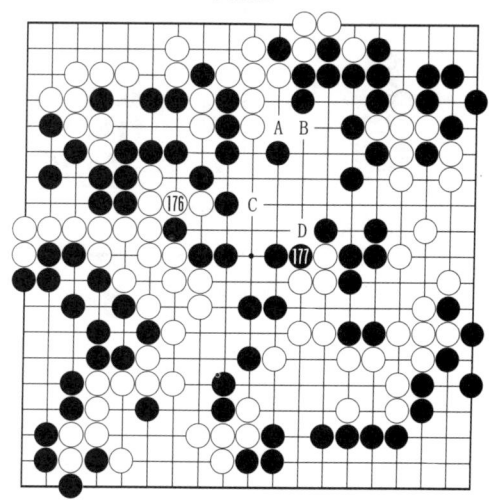

实战图二

过7个小时的鏖战,聂卫平以$1\frac{3}{4}$子战胜藤泽,为中国围棋迎来史无前例的胜利。如果白176于A位冲,黑B,白C夹瞄着D位扳入,黑棋将灾难性地被逆转。

擂台赛结束后,藤泽秀行带领加藤与小林剃光头发以谢擂台失利之罪。在八宝山革命公墓,聂卫平将战胜藤泽秀行的棋谱放到陈毅元帅的遗像前,深深鞠躬,慰藉英灵。

93

弈典

047 轮椅决斗之局

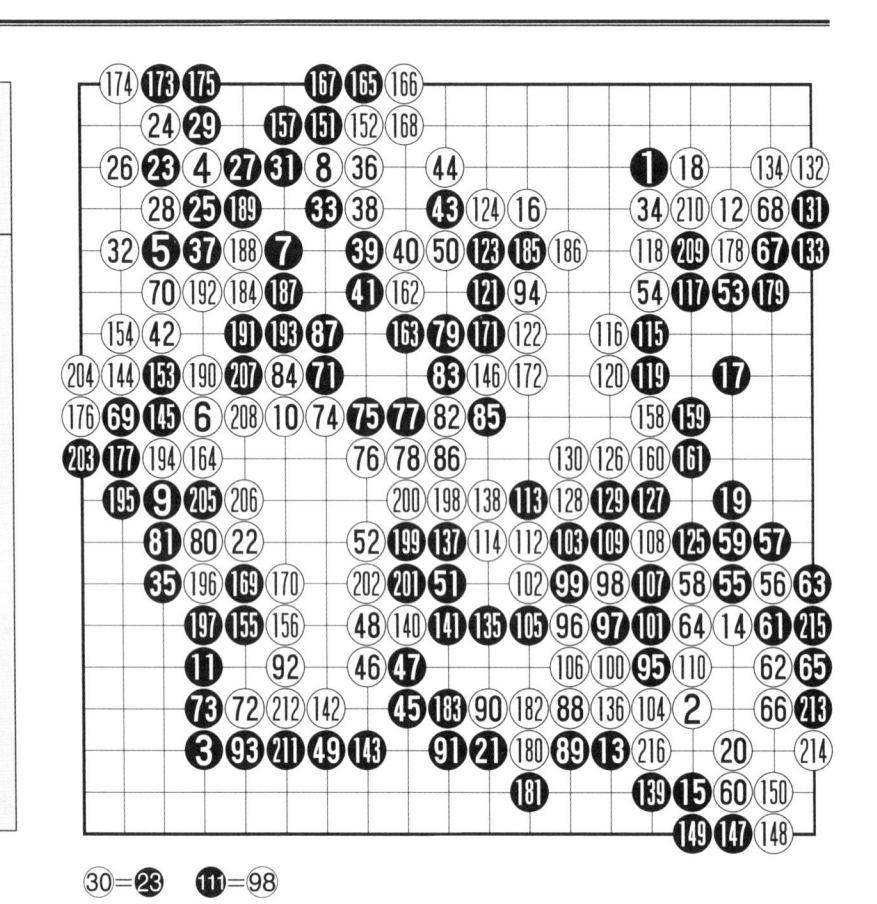

㉚=㉓　⑪⑪=⑨⑧

日本第 10 届棋圣战七番胜负第 1 局
● 赵治勋棋圣　黑贴 5 目半
○ 小林光一九段
共 216 手　白 2 目半胜
对弈于 1986 年 1 月 16/17 日

　　日本棋坛最震撼的一战，因遭遇意外车祸，赵治勋坐在轮椅上与小林光一决战棋圣战七番胜负。虽然小林连夺赵治勋名人和棋圣两大头衔终结赵时代，但赵治勋死守棋圣位的铁血斗魂依然深深感召了世人。

轮椅决斗之局

1983年，独霸棋圣、名人、本因坊三大冠的赵治勋成为日本棋界的第一人者。但1985年岁末，小林光一异军突起从赵治勋手中夺去第10届名人头衔，后又势不可当地取得了棋圣战挑战权，赵、小林之间真正的决战来临。决战之前，一件意想不到的事情发生了。1986年1月6日晚11时46分，赵治勋在住宅附近遭遇严重车祸，全身多处骨折，当即被送往附近的医院救治。

赵治勋遭遇车祸受伤时，距离第10届棋圣战开赛只有十天时间，由于棋圣战的比赛日期在预赛前就已经排定，如果对局者因病或者其他原因弃权比赛，将被判为不战败。第1局比赛日期是1月16日，而第2局为1月29日，如果赵治勋首局弃权，将得到两周的休息。但赵治勋作出了令棋界震惊的决定：坐着轮椅参加第1局比赛。

实战图一　是役，赵治勋坐着轮椅乘飞机赶到比赛地，在哥哥和妻子的陪同下被"抬"到了赛场，其顽强的斗志令观战者无不动容。开局，赵治勋即落下自己极少使用的目外，展现出死守领地的气势。

实战图二　战至最后1分钟，白216挤终局，赵治勋执黑以2目半的差距失利。此时，外界预测小林最终夺冠的概率已达到90%。

轮椅上全身绑满绷带的赵治勋棋圣与剃成光头的小林光一名人对

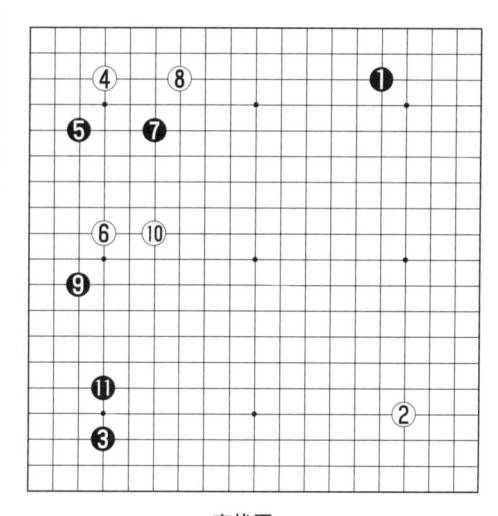

实战图一

实战图二

坐于棋盘两侧，展开一场再现争棋风貌的决斗。接下来的第2、3局赵治勋接连获胜，第2局更是弈出不亚于全盛时期的名局。但胜利之神最终没有眷顾一个受伤的斗士，赵治勋第4、5、6局连败失去棋圣头衔。此战成为九年小林时代的祭旗之战，也是第一次赵治勋时代的休止符。以此为界，日本最强的两位超一流棋士分割了黄金的80年代。

048 龙蛇争霸之局

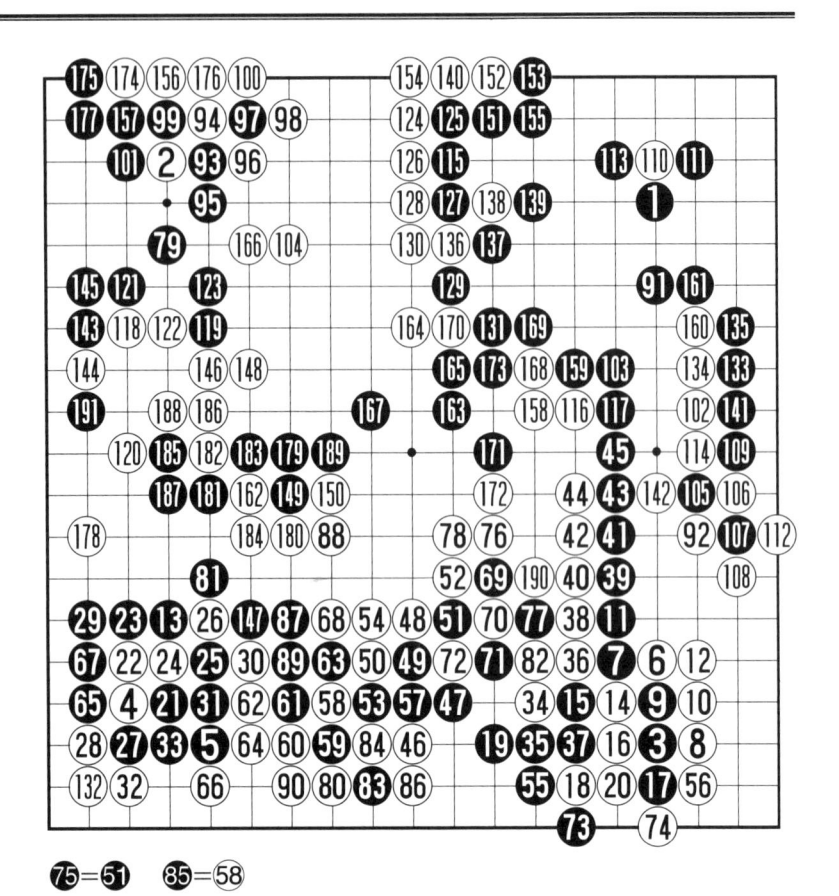

㊎=㊛　㊋=㊍

韩国第 29 届国手战五番胜负第 3 局
● 曹薰铉国手　黑贴 5 目半
○ 徐奉洙九段
共 191 手　黑中盘胜
对弈于 1986 年 4 月 8 日

　　韩国第三代霸主之争,曹薰铉国手十连霸。曹薰铉"燕子归国"与本土棋士徐奉洙共同振兴韩国围棋,曹屡战屡胜,徐屡败屡战,曹徐龙蛇争霸成为韩国棋坛七八十年代的标志性符号。

曹薰铉，生于1953年，韩国全罗南道人，韩国著名棋手。

徐奉洙，生于1953年，韩国大田人，韩国著名棋手。

曹薰铉1963年赴日入濑越宪作门下，与木谷弟子赵治勋、小林光一并驾齐驱。就在他即将崭露头角的时候，接到了祖国服兵役的命令。1972年，曹薰铉回到韩国，成为空军部队一名轰炸机驾驶员。

此时的韩国棋界是一片贫瘠土壤，陌生的环境以及同胞赵治勋在日本的迅猛成长使曹薰铉感到怅然若失，他决定兵役结束后再回日深造。1973年，曹薰铉第一次参加韩国名人战遭到惨败，击败他的是韩国本土棋手徐奉洙。徐奉洙在19岁二段时曾在韩国名人战中击败赵南哲并连霸名人五届。韩国还有如此强劲的对手令曹薰铉震惊，从此，两人走马灯似地征战于韩国各大新闻棋战，拉开了二十余年的曹徐争霸大幕，韩国围棋的实战水平和理论素养骤进。1974—1998年曹徐之间共进行了包括预赛在内的74次番棋大战，总战绩曹薰铉60胜14败胜率达81.1%，加上单项棋战的对局，两人的交锋局数已逾300局。尽管徐奉洙在曹手下屡遭败北，却总能从预赛中神勇杀出挑战曹薰铉，"永远的挑战者"因此而得名。

实战图一 前两局曹薰铉二连胜，本局弈于韩国汉城。左下的定式

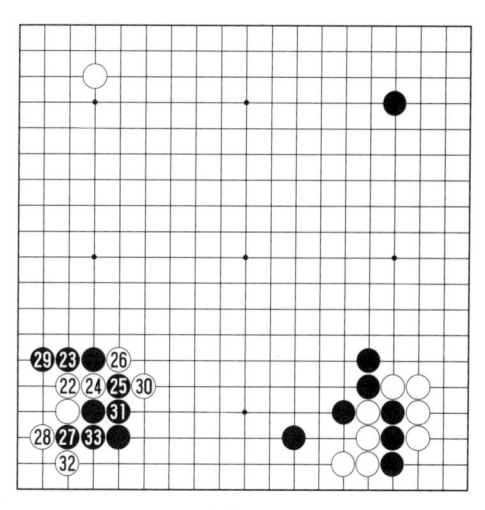

实战图一

实战图二

在当时的韩国棋界非常流行。

实战图二 续上图，全局呈细棋状态，进入官子收束徐奉洙枪法渐乱，黑163，167简明定局。晚8时40分，徐奉洙黯然认输，曹薰铉创下了史无前例的国手十连霸纪录。

曹徐二十年龙蛇争霸，韩国围棋在世界棋坛辟得一席之地，也为李昌镐、刘昌赫等年轻胜负师踏上霸者大道铺设了坚实的基础。

049 铁闸之局

第 3 届中日围棋擂台赛决胜局
● 聂卫平九段 黑贴 5 目半
○ 加藤正夫九段
共 177 手 黑中盘胜
对弈于 1987 年 3 月 14 日

聂卫平怒涛九连胜，助中国队连取三届中日围棋擂台赛的胜利，这位无法逾越的主帅被日本棋界称为"钢铁守门员"。以此为标志，中日围棋进入分庭抗礼的对抗时代。

铁闸之局

首届擂台赛聂卫平力挽狂澜三连胜为中国队夺取胜利后，于1986年开始的第2届擂台赛中国队遇到了更大的危机。日方的小林觉发挥出色五连胜，中国队副将马晓春失利后，形成了聂卫平一人独对日方片冈聪、山城宏、酒井猛、武宫正树、大竹英雄五员强将的险恶局面。在背水一战的绝境中聂九段神勇再现，其后匪夷所思地连闯日方五关，神奇地再助中国队夺取第2届中日围棋擂台赛胜利。

实战图一 第2届中日围棋擂台赛主将决战聂卫平执黑2目半胜大竹英雄，1987年4月30日弈于日本东京。大竹是最为轻视中国围棋的日本高手，固执地认为日本顶尖能够让中国顶尖两子。本局中盘黑91至97行云流水，这一战聂卫平获胜后，终于使大竹领略到了中国围棋的实力。

第3届中日围棋擂台赛，最终形成了中国马晓春和聂卫平面对日本主将加藤正夫一人的局面，这也是三届中日围棋擂台赛中国队首次在最终决赛阶段处于"领先"。由于副将马晓春不敌加藤正夫，又一次将聂卫平推向了最终的主将对决。

实战图二 首届擂台赛聂卫平曾战胜日本副将加藤正夫，此番再度对决，加藤已成为日本队主将。本局弈于日本东京，聂卫平黑167至177力屠天杀星加藤正夫的大龙，

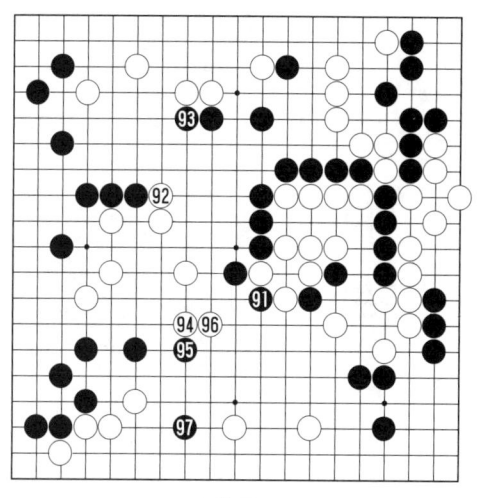

实战图一

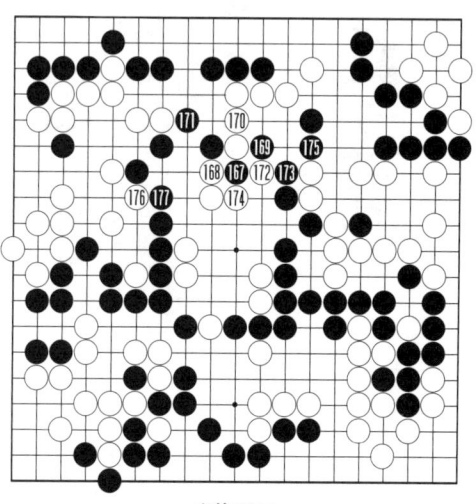

实战图二

以酣畅淋漓的胜利连续三届终结擂台赛。

至此，聂卫平已在三届擂台赛中连胜小林光一、加藤正夫、藤泽秀行、片冈聪、山城宏、酒井猛、武宫正树、大竹英雄、加藤正夫，取得九连胜的战绩。加上此后第4届连胜依田纪基和淡路修三，聂卫平共在四届擂台赛中11次战胜日本一流高手，抗日英雄实至名归。

99

弈典

050 中国名人首诞之局

$34=$ ❸ $270276282=$ ㊱ $273279284=$ ⓫⓰❸

第 1 届名人战决赛五番胜负第 4 局
● 刘小光九段　黑贴 $2\frac{3}{4}$ 子
○ 俞斌八段
共 285 手　黑中盘胜
对弈于 1988 年 3 月 11 日

　　中国棋界历史最悠久的新闻赛事天元赛和名人战相继诞生，标志着中国棋战新纪元的到来。马晓春和刘小光分别加冕首届天元和名人，翌年马刘天元名人相互易位，演绎了中国棋界的一段传奇。

中国名人首诞之局

中日围棋擂台赛为中国围棋带来前所未有的发展机遇，也带动了围棋赛制的创新与完善。在此之前，中国棋界除了每年的对日交流外，国内的支柱赛事是个人赛、团体赛、段位赛。尽管这三项赛事渐成体系，却无法弥补赛事不足的缺陷，在此背景之下，棋界的有识之士开始谋划新的围棋赛事。

1987年，《围棋》月刊、新民晚报联合举办第1届中国围棋天元赛。2月25日至28日在北京中日友好围棋会馆进行天元赛预赛，除了头衔拥有者聂卫平、马晓春、曹大元等直接进入本赛圈外，中国棋界几乎所有一流棋手都参加了单败淘汰预选赛。半决赛和决赛均采用三番胜负制，最终马晓春与聂卫平会师决赛。

实战图一 第1届天元赛决赛三番胜负第3局马晓春执黑$\frac{3}{4}$子胜聂卫平，弈于1987年3月12日。前两局战成1比1平，第3局为30秒一步的快棋，最终马晓春险胜，加冕首届天元赛冠军。

1988年，人民日报主办第1届中国围棋名人战，共有64名棋手参加本赛，最终决赛五番胜负在刘小光和21岁的新星俞斌之间展开。

刘小光，生于1960年，河南开封人，中国著名棋手。

俞斌，生于1967年，浙江天台人，中国著名棋手。

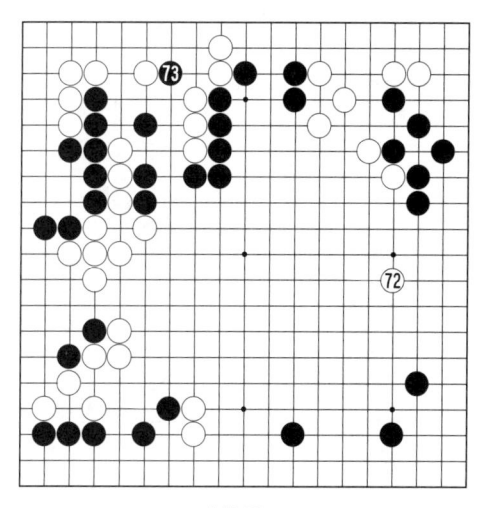

实战图一

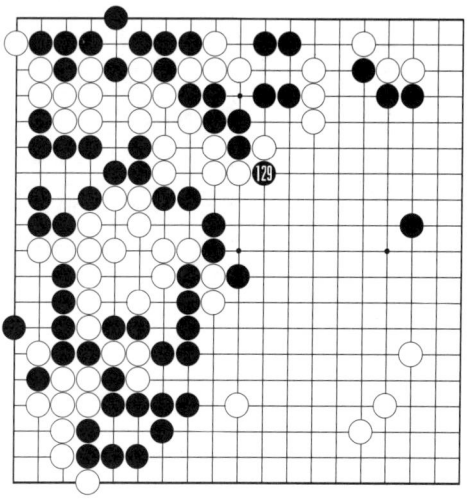

实战图二

实战图二 本局弈于安徽合肥。以黑129断为开端，几度攻防之后最终黑棋获胜，刘小光以3比1的总比分问鼎首届名人。

八十年代末期，新生代马晓春和刘小光瓜分了中国新棋战的头衔。第2届天元赛和名人战，双方分别挑战对方成功，刘小光加冕天元桂冠，马晓春荣膺名人称号，中国双雄巅峰漫步，潇洒指点江山。

101

051 世界冠军首诞之局

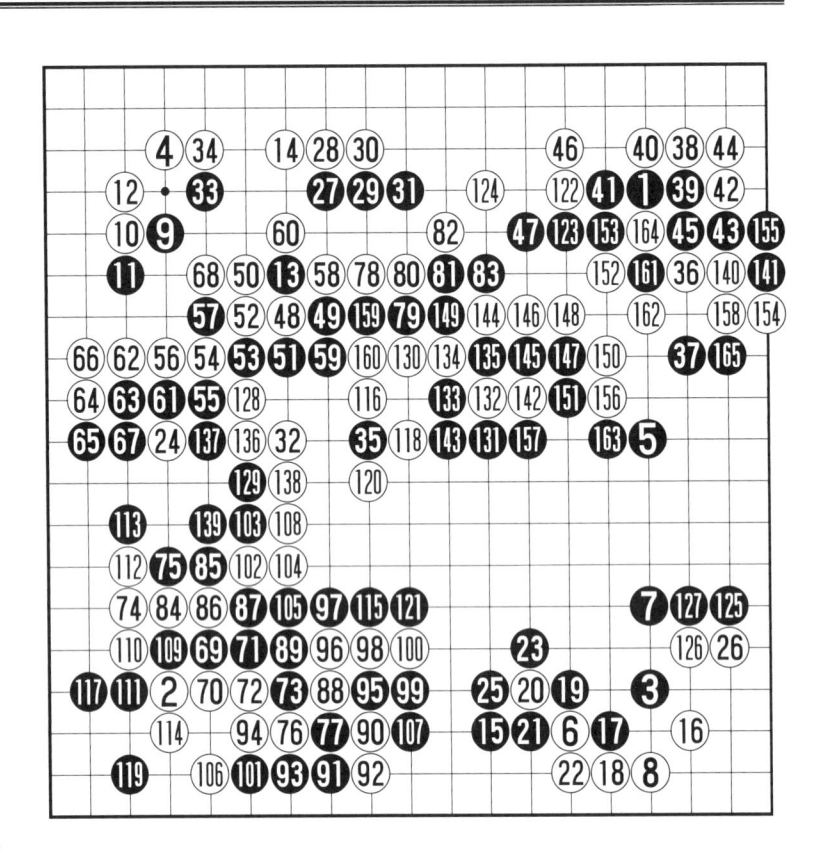

第1届富士通杯世界职业围棋锦标赛决赛
● 武宫正树九段 黑贴5目半
○ 林海峰九段
共165手 黑中盘胜
对弈于1988年9月3日

富士通杯的创立，使1988年成为世界围棋大赛的首诞之年。中日韩三国围棋加速融合，武宫正树战胜林海峰加冕第一个世界冠军，宇宙流爆发的第69手肩冲，成为光耀棋史的名手。

世界冠军首诞之局

1988年,以世界大赛富士通杯与应氏杯的相继创立为标志,围棋进入了崭新的纪元,世界比赛的问世,促进了中日韩三大围棋强国的融合,把围棋发展带进了全新的发展空间。

第一个世界围棋大赛第1届富士通杯于1988年春创办,共有16位棋手参加,包括武宫正树、林海峰、加藤正夫、赵治勋、小林光一、白石裕、今村俊也七位日本棋手;聂卫平、马晓春、曹大元、俞斌四位中国棋手;曹薰铉、徐奉洙、张斗轸三位韩国棋手和一位法国棋手。

尽管中国的聂卫平和韩国的曹薰铉凭借超强实力已挤进了超一流棋手的行列,但作为近现代围棋的强国,日本围棋有着中韩并不具备的厚度,他们六大超一流高手中有五位出战。最终,武宫正树与林海峰在半决赛中分别击败小林光一和聂卫平,两位日本老牌超一流高手决胜第一个世界大赛冠军。

武宫正树,生于1951年,日本东京人,日本超一流棋手。

实战图一 从序盘始,武宫放弃上边巨大的实地展开气势恢弘的大模样作战。中盘黑69凌空肩冲白棋星位,在传统实地理念为主导的现代棋界,尤其是在重大的世界比赛决赛中敢于下出这样的棋,是武宫正树求道精神的奉献。

实战图二 续上图,由于黑棋

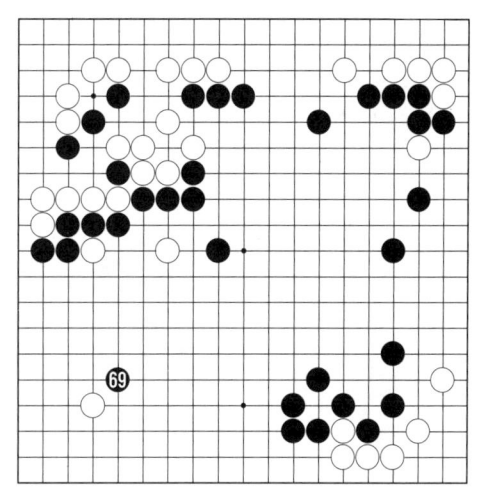

实战图一

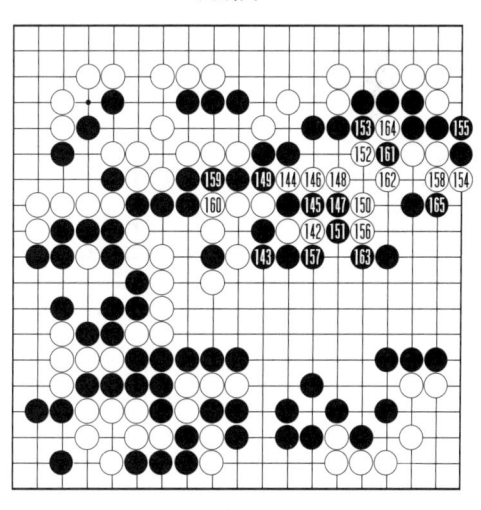

实战图二

中央实空太大,白142以下被迫突入黑空一争胜负。但此时已勉强,至黑165,白棋大龙无法求活。

武宫正树成为首位世界冠军,翌年他在第2届富士通杯再度击败林海峰卫冕,并在纪念《棋道》创刊800号的"世界冠军特别三番棋战"中2比0战胜应氏杯冠军曹薰铉,成为20世纪90年代初的世界围棋第一人者。

052 遗恨之局

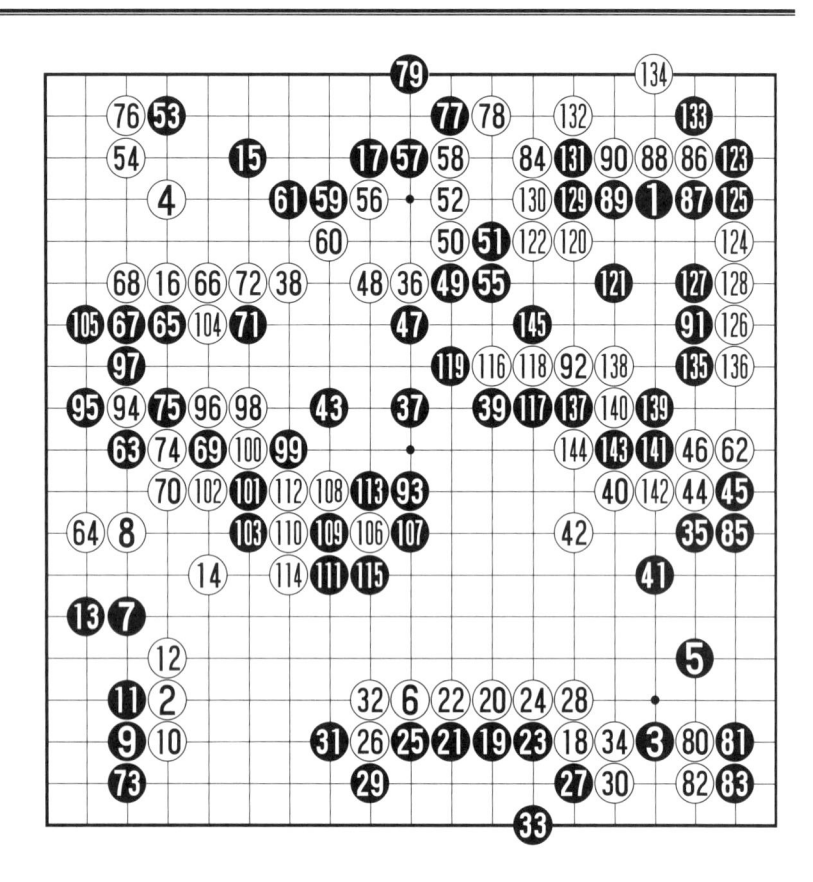

第1届应氏杯世界职业围棋赛决赛五番胜负第5局
● 曹薰铉九段　黑贴8点
○ 聂卫平九段
共 145 手　黑不计点胜
对弈于 1989 年 9 月 5 日

紧随富士通杯创立的应氏杯，决赛在中国聂卫平和韩国曹薰铉之间展开。聂卫平在2比1领先的有利形势下遗恨狮城，曹薰铉的逆转夺冠成为韩国围棋崛起的标志性事件。汉城红毯北京雨夜，中日韩围棋三足鼎立雏形显现。

遗恨之局

　　1988年4月第一个世界大赛富士通杯诞生后，同年8月，又一项世界大赛应氏杯由中国台湾实业家应昌期发起创立。在日本两大超一流高手武宫正树与林海峰角逐第1届富士通杯冠军时，应氏杯启动了车轮。

　　日本团队由参加富士通杯的五大超一流担当，并配以老将藤泽秀行。中国仍以聂卫平、马晓春为主力，韩国则是曹薰铉。战至半决赛日本强势不再，中国聂卫平和韩国曹薰铉分别击败藤泽秀行和林海峰，登上时代胜负的舞台。

　　聂卫平与曹薰铉决战应氏杯五番胜负之时，中韩两国尚未建交，第一阶段的前三局聂卫平以2比1领先，距夺冠仅一局之遥。移师新加坡的第4、5局，却隐藏着危机。早在决战之前聂卫平在第4届中日擂台赛负于羽根泰正，擂台十一连胜画上句号，此后他又在第2届富士通杯中遭淘汰，无敌势头正在减弱。

　　实战图一　第1届应氏杯决赛五番胜负第4局曹薰铉执黑1点胜聂卫平，1989年9月2日弈于新加坡。聂卫平在优势局面下，白140弈出中国世界冠军争夺史上"悲剧的随手"，若白于A位扳，黑B白C则白胜定。实战被曹薰铉黑141机敏扳住后，这一回合白棋约亏损3目棋，最终聂卫平以1点告负。

　　实战图二　命运的第5局，曹

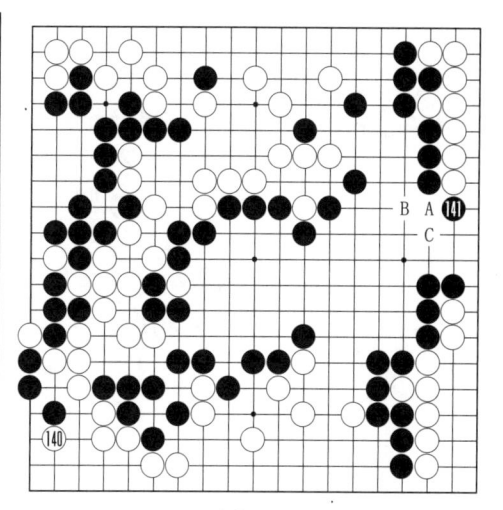

实战图一

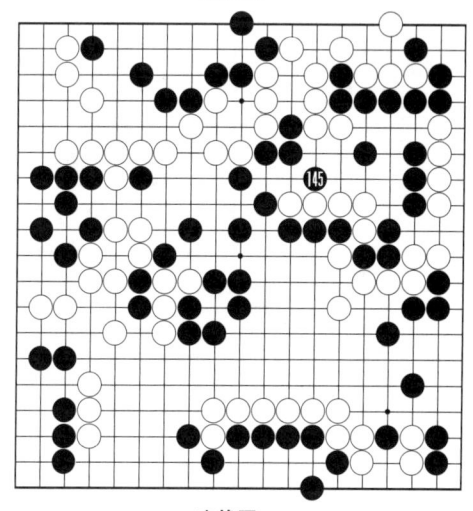

实战图二

薰铉在气势上完全占据了上风，执黑145手断开白棋棋筋快胜。

　　狮城决战之后，聂卫平黯然回到了北京，曹薰铉一夜之间成为韩国的民族英雄，汉城机场迎接他的是铺天盖地的花环和红毯，"围棋皇帝"手持奖杯和鲜花坐着敞篷车沿汉城的大小街道巡行，名震棋界。中韩围棋从这一刻起走上了截然不同的轨道。

105

053 钝刀之局

第4届富士通杯世界职业围棋锦标赛半决赛
● 钱宇平九段 黑贴5目半
○ 小林光一九段
共183手 黑中盘胜
对弈于1991年7月5日

中国围棋新星崛起,钱宇平连胜日本超一流高手林海峰、小林光一打进世界大赛富士通杯决赛。就在中国棋手再一次冲击世界冠军之际,却出现了世界大赛历史上首例决赛弃权,赵治勋不战夺冠,钱宇平留下终身之憾。

钝刀之局

1991年第4届富士通杯，中国新星钱宇平势如破竹完胜日本林海峰、小林光一等超一流高手打进决赛。钱宇平登上世界大赛的决赛舞台，却在即将与赵治勋争冠的前夕染病弃权，成为中国围棋史上最悲剧的记载。

钱宇平，生于1966年，上海市人，中国著名棋手。

钱宇平棋风工稳扎实，缜密无隙，相较马晓春的绰号"妖刀"，得"钝刀"美名。第5届中日围棋擂台赛钱宇平作为中国第四位选手上场，连胜日本副将坂田荣男和主将武宫正树，助中国队第四次获得中日围棋擂台赛的优胜。

实战图一 第4届富士通杯第2轮钱宇平执黑中盘胜林海峰，1991年4月8日弈于日本棋院。钱宇平终于在世界大赛中爆发，首轮力克日本王座羽根泰正，本轮一展钝刀的威力，几乎是以与二枚腰相近的韧劲棋路力克强敌。

实战图二 此后的八强赛，钱宇平战胜日本名手石田芳夫打进半决赛，对阵日本棋圣和名人头衔拥有者小林光一。小林是整个中国棋界的"苦手"，六年前的第1届中日围棋擂台赛，钱宇平对小林赢棋认输，得知真相后他痛苦地扯飞衣服纽扣的一幕至今令人记忆犹新，战胜小林可谓苦研六年的回报。

钱宇平是当时最刻苦的中国棋手，他每天训练超过10个小时，不分昼夜地苦研，被称为"打谱机"。用功给钱宇平带来棋力的飞跃，同时也损害了他的身体。第4届富士通杯决赛前夕钱宇平因病弃权。1991年8月3日的东京，赵治勋凝视着对面空空如也的座椅，静静地等待，30分钟后裁判长宣布赵治勋不战胜，这张空白的世界冠军决战谱宣告了一个中国天才的陨落。

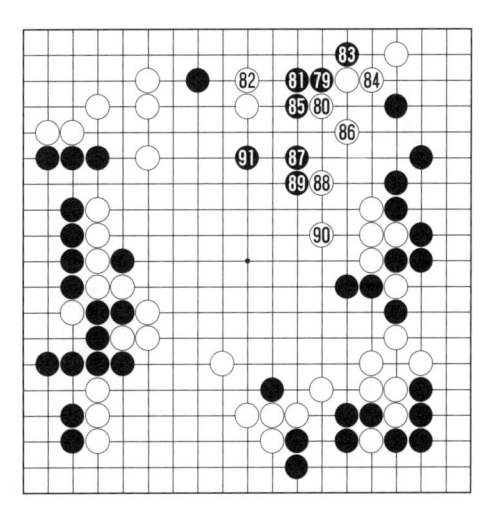

实战图一

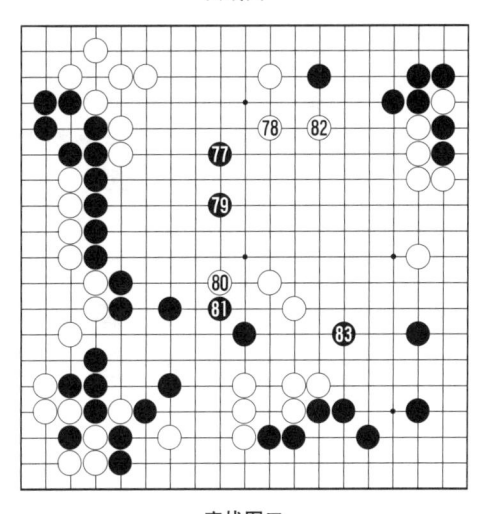

实战图二

107

054 少冠之局

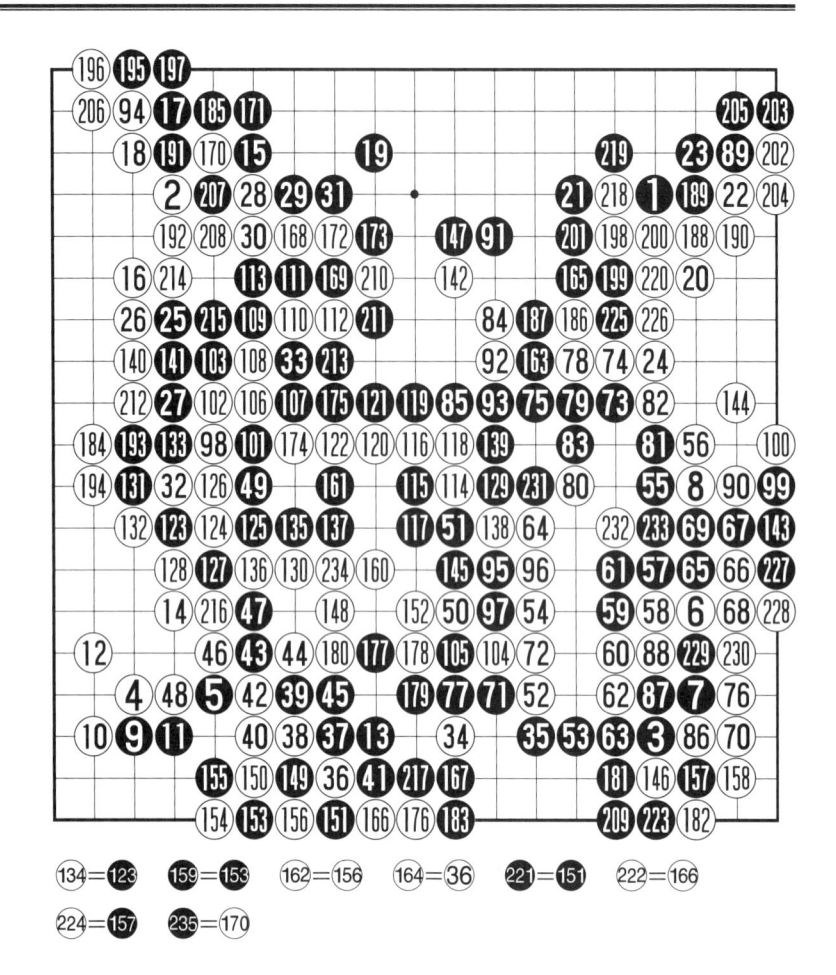

(134)=(123) (159)=(153) (162)=(156) (164)=(36) (221)=(151) (222)=(166)
(224)=(157) (235)=(170)

第 3 届东洋证券杯决赛五番胜负第 5 局
● 林海峰九段 黑贴 5 目半
○ 李昌镐九段
共 235 手 白 1 目半胜
对弈于 1992 年 1 月 27 日

    年龄相差 33 岁的世界冠军决斗,老将林海峰世界棋战决赛的最后绝唱。石佛出世李昌镐世界棋坛初称霸,16 岁,最年少世界冠军纪录诞生。

少冠之局

东洋证券杯原本是韩国的国内比赛,从第3届起国际化,成为继富士通杯和应氏杯之后的第三项世界大赛。比赛共有中日韩24位棋手参加,云集了韩国曹薰铉、徐奉洙,日本武宫正树、林海峰、赵治勋,中国聂卫平、马晓春等超一流高手。最终年仅16岁的韩国少年李昌镐势不可当地杀进半决赛,并以2比1力克恩师曹薰铉,与2比0击败赵治勋的林海峰会师决赛。

李昌镐,生于1975年,韩国全州人,韩国著名棋手。

林海峰出生于1942年,李昌镐出生于1975年,决赛五番胜负是年龄跨越33岁的世界冠军决斗。此番命运安排相遇,是少年助林海峰五十岁加冕世界冠军,还是老将成就最年少的世界冠军出现,都给棋界带来无限想象。

实战图一 第3届东洋证券杯决赛五番胜负第4局李昌镐执黑中盘胜林海峰,1992年1月25日弈于韩国汉城。前三局林海峰2比1领先,但夺冠在即的第4局中,林海峰白100扑死两子过于稳健,被黑101扳后形势急转而下。

实战图二 决胜局从序盘至中盘林海峰一直保持着优势。但进入后半盘,体力不支的林海峰连续错过两个决定胜负的机会,形势渐趋细微。黑185是最后的败着,此着若于A位夹吃一子黑棋将确立胜势。

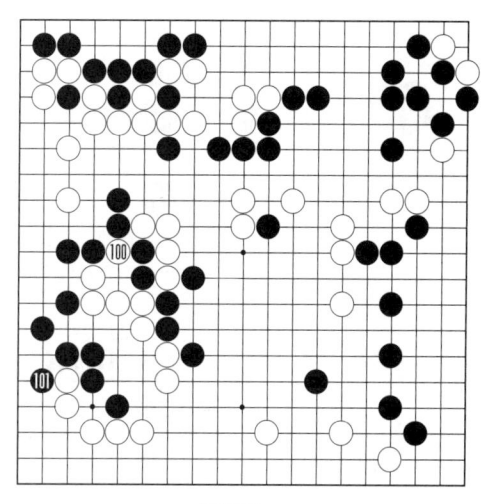

实战图一

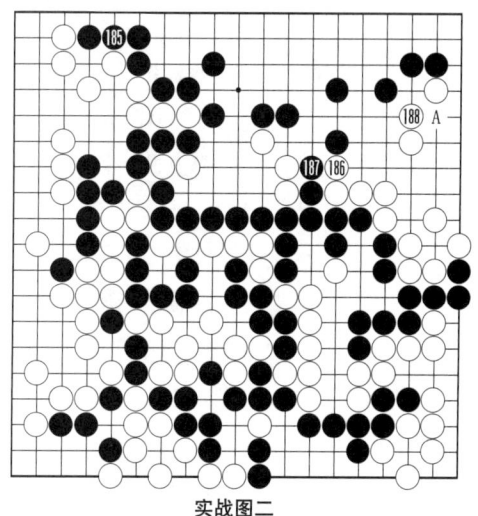

实战图二

实战白188退后,两处官子的微弱差异导致形势出现逆转,李昌镐最终以1目半获胜。

16岁的李昌镐加冕东洋证券杯,成为最年少的世界冠军。此纪录除在2006年和2014年遭遇过两次"被打破"的危机外,始终屹立不倒,即使在急遽年轻化的当今棋界,依然作为一个令人高山仰止的纪录而存在。

055 皓冠之局

94=73　99=15　101=96　154 164 170 176 182 188 194 200=146
157 167 173 179 185 191 197 202=139　218=64　219=66　220 230=216
221=56　225=217　228=177　229=80

日本第 40 届王座战五番胜负第 3 局
● 藤泽秀行王座　黑贴 5 目半
○ 小林光一九段
共 230 手　黑半目胜
对弈于 1992 年 10 月 28 日

　　日本两代超一流高手跨时空对决，无敌小林时代的诡异奇像，围棋史上最年长的头衔获得者，"飞天怪物"藤泽秀行最后的棋战头衔加冕。

皓冠之局

藤泽秀行自年轻时代与吴清源对决始，历经名人战死斗坂田，与昭和精英角逐棋圣位等重大胜负。同时他又是与中国棋界非常友好的围棋使者，是日本棋界有着独特魅力的棋士。自从1983年第7届棋圣战那场震惊棋界的霸者更替战失去棋圣头衔后，藤泽秀行便空无一冠。进入20世纪90年代，大正一代的超一流棋士完全走向衰落，曾经的大棋士坂田荣男和藤泽秀行也即将进入半隐退状态并逐渐在棋界消失。

但即将远去的胜负师在此刻停下了脚步，1991年第39届王座战，66岁的藤泽秀行令人瞠目地夺取王座战挑战权，决赛以3比1的比分挑落羽根泰正夺取王座头衔，创下了日本棋战最高龄夺冠的纪录。

66岁夺冠，对于职业棋士来说无疑是一个极限。然而，就在人们还在为藤泽的奇迹惊叹的时候，第二年的第40届王座战藤泽秀行竟然力克超一流挑战者小林光一，又一次守住王座城池，将日本最高龄夺冠的纪录又提高了一岁！

实战图一 第40届王座战五番胜负第2局藤泽秀行执白中盘胜小林光一，1992年10月19日弈于日本。挑战者小林先下一城后，卫冕王座藤泽136手屠龙回敬一局。

实战图二 五番胜负天王山之局双方展开模样决战，黑201至白208大劫争转换后形成罕见的"一

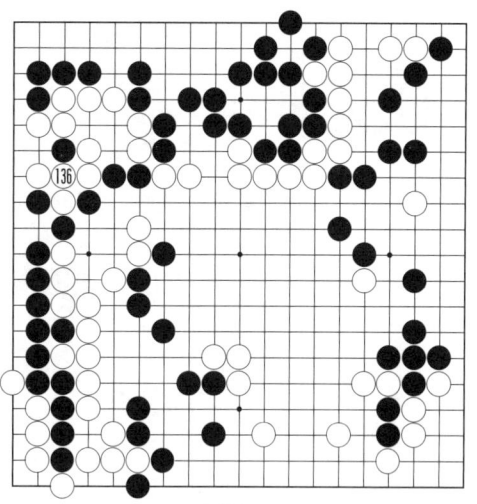

实战图一

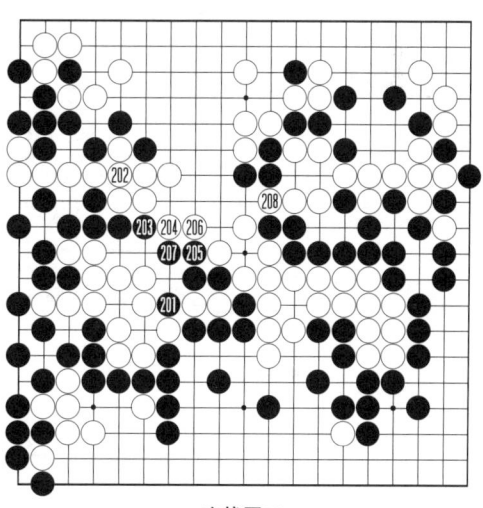

实战图二

局两块"格局，藤泽最终半目获胜。此后第4局小林扳平比分，决胜局藤泽5目半胜出卫冕王座头衔。

小林光一是当时日本棋界的最强者，能在番棋战中3比2击败小林，藤泽秀行完成了不可能完成的卫冕。尽管次年藤泽失去王座，但他以66岁和67岁的高龄连霸王座头衔，已成为令日本棋界后辈脱帽致敬的大纪录，至今无人超越。

111

056 师徒之局

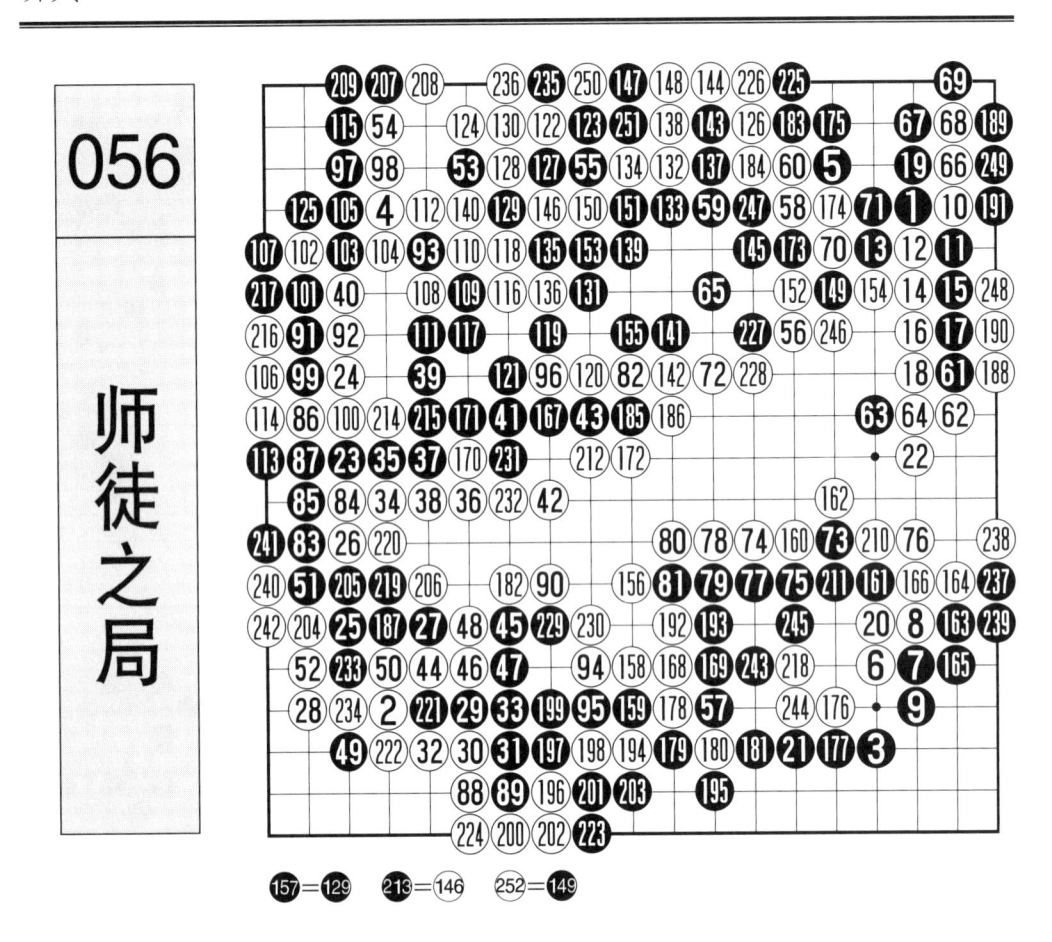

⑰=⑱ ㉝=⑭ ㉜=⑭

韩国第4届棋圣战决赛七番胜负第7局

● 曹薰铉棋圣 黑贴5目半
○ 李昌镐九段
共252手 白8目半胜
对弈于1993年1月30日

　　"围棋皇帝"养徒三年猛虎出笼,李昌镐17岁称霸韩国棋坛。曹李开启师徒争雄时代的帷幕,棋圣战石佛4比3击败恩师,发出统治棋坛的强劲讯号。

当这个神秘人物出现时，世界围棋固有的秩序开始被打乱。一个长着肉鼻头、樱桃小口的少年像小学生般站立在一旁，石阶上潇洒落座的是韩国围棋皇帝曹薰铉。李昌镐第一次出现在媒体上，很难使人相信他会取代曹薰铉成为韩国新霸主。第 3 届富士通杯李昌镐完胜武宫后半目惜败小林光一，成长的速度令人大跌眼镜，数月之后，16 岁的李昌镐加冕第 3 届东洋证券杯，"少年姜太公"名动天下。

最早领教李昌镐实力的还是他的恩师曹薰铉。从 20 世纪 90 年代开始，李昌镐在第 29/30 届最高位战、第 34 届国手战、第 8 届大王战、第 25 届王位战、第 22 届名人战、第 2 届 BC 卡杯、第 11 届 KBS 杯等头衔战中令曹薰铉折戟，取而代之成为新霸主之势渐成。尽管李昌镐握有头衔数量上的优势，但曹薰铉头上最耀眼的棋圣王冠一日不摘，李昌镐就永远不能称为韩国第一。

1992 年岁末，李昌镐在第 4 届棋圣战循环圈势如破竹七连胜夺取挑战权，决赛七番胜负曹薰铉为死守最后的头衔竭尽全力，前四局 3 胜 1 败卫冕在即。但李昌镐第 5、6 局展开绝地反击，连续获胜后将七番胜负拖入决胜局。

实战图一 中盘曹薰铉弈出黑 81 挡的缓手，被白 82 跳后确立优势。黑 81 于 A 位跳是攻防急所。

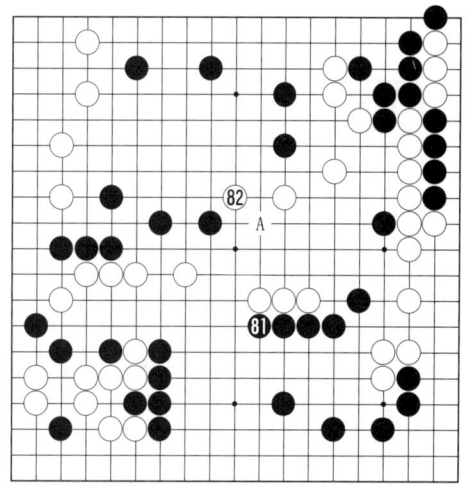

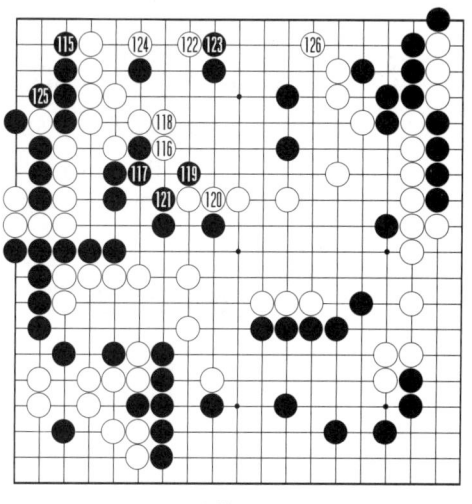

实战图二 续上图，进入后半盘，曹薰铉黑 115 弈出败着（应 125 位单提），白棋左上安定后黑 125 角部补棋不可省略，不然有劫争的余味。黑低效花费一手，白 126 率先对黑棋上边发起攻击后确立胜势，最终以 8 目半大胜。此局之败使曹薰铉最终以 3 比 4 卫冕失利。李昌镐攻下棋圣位，象征着攻陷曹薰铉帝国的都城，李昌镐时代来临。

057 魔咒之局

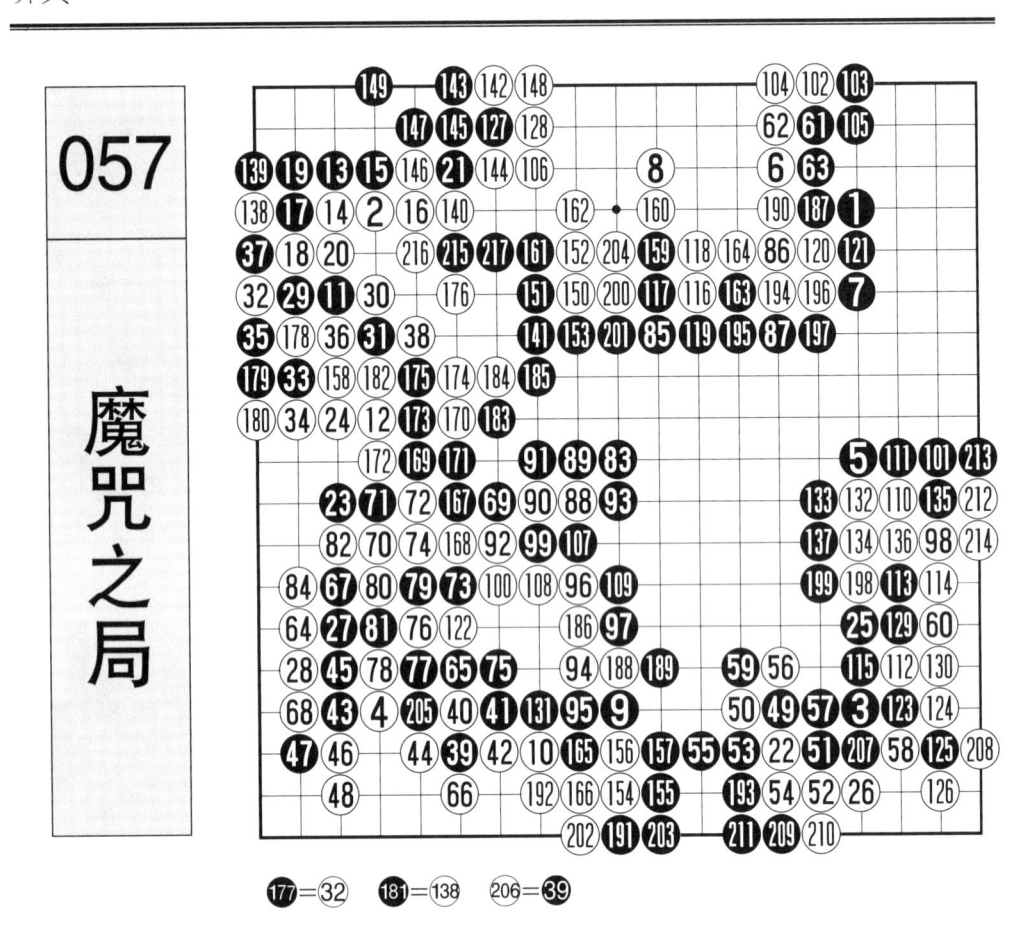

⑰=㉜　⑱=⑬⑧　⑳⑥=㊴

日本第 47 届本因坊战七番胜负第 7 局
● 赵治勋本因坊　黑贴 5 目半
○ 小林光一九段
共 217 手　黑 7 目半胜
对弈于 1992 年 7 月 22/23 日

　　从 20 世纪 80 年代中期起小林光一统治日本棋界，豪取棋圣八连霸和名人七连霸，但他却从未染指过本因坊头衔。90 年代初期，小林光一连续三年挑战赵治勋的本因坊位，遭遇三次大逆转失利，本因坊战之于小林，俨然成为"魔咒"。

魔咒之局

1989年第44届本因坊战赵治勋4比0零封武宫正树，失去棋圣三年后重获七番胜负桂冠。其后三年的本因坊战，赵治勋和小林光一将未了的胜负恩怨汇集成二十番大胜负，成为棋界瞩目的热点。雄心勃勃的小林要实现棋圣、名人、本因坊大三冠的宏伟霸业，而赵治勋则发誓死守最后的城池。

本因坊战的进程超出了所有人的预料。三年中每年都如出一辙地上演小林先取得压倒优势，再被赵治勋上演惊心大逆转的剧情，第45届赵治勋一胜三败后三连胜、第46届赵治勋二连败后四连胜、第47届赵治勋三连败后四连胜。赛事进程之诡异，堪称空前。

第47届本因坊战，连续两年的惜败并未动摇小林登上本因坊宝座的信念，前三局小林势如破竹三连胜，人们实在难以想象赵治勋最后的鲁缟如何能抵挡住小林锐利的箭锋。但赵治勋又魔鬼般地连扳四局，第三次将小林埋葬于本因坊这个"黄金的迷宫"。

实战图一 本局弈于日本静冈。酷爱实地的赵治勋尽弃左下以黑83，85，87高效围起中央大空！待白88冒死突入时，黑坚实应对，白大势已去。

实战图二 续上图，黑117、119确保盘面十几目的优势直至终局。三年来每年到地狱走一遭的赵治勋仅多赢四盘棋就取得本因坊三连霸，而小林三年本因坊战预决赛总战绩26胜15负却颗粒无收。

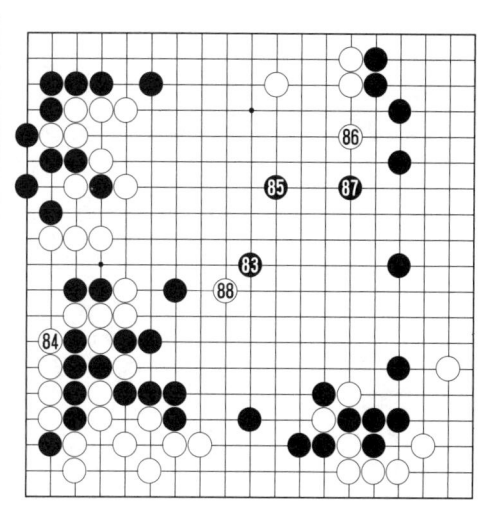

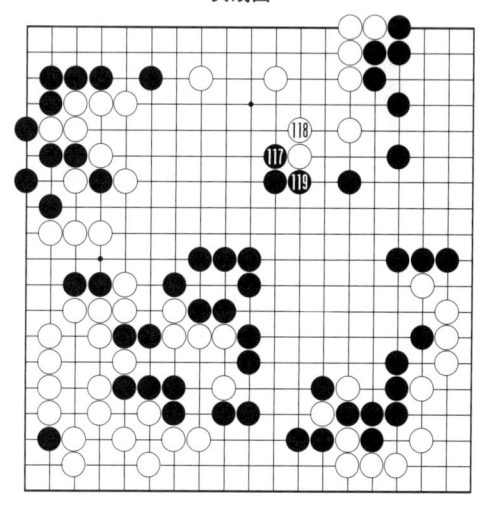

连续三年大逆转卫冕，给赵治勋带来巨大的后福，此后他连霸十届本因坊，使高川九连霸的大纪录作古。小林连续三年止步于"本因坊魔咒"，注定其一生与本因坊无缘。一年后小林王朝随着棋圣、名人、碁圣的全线失利而解体。

058 女克超之局

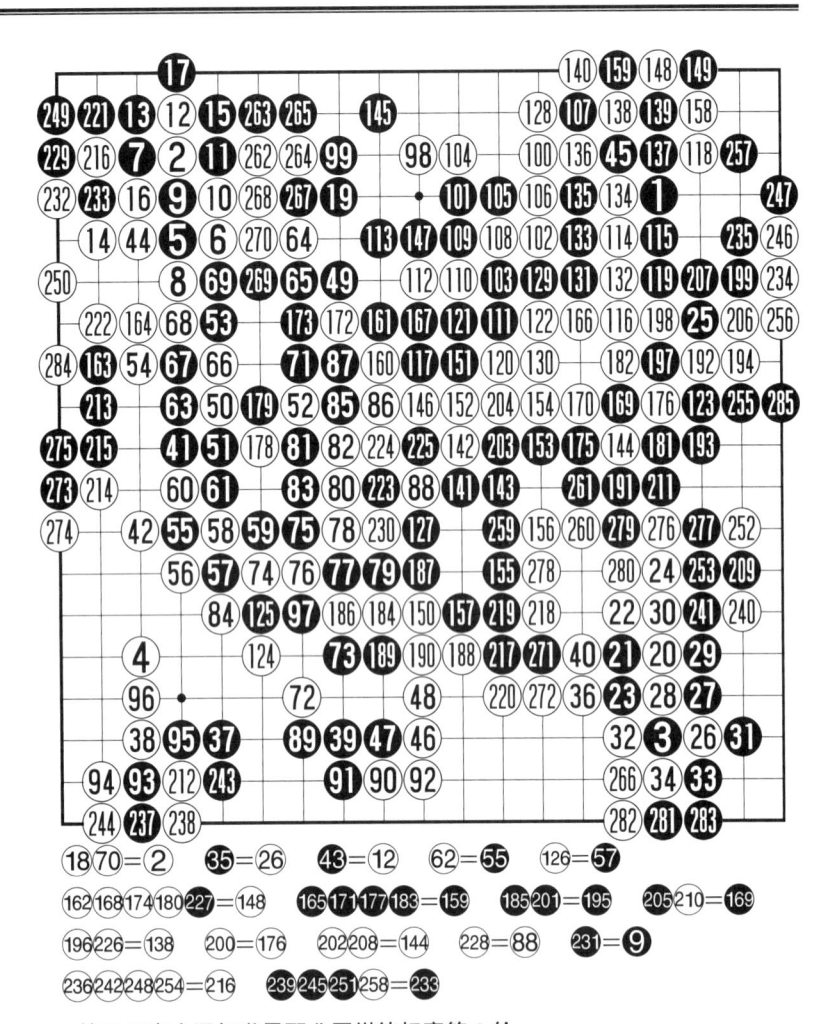

第 7 届富士通杯世界职业围棋锦标赛第 2 轮
● 华学明七段 黑贴 5 目半
○ 大竹英雄九段
共 285 手 黑 2 目半胜
对弈于 1994 年 4 月 4 日

世界棋战巾帼留名,中国女子棋手杨晖、华学明相继在世界职业围棋大赛中力克武宫正树、大竹英雄,创女子棋手战胜超一流之壮举。

女克超之局

富士通杯是世界棋坛的第一项国际大赛，前两届中国棋手与决赛无缘；第3届聂卫平打进决赛，却负于年长自己十岁的林海峰，使老将林海峰连续三届富士通杯决赛后实现世界冠军加冕夙愿；第4届富士通杯更是出现了钱宇平决赛弃权的悲剧；第5届杀出了中国黑马车泽武，尽管他抽签抽中小林光一感叹"死签"，但还是将李昌镐、小林光一接连淘汰。那届八强赛马晓春和刘小光分别战胜强敌赵治勋和曹薰铉，可惜半决赛中双双落马，使大竹英雄最终夺冠。1993年第6届，富士通杯这个对中国棋手颇为缘浅的赛事呈现出新的色彩。首轮中国女子棋手杨晖击败武宫正树。第7届第2轮中国女子棋手华学明更是战胜第5届冠军大竹英雄，历史性地打进世界大赛八强。

华学明，生于1962年，浙江慈溪人，中国著名女子棋手。

大竹英雄，生于1942年，日本福冈人，日本著名超一流棋手。

实战图一 第7届富士通杯，华学明首战晋级后与日本超一流大竹英雄相遇，大竹年过五旬却状态奇佳，打进第2届应氏杯决赛，夺得第5届富士通杯冠军。在外界看来，大竹第2轮遇到中国的女子棋手想输都难，然而本局大竹却被华学明卷进复杂的战斗中，经上、中、左几度劫争后大竹以2目半失利。华学

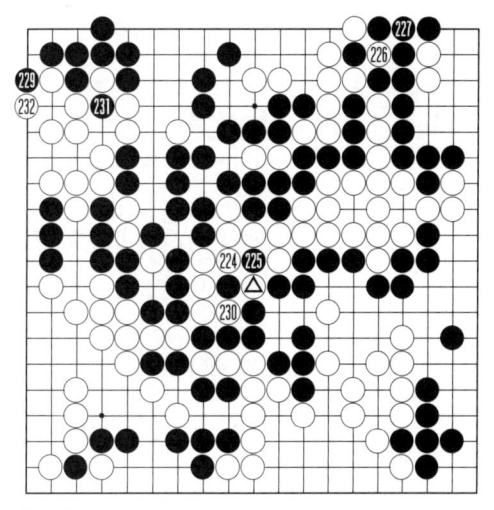

实战图一

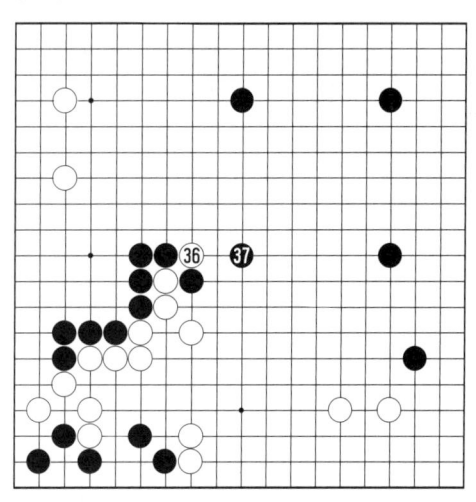

㉒㉘=△

实战图二

明打进富士通杯八强，创下了女子棋手在富士通杯中的最佳战绩。

实战图二 在1993年4月3日的第6届富士通杯第1轮，中国女子棋手杨晖曾执黑半目胜武宫正树。这是中盘的精彩片段，面对宇宙流的鼻祖，白36断时，黑37天元斜飞，杨晖弈得比武宫正树更为自由奔放，或许宇宙流的气势无从展示，最终武宫被杨晖半目爆冷。

059

正名之局

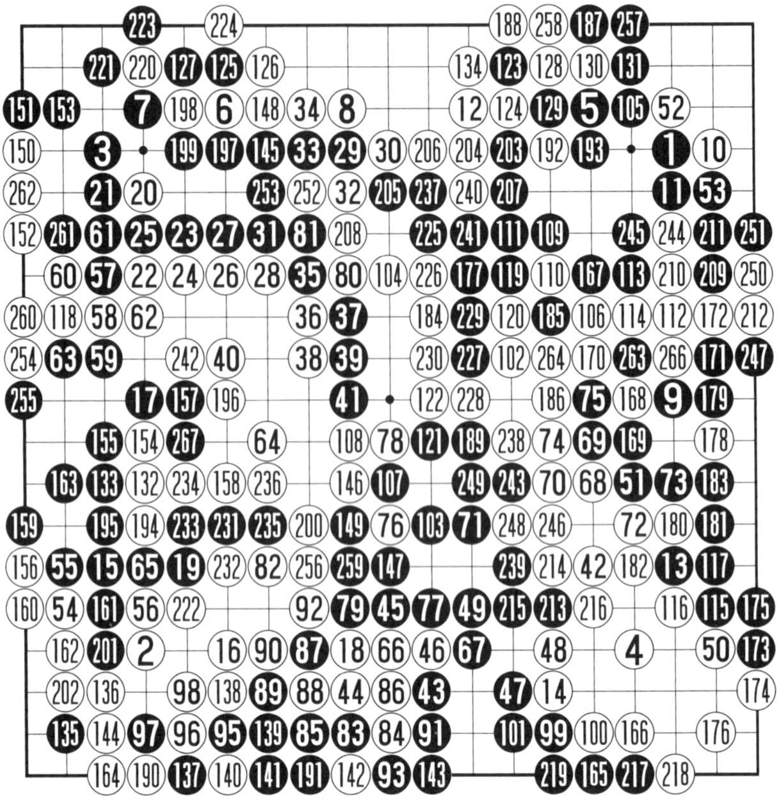

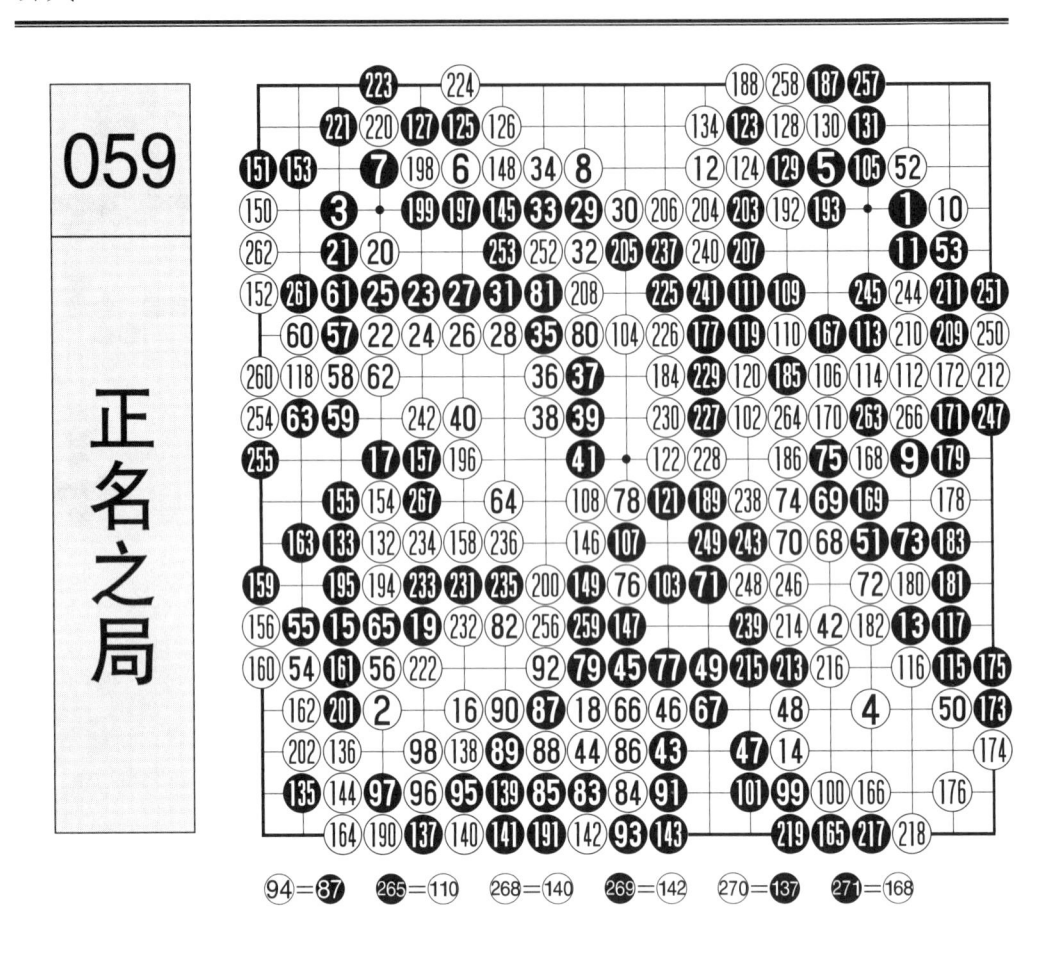

94=87　265=110　268=140　269=142　270=137　271=168

第 9 届中日围棋擂台赛第 9 局

● 加藤正夫九段　黑贴 5 目半

○ 曹大元九段

共 271 手　白 2 目半胜

对弈于 1994 年 12 月 24 日

聂马时代的中坚力量曹大元，是中国棋界厚重流派的代表人物。曹大元曾出战前三届中日擂台赛,遗憾的是未能建树。第 9 届曹大元终于奋起为己正名,以三连胜终结比赛,在中日 4 比 4 战平后助中国队力拔擂台天王山。

正名之局

曹大元,生于1962年,上海人,中国著名棋手。

曹大元是20世纪末聂马时代中国棋界的中坚棋士,棋风厚重,基本功扎实。他曾在1981年至1990年的新体育杯中获得一冠四亚的战绩,在淘汰赛制的比赛中,取得如此佳绩实属不易。此外曹大元还获得过全国个人赛冠军、霸王战冠军、CCTV杯冠军以及NEC杯冠军。

中日围棋擂台赛创设以来,日本队先是连败三届,随着第6-8届取得三连胜,中日之间的总比分战成4比4平。天王山的第9届擂台赛每方出场队员降至六人,中国队第二位出场的刘小光连胜日方山田规三生、小松英树、依田纪基三将,接着日本队派出曾经挑战本因坊和棋圣的名将山城宏出场,击败刘小光和陈临新后双方重回均势。此后,曹大元登擂,连胜日方山城宏、片冈聪和主将加藤正夫,助中国队第五次击败日本队。

实战图一 本局曹大元杀至日本队主将加藤正夫帐前,三年不鸣一鸣惊人。

实战图二 续上图,本局后半盘,曹大元利用黑棋下方不活的缺陷,凭借出色的官子功夫稳健地掌控局势,最终获胜。

作为一位大器晚成型的棋手,曹大元的爆发是有征兆的。早在1992年岁末的真露杯三国围棋擂台赛他就有连胜日韩依田纪基、张秀英、淡路修三的表现,此次亲手终结第9届擂台赛,了却九年擂争为国建功的心愿。进入新世纪后,曹大元曾于2002年和2004年两次通过预选赛打进三星杯本赛,当时参加预选的皆是中韩日三国实力高强的年轻棋手,年逾不惑的曹大元能战胜李世石、朴永训等出线,一时令棋界瞠目。

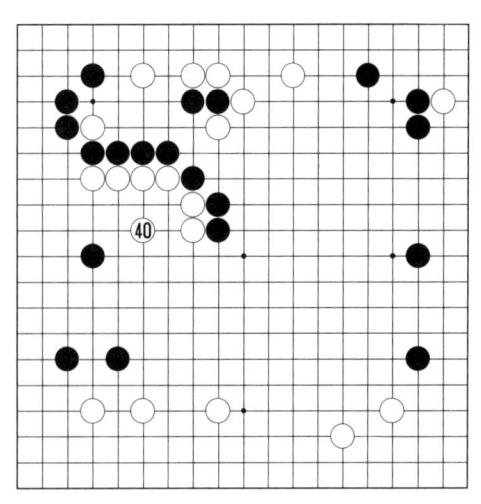

实战图一

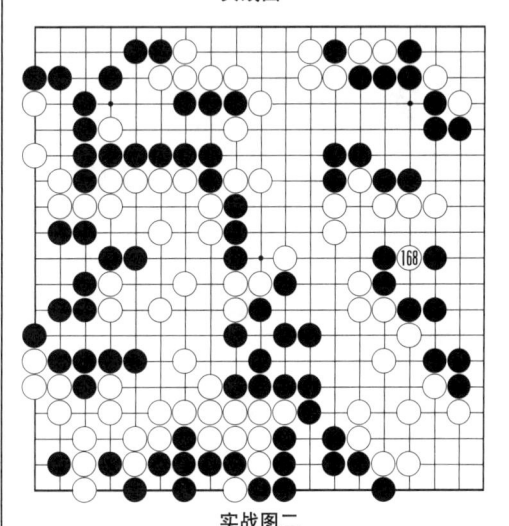

实战图二

061 双冠王之局

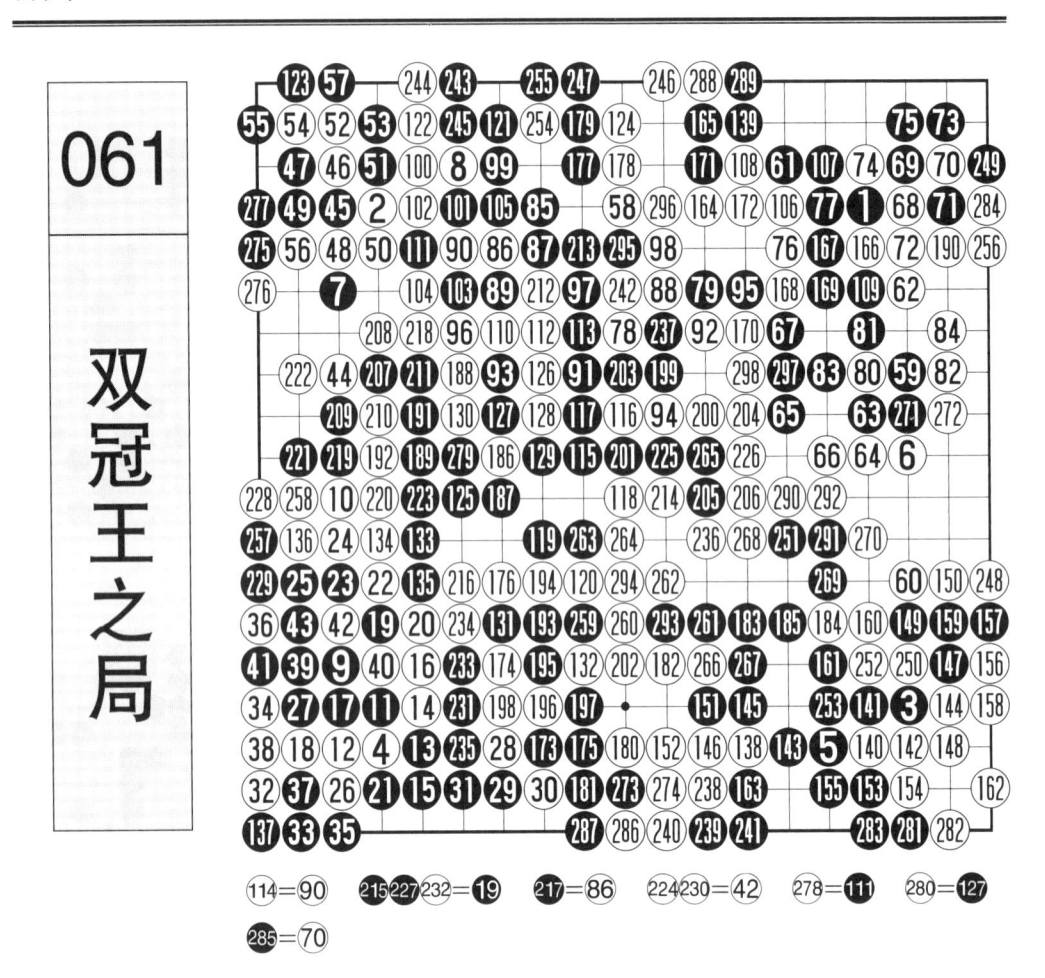

(114)=(90)　(215)(227)(232)=❶　(217)=(86)　(224)(230)=(42)　(278)=⓫　(280)=(127)
(285)=(70)

第8届富士通杯世界职业围棋锦标赛决赛
● 马晓春九段 黑贴5目半
○ 小林光一九段
共298手 黑7目半胜
对弈于1995年8月5日

　　逆袭"美学"大竹为中国队夺取擂台赛优胜后,蛰伏已久的马晓春在世界大赛中苦行七年夙愿终成,连续击败聂卫平和小林光一,实现世界大赛双冠王加冕。

双冠王之局

世界比赛问世七年后，1995年中国围棋迎来了喷发期，不可思议的无冠岁月宣告终结。中国棋界的天才马晓春势不可当地卷走东洋证券杯和富士通杯两项桂冠，沉寂多年的万众欢腾现象又一次映入人们的眼帘。

"只此一日就可当一本书读……世界围棋赛自1988年创设的那天，就成了中国棋手的梦想史和奋斗史的开端。1995年3月24日，八年抗战顿作沧桑，不想成了这部史书的杀青日……"这是1995年《围棋天地》第5期《八年沧桑史解读》中的感慨。聂马双雄挺进东洋证券杯决赛，从世界赛创立到中国围棋夺得第一个世界冠军，七年蹉跎岁月已使人白发丛生。

实战图一 第6届东洋证券杯决赛第4局马晓春执白6目半胜聂卫平，1995年5月24日弈于韩国。这次决战是聂马十几年胜负恩怨的最后了结，本局获胜后马晓春以3比1加冕世界冠军。

中国围棋迎来了久违的爆发，接着马晓春半目胜赵治勋，挺进第8届富士通杯决赛，决赛力克宿敌小林光一，成为世界大赛双冠王。

实战图二 此前马晓春对小林光一战绩不佳，面对苦手，马晓春出征日本之前，国内就有公司事先做好了首日封，夺冠即发行，失利则销毁，大有壮士去兮，易水凝寒之悲

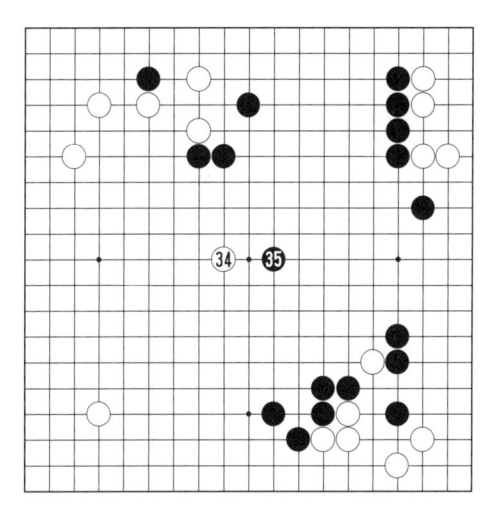

实战图一

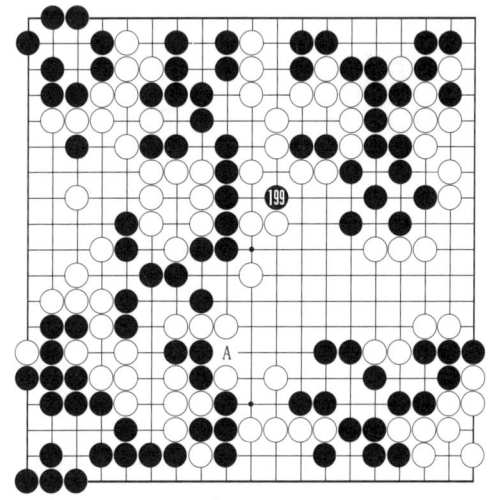

实战图二

壮。黑199在白棋毫无破绽的中央"凿壁"，实则策应着下方三子A位的出逃，时机、算路和构想皆尽精妙。最终马晓春7目半击败小林夺取富士通杯，此手成为其"妖刀"棋风的代表作。

马晓春世界大赛双冠，与陈祖德战胜日本九段以及聂卫平三夺中日擂台赛优胜，并称为中国围棋崛起时代的里程碑。

062 终结之局

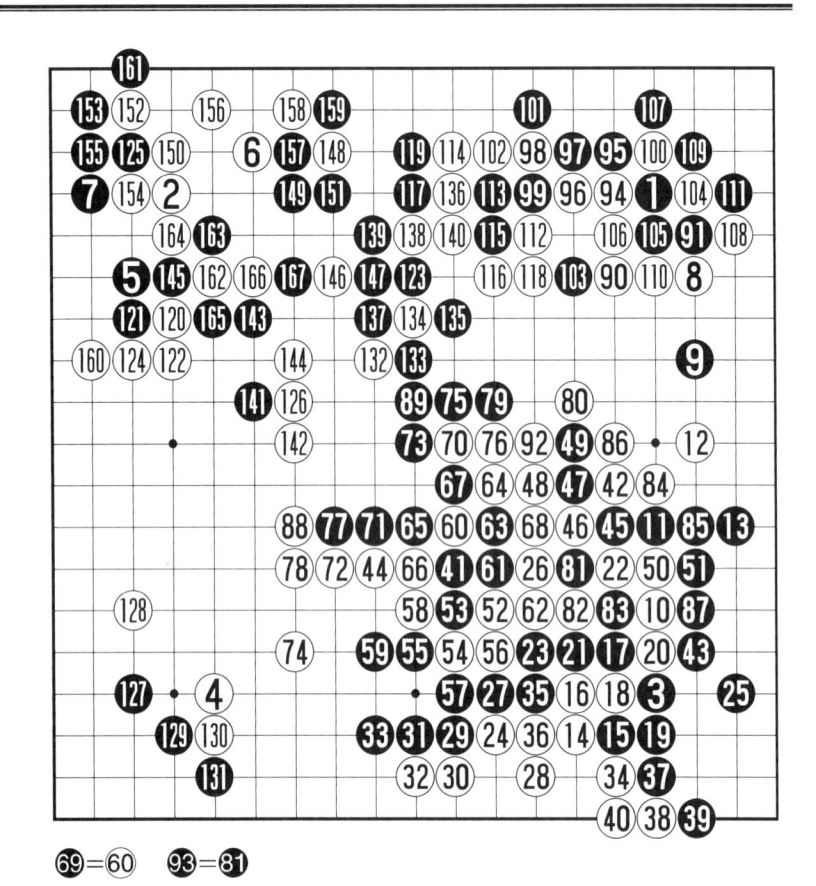

㊻=⑥⓪　㊸=㊇①

第 11 届中日围棋擂台赛第 12 局
● 常昊九段　黑贴 5 目半
○ 大竹英雄九段
共 167 手　黑中盘胜
对弈于 1996 年 12 月 27 日

中国围棋新星常昊崛起，连续两届以五连胜和六连胜笑傲中日擂台赛。日本老将大竹英雄神勇不再，常昊终结擂台赛，十一年的中日传奇赛事成为绝唱。

20世纪90年代中期，随着世界大赛的日益健全和不断拓展以及中国新星常昊的出现，这个曾经牵动亿万人心弦的中日围棋擂台赛走向它的归宿。

常昊，生于1976年，上海人，中国著名国手。

1995年第10届中日围棋擂台赛，小将常昊已经成长为中国的希望之星，他作为中国队第二位棋手出战，连胜日方三村智保、森田道博、柳时熏、小林觉、林海峰五员大将，直接杀到了日本队主帅大竹英雄帐前。53岁的大竹披挂上阵，连胜四局将总比分扳成5比6，被日本棋界视为"擂台英雄"。

实战图一 第10届中日围棋擂台赛第12局马晓春执黑中盘胜大竹英雄，1996年3月30日弈于北京。最终副帅马晓春为中国队斩获本届擂台赛优胜。

由于大竹英雄的出色表现，翌年的第11届中日围棋擂台赛，他依然担当擂主。而中方前十届连续出战的聂卫平放弃参加本届擂台赛，由终结上届比赛的双料世界冠军马晓春担当主将。如同上届一样，常昊仍作为第二位选手出战，他连胜日方五将再度请出主将大竹英雄，几乎在重演上届的剧情。

实战图二 日本主将大竹英雄再度与中国小将对决，终无力再现神勇中盘败北，本局成为全部十一

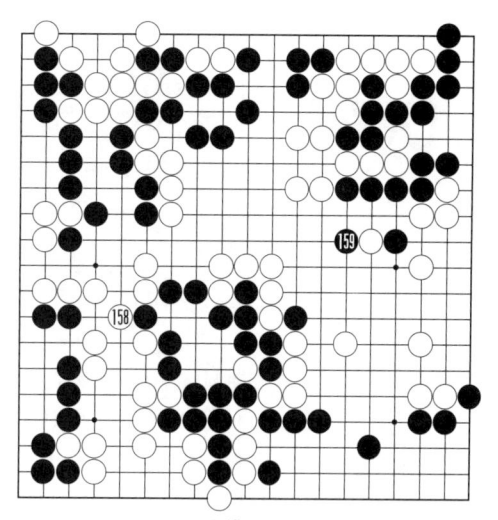

实战图一

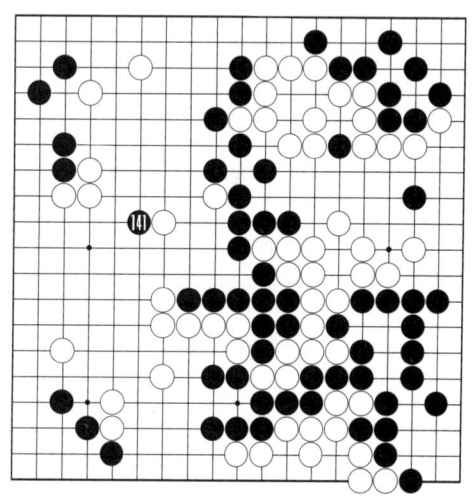

实战图二

届中日围棋擂台赛的最后一局。

本届比赛结束后，中日围棋擂台赛停办，这个跨度十三年的围棋赛事终于成为历史名词。从1984年的第1届至1996年的第11届，中国队与日本队的总比分定格在7比4。虽然主流的说法是日方办赛的兴趣减弱而停办，归根结底，是常昊连续两届的11胜异常神勇，日方缺乏能与之匹敌的年轻棋手所致。

063 新星争冠之局

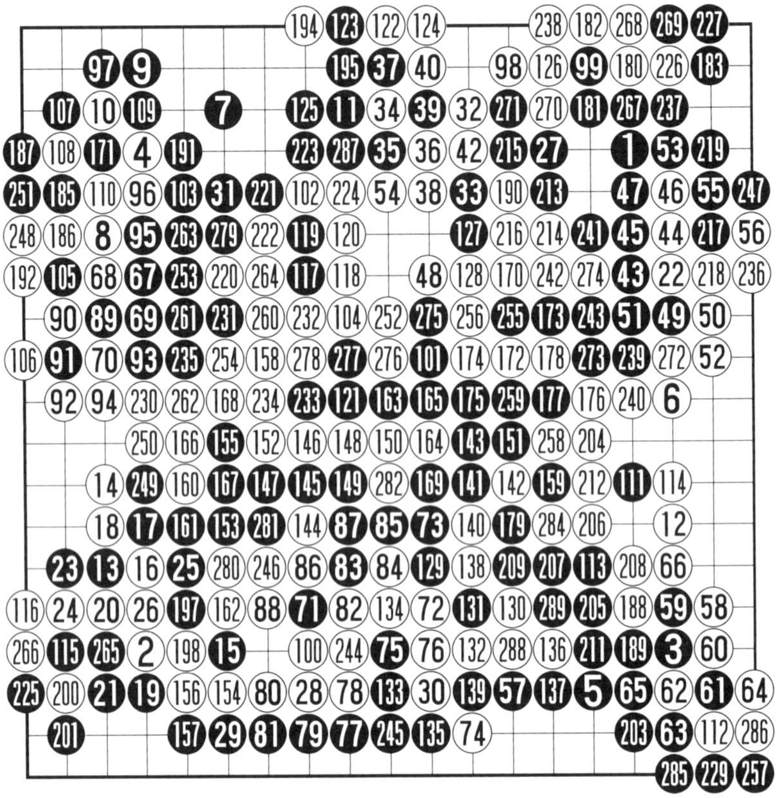

41=34　184 196 202=62　193 199 228=61　210=131　283=142

第 3 届应氏杯世界职业围棋赛决赛五番胜负第 4 局

● 依田纪基九段 黑贴 8 点

○ 刘昌赫九段

共 289 手 白 5 点胜

对弈于 1996 年 11 月 6 日

1996 年,韩国刘昌赫和日本依田纪基先后在第 3 届应氏杯和第 1 届三星杯中打进决赛，展开了两个世界大赛的八番棋决斗。韩国最强攻击手力战日本猛虎,两战韩日新星平分秋色。

依田纪基,生于1966年,日本北海道人,日本著名棋手。

刘昌赫,生于1966年,韩国首尔人,韩国著名棋手。

依田纪基与刘昌赫同庚,成长的道路却大相径庭。依田自幼出身科班,棋风本格,是藤泽秀行的得意弟子;刘昌赫却出身于业余,十八岁的时候才进入职业棋界,其好勇斗狠的棋风变得更为"专业",享"第一攻击手"美誉。1996年,日韩这两位棋风截然不同的棋手同时决战应氏杯和三星杯八番胜负。

1996年10月4日、6日第3届应氏杯决赛前两局在西安举行,第1局依田3点获胜,第2局刘昌赫以3点扳平比分。

实战图一 五番胜负第二阶段转战北京,刘昌赫以5点胜第3局后本局执白以出色的治孤再胜5点,以总比分3比1击败依田纪基,夺取应氏杯。

1996年韩国创办新的世界大赛三星杯,9月22日,继应氏杯之后依田纪基与刘昌赫在同一年中再次角逐三星杯桂冠。那时应氏杯决赛刘昌赫已经胜出,不到一个月的时间,依田纪基迎来复仇良机。

实战图二 第1届三星杯世界围棋公开赛决赛三番胜负第3局依田纪基执白1目半胜刘昌赫,1996年11月29日弈于韩国。11月25日的决赛首局刘昌赫半目险胜,次

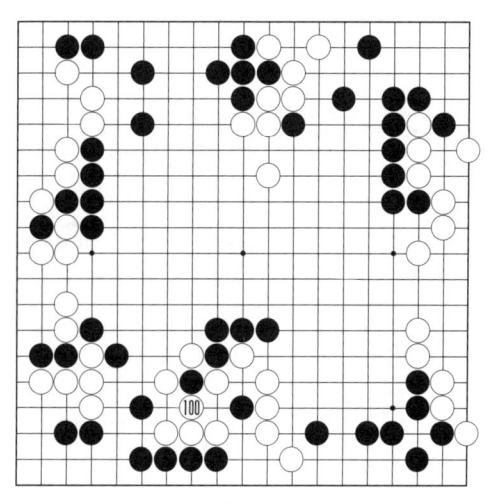

实战图一

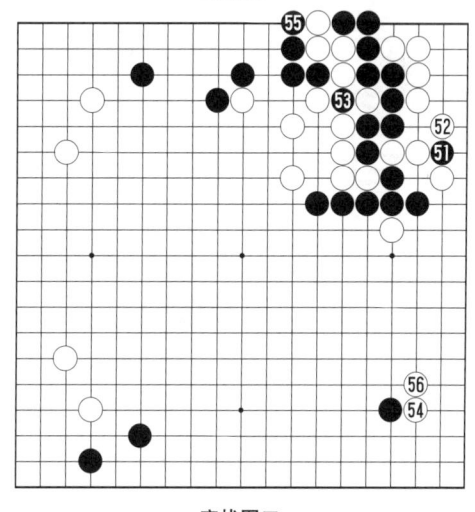

实战图二

局依田1目半扳回一城,双方迎来决胜局对决。双方从序盘起就挑起激烈的劫争,局势几经反复依田以1目半胜出,首度加冕世界冠军。

双方在应氏杯和三星杯两项世界大赛中战成平手,但日后的战绩比较刘昌赫更胜一筹。出身于绿林的刘昌赫在职业生涯中一共夺取了六项世界冠军,创下了令无数职业高手都望尘莫及的骄人战绩。

064 九连胜终赛之局

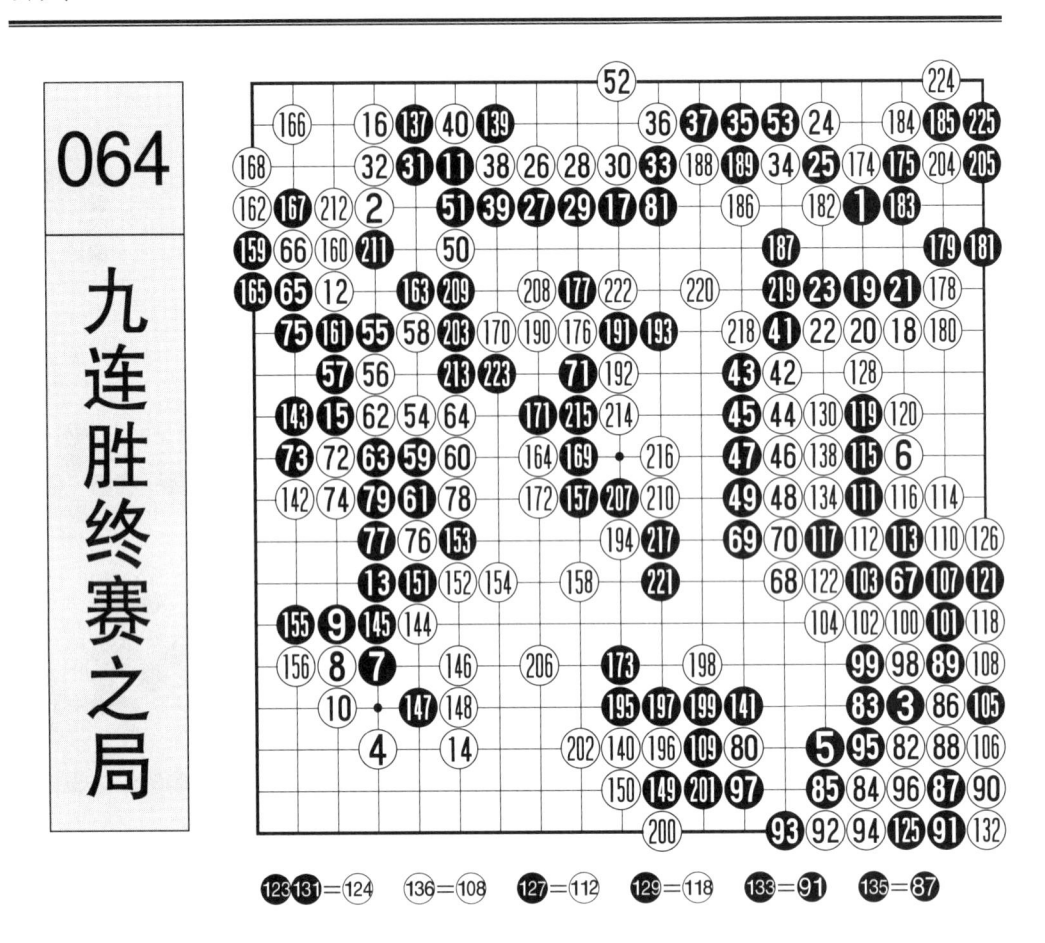

123 131 = 124　136 = 108　127 = 112　129 = 118　133 = 91　135 = 87

第 5 届真露杯世界围棋最强战第 11 局

● 徐奉洙九段　黑贴 5 目半

○ 马晓春九段

共 225 手　黑中盘胜

对弈于 1997 年 2 月 23 日

　　世界棋坛三边交流的真露杯三国擂台赛诞生，韩国队连取真露杯五连霸。第 5 届韩国徐奉洙单骑九连胜终结比赛，创下三国擂台赛中最长的连胜纪录。

九连胜终赛之局

20世纪的最后十年，中日韩三大围棋强国都对自己充满自信和希冀。随着"哪国将称霸世界"的敏感话题摆上桌面，所谓的"三足鼎立"观念太过敷衍，在此背景下出台的SBS三国围棋擂台赛（后更名为真露杯世界围棋最强战），为三国大阅兵提供了绝佳舞台。比赛由中日韩各出同等名额的棋手，两方先下，胜者守擂，其余两方轮番攻擂，一方棋手全部被打下擂台为负。与赛制冗长的中日擂台赛相比，它短促炽烈、领先者更替频繁，且棋手状态、运气成分所占比例较重，是检验一国一流棋士的锐度、厚度及协同作战能力的大兵团碰撞。

自真露杯诞生以来，任中日两国调兵遣将频更阵容，从1991年至1996年韩国竟一次未丢失阵地。反之，第3届的中国、第5届的日本竟然全军尽墨未尝一盘胜果。尤其第5届，从第3局起韩国徐奉洙一气连克中日俞斌、彦坂直人、常昊、山田规三生、陈临新、王立诚、曹大元、依田纪基、马晓春等九将直取优胜，创下了该项擂台大战中前所未闻的九连胜大纪录。

实战图一　第5届真露杯世界围棋最强战第10局徐奉洙执黑半目胜依田纪基，1997年1月31日弈于韩国。黑205竟然跳在一路补A位的打断，实则白A至H一路有严厉的扑劫。读秒中依田一时没有

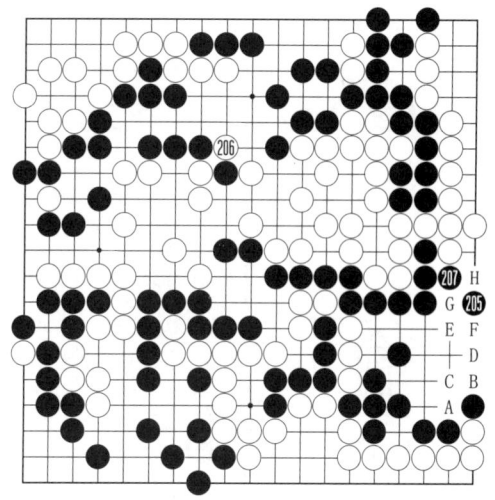

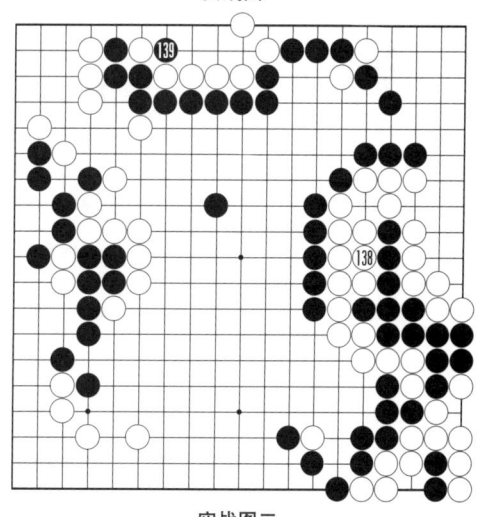

实战图一

实战图二

看出玄机，白206打，黑207及时弥补缺陷，右方反而得到了最佳定型，最终黑棋半目险胜。

实战图二　第11战徐奉洙面对最后一位对手马晓春，中盘进程异常惨烈，徐奉洙在右边的大劫争中锁定胜局豪取九连胜。徐奉洙一人终结本届真露杯，尽管其中有对依田等死里逃生的逆转剧，但能从必败之局中获胜，可谓强者运强。

065 瑜亮之局

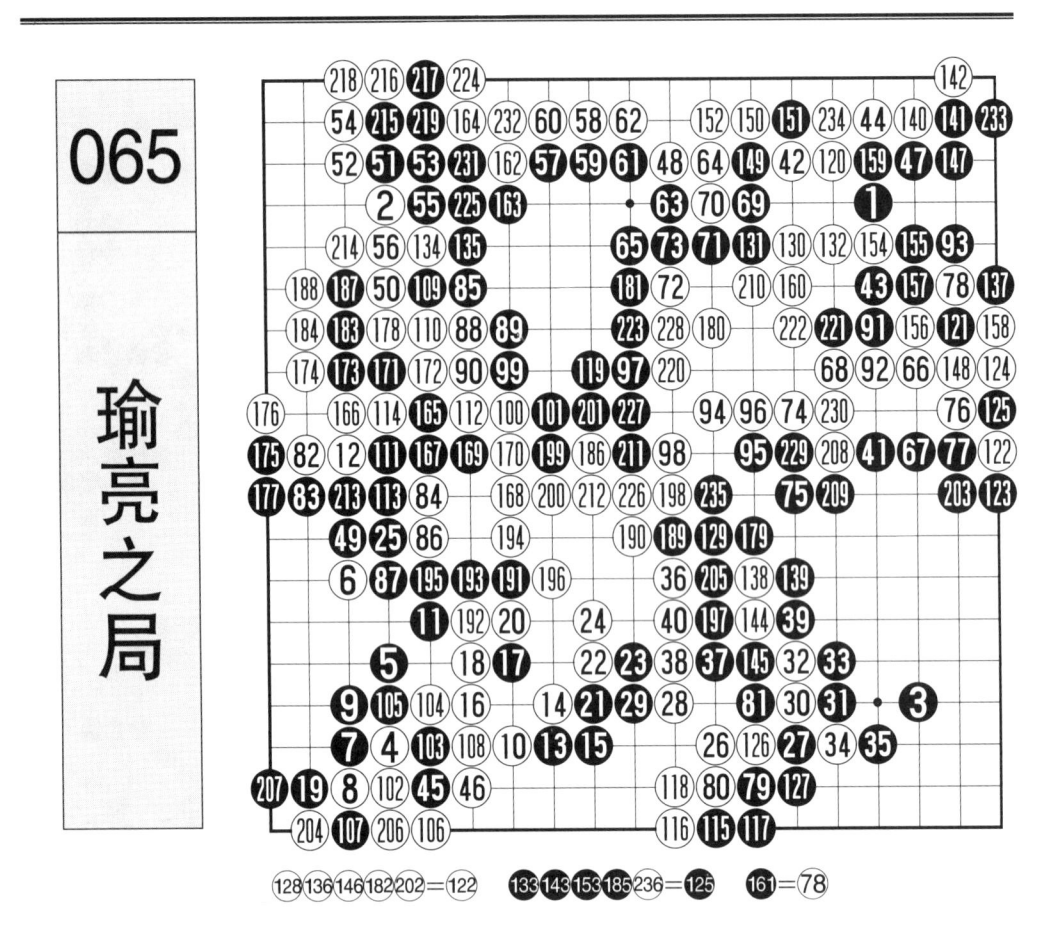

(128)(136)(146)(182)(202)=(122)　(133)(143)(153)(185)(236)=(125)　(161)=(78)

第3届三星杯世界围棋公开赛决赛五番胜负第5局
● 李昌镐九段　黑贴5目半
○ 马晓春九段
共236手　黑2目半胜
对弈于1999年2月8日

聂卫平、曹薰铉之后中韩新生代王者对决，五番胜负马晓春在2比1领先的情况下被李昌镐逆转夺冠，重演聂卫平应氏杯失利的一幕。此战前后李马的系列鏖战，马晓春留下太多遗恨之谱，让人抱以瑜亮之叹。

瑜亮之局

1995年,状态奇佳的马晓春两夺世界冠军,但未与李昌镐交手,虎卧榻旁,气息日重。1996~1999年,马晓春、李昌镐用血战如织的四年谱写了20世纪大胜负充实的一页。他们在东洋证券杯、富士通杯、三星杯、LG杯四大世界冠军决赛中连续遭遇,一山不容二虎的现实使他们交手的每一盘棋都贯穿着个性与激情的碰撞。1998年这一年,马九段与李昌镐在三星杯与LG杯中展开"十番棋大战",第3届三星杯决赛前三局马晓春2比1领先,第4局被李昌镐扳平后,双方进入最后的决胜局。

实战图一 李昌镐的绰号有"少年姜太公"和"石佛"等,在其全盛时期的棋中,很少见到华丽、犀利的招法,却常常能见到类似于本局黑119惊人的"忍功"。

实战图二 续上图,白棋优势的局面持续到后半盘,面对冷静的石佛,马九段在最后的小官子阶段鬼使神差地亏损,致使双方的差距越来越小。白164应在A位先手顶后在175位立。黑放出165的胜负手后白也应175位立。实战被黑171扳后白左边官子损失惨重,导致憾败。后来马晓春在回顾此局时谈道:"本局也许是我与李昌镐之间争斗的憾局,也是我的围棋生涯中最为遗憾的一局。"

接着LG杯决赛马晓春又以0

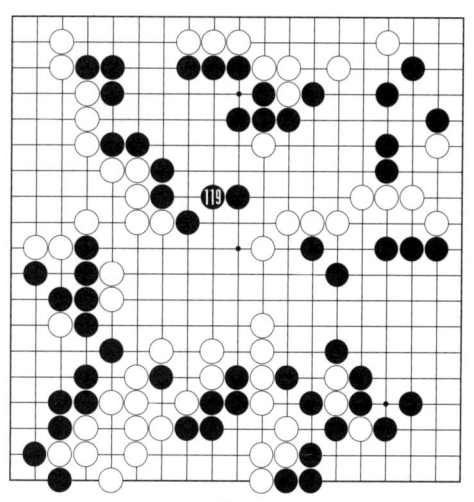

实战图一

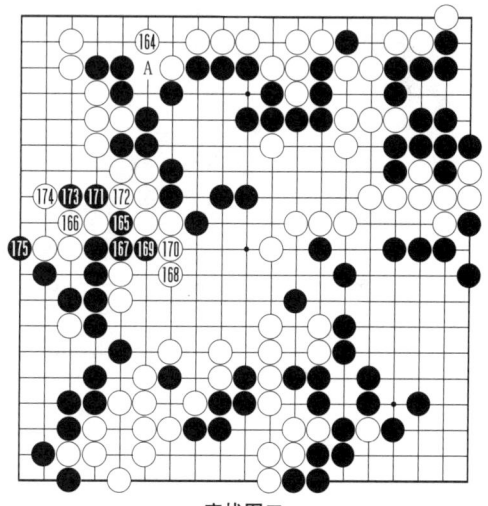

实战图二

比3失利于李昌镐,使之与李争霸天下的雄心无情地破碎了。以1995年为开端此后五年,中国棋手在争夺世界冠军的努力基本上是以马晓春为主线展开。败于李昌镐后,他又在富士通杯和春兰杯决赛中不敌刘昌赫与王立诚,在争夺世界冠军的道路上裹足不前。天才的马晓春未能加冕更多的世界冠军,成为中国棋界的憾事。

131

弈典

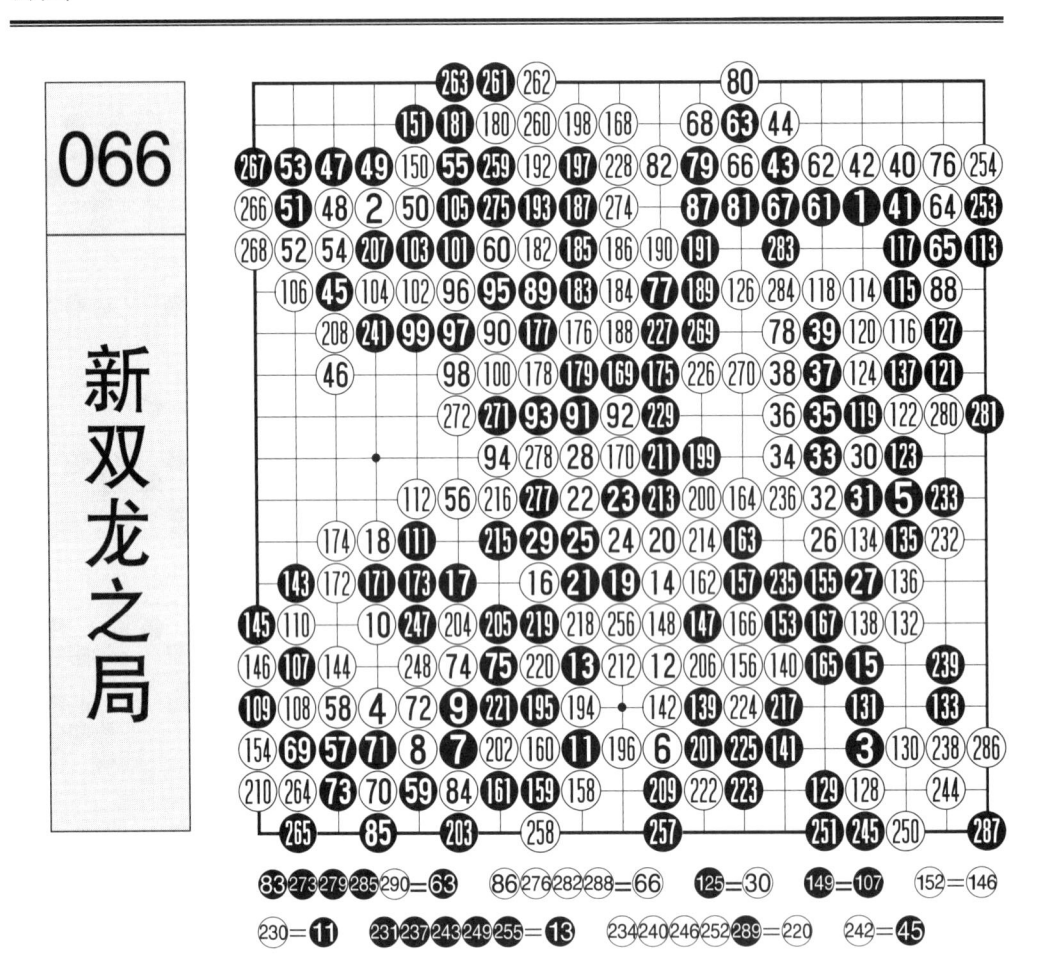

066 新双龙之局

第 1 届棋圣战决赛七番胜负第 7 局

● 常昊九段 黑贴 2$\frac{3}{4}$ 子
○ 马晓春九段

共 290 手 黑 1$\frac{3}{4}$ 子胜

对弈于 1999 年 6 月 11 日

    中国棋界，聂卫平、马晓春、常昊均属龙，且年龄各相差一轮。故聂马之战称双龙，马常之战称新双龙，第 1 届棋圣战七番胜负马常对决造就新一代霸主。

新双龙之局

20世纪末，中国国内围棋赛事迅速发展，陆续诞生了棋王、棋圣等新面孔。第1届溪口杯中国围棋棋圣战是中国棋界第一个正式的七番胜负赛事，30万元的冠军奖金创下当时国内棋战之最。比赛模仿日本棋圣战赛制，分为各段冠军赛、全段争霸赛、最高棋士决定战和决赛七番胜负四个阶段。

棋圣称号是棋手至高无上的荣誉，现代中国围棋史上第一位棋圣是聂卫平。因为聂卫平在中日擂台赛上的卓越贡献，1988年3月22日国家体委和中国围棋协会授予聂卫平"棋圣"殊荣。十年之后，聂卫平棋圣对中国围棋棋圣战的推出给予了充分的理解和支持。

经过三个阶段的较量，中国六零后王者马晓春与七零后的常昊展开了势不两立的"新双龙对决"。七番胜负前四局执黑者均获胜，战成2比2平局。天王山第5局马晓春执白半目险胜后夺取棋圣位近在咫尺，但24岁的常昊在第6局沉着地将比分扳平，绵延决战的七番胜负变为一局决胜，谁能获得棋圣称号就在最后一搏。

实战图一 决胜局对弈于上海。马晓春白128，130，132是犀利的破袭手段，黑棋损失惨重，此后常昊A位夹在白空中施放胜负手。

实战图二 局势几经反复，棋圣位已向马晓春招手。然而，白182

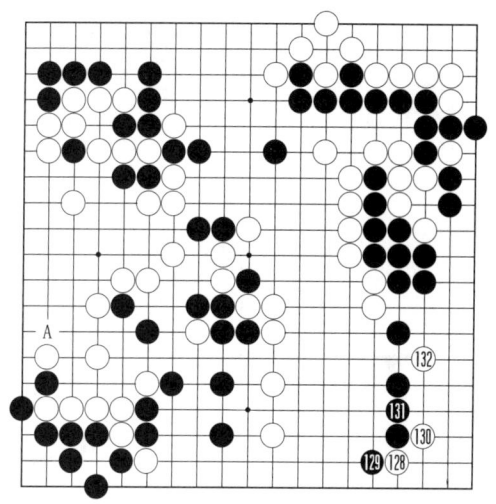

实战图一

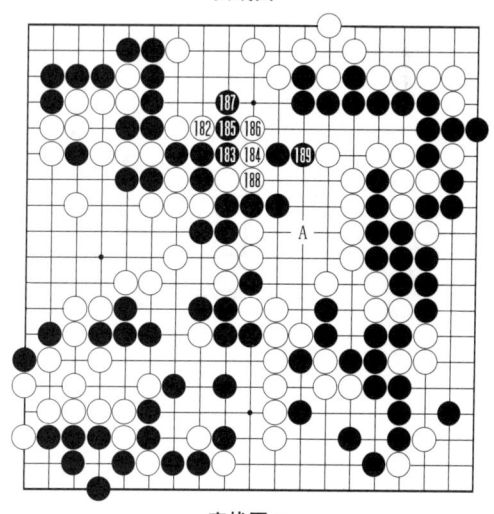

实战图二

却出现了严重的误算，忽视了黑189顶后A位尖的先手，白棋局部大损导致惜败。

中国棋界的霸者更替战以残酷的方式分出了胜负，多年之后马晓春在著作中写道：在胜负世界里，一手棋就足以使你从天堂下到地狱，小则使一局棋的努力前功尽弃，大到输掉整个比赛，有时一手棋、一局棋的胜负会影响人的一生。

067 女冠之局

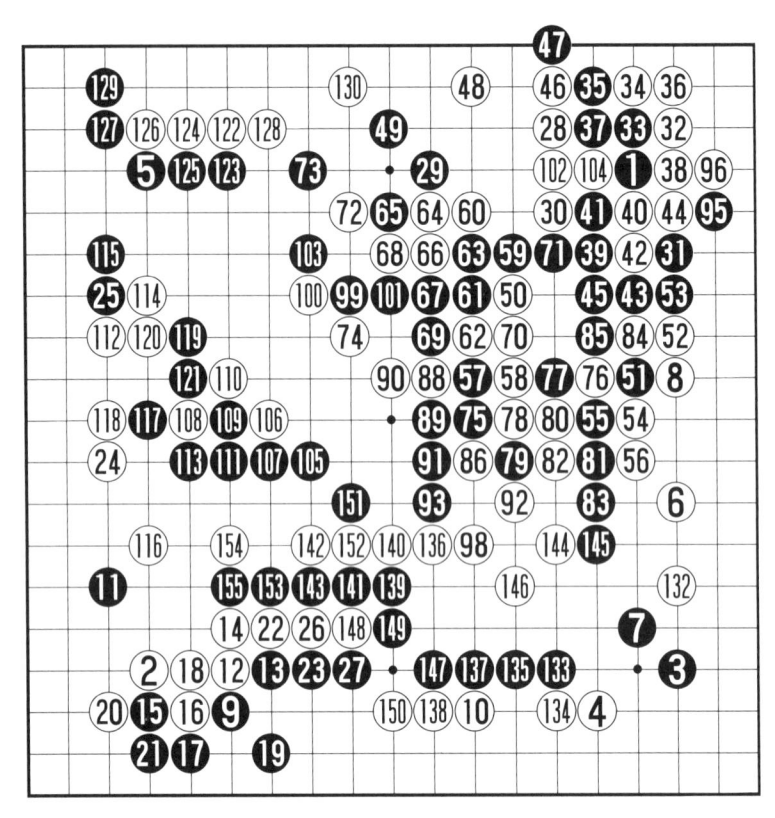

⑧⑦㊗=㊼   ⑨④⑬①=⑦⑥

韩国第43届国手战决赛三番胜负第3局
● 芮乃伟九段 黑贴5目半
○ 曹薰铉九段
共155手 黑中盘胜
对弈于2000年1月31日

被称为"棋坛魔女"的芮乃伟技惊汉江，连胜曹李师徒夺取韩国国手头衔，创下女子棋手夺取男子棋战头衔的纪录，本局堪称是世界女子棋手的巅峰之作。

国手战是韩国棋界历史最为悠久的赛事，创办于1956年，是韩国第一个现代职业棋战。"国手"对于韩国棋手来说是最高的称谓，在21世纪之前不到半个世纪的韩国棋界中，能拥有国手称号的只有赵南哲、金寅、尹奇铉、河灿锡、曹薰铉、李昌镐六人。

2000年1月，韩国客座棋手芮乃伟九段力克如日中天的李昌镐九段，打进韩国第43届国手战决赛，并在此后的决赛中2比1从曹薰铉手中夺去国手位。

芮乃伟，生于1963年，上海人，中国著名女子棋手，韩国客座棋士。

早在1992年第2届应氏杯八强赛，芮乃伟与李昌镐第一次交手就战而胜之打进应氏杯四强，使李昌镐加冕应氏杯足足推迟了八年之久。而这次在全盛时期被芮乃伟击败，更成为当时轰动世界棋坛的大事件。

实战图一 韩国第43届国手战挑战者决定战芮乃伟执黑中盘胜李昌镐，2000年1月4日弈于韩国。下方大龙被捕杀后，李昌镐不得不使出极为勉强的手法纠缠黑棋中央以求解围，但经过一番折冲后黑147打，白棋上方被黑A,B两打后将出现劫争，李昌镐无奈认输。

在韩国棋坛，国手不仅仅是一个赛事，更是韩国棋手自尊心的象征，韩国棋界不会希望一个外国女

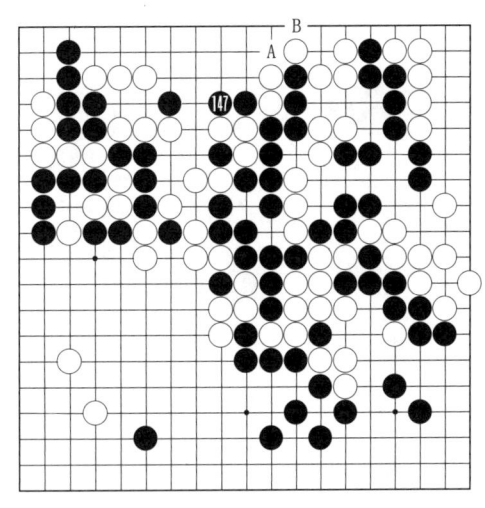

实战图一

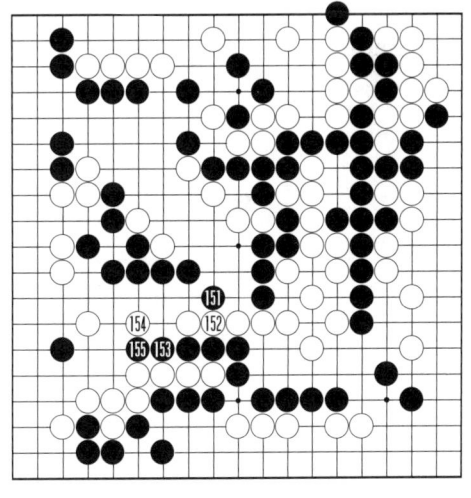

实战图二

子棋手战胜曹薰铉成为韩国国手。芮乃伟获得国手挑战权后，挑战国手曹薰铉的决赛三番胜负备受关注，她延续着良好的状态，在先负一局的情况下顽强将比分扳平。

实战图二 第3局芮乃伟展现出了强大的攻击力量，黑151至155既护住自己的弱点又严厉追杀白棋大龙，令韩国杀力强悍的快枪曹薰铉黯然告负。

068 鱼跃龙门之局

第 4 届 LG 杯世界棋王战决赛五番胜负第 4 局
● 刘昌赫九段 黑贴 5 目半
○ 俞斌九段
共 266 手 白 5 目半胜
对弈于 2000 年 5 月 10 日

世界大赛诞生十二年，艰辛蛰伏的俞斌在 LG 杯击败韩国"第一攻击手"刘昌赫，鱼跃龙门首夺世界冠军，成为中国围棋低潮时期顽强闪耀的光芒。

鱼跃龙门之局

20世纪最后五年，自1995年马晓春两次夺冠以后，中国棋手在争夺世界冠军的道路上裹足不前，32次世界棋战仅有俞斌在第8届亚洲杯和第4届LG杯中夺冠。争夺世界冠军的惨淡战绩暴露出了中国围棋职业化的不足，不亚于60年代棋界的压抑感空前弥漫，俞斌的LG杯之冠愈加让人感觉珍贵。

2000年，俞斌在第4届LG杯世界棋王战本赛中连胜白大铉、王立诚、曹薰铉杀出重围，与在半决赛中淘汰李昌镐的刘昌赫争夺棋王宝座。五番胜负第1局俞斌执黑5目半获胜，第2局刘昌赫扳平比分后第3局俞斌再度获胜，距离夺冠只有一步之遥。

实战图一　本局弈于汉城。前半盘俞斌在优势意识下弈出缓手，刘昌赫充分展现攻击才华，黑99以下威胁白棋厚势。

实战图二　此后刘昌赫的攻击固然凌厉，但他在行棋中暴露出不重视实空的弱点，一通攻击落空后黑棋败局已定。黑163试应手，胜利在望时俞斌却下出白164的大恶手！此手下165位什么棋也没有，实战被黑165无端出劫。好在局部是白缓一气劫，俞斌冷静地A寻劫，黑打成紧气劫，白放黑B、C断掉右方20目消劫，白再在A位下方打穿黑空，有惊无险地以5目半获胜。俞斌弈出惊天巨勺后大难不死，此

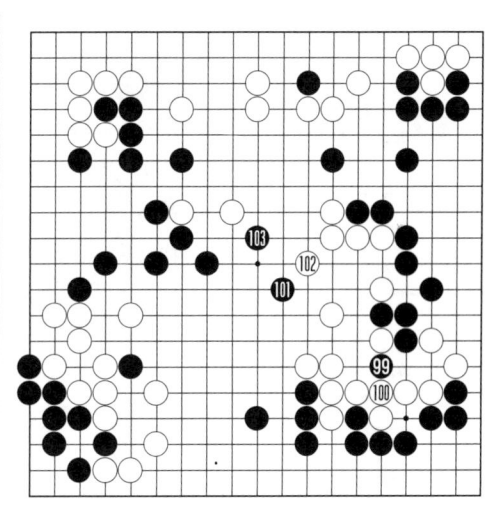

实战图一

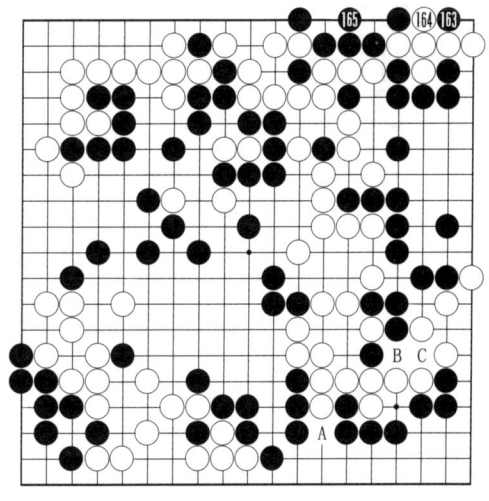

实战图二

冠当夺。

本届LG杯决赛的惨烈进程中，俞斌坚韧的棋风完全遏制住刘昌赫好勇斗狠的特长，以3比1获胜，为中国围棋夺取了久违的荣誉。由于2000年度所有国际大赛中韩国仅LG杯阵地失守，而LG杯的前身又是韩国历史悠久的棋王战，刘昌赫的失利令韩国棋界痛心不已，甚至引起了韩国棋迷的不满情绪。

137

069 十三连霸之局

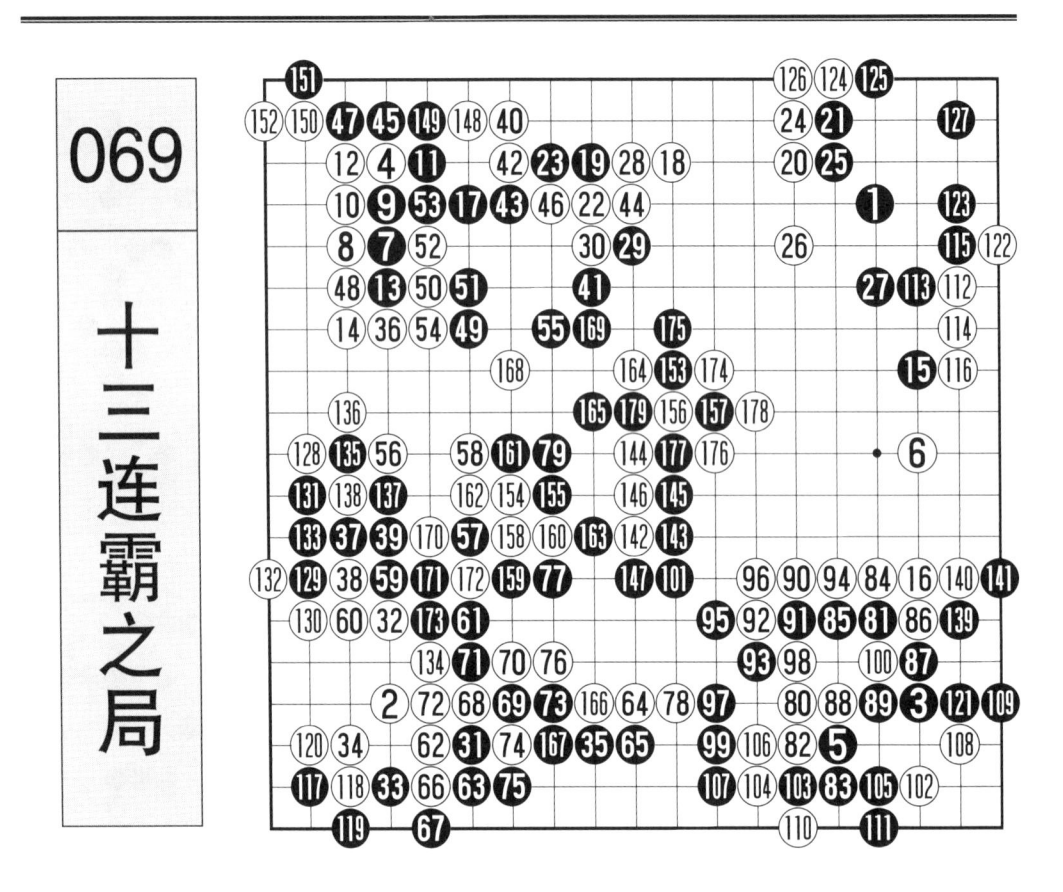

第14届名人战五番胜负第5局
● 马晓春九段　黑贴 2$\frac{3}{4}$ 子
○ 常昊九段
共 179 手　黑中盘胜
对弈于 2001 年 12 月 27 日

进入新世纪，中国以常昊为首的七小龙逐渐统治棋坛，走向沉寂的马晓春对年轻一代展开逆袭，在名人战中击败如日中天的常昊，实现中国棋界前无古人的名人十三连霸。

十三连霸之局

中国名人战于 1988 年创办，首届刘小光获得名人头衔后，第二年马晓春登上名人战挑战舞台，以 3 比 0 挑落刘小光的名人桂冠。

当时的中国棋界，擂台英雄聂卫平宝刀不老，曹大元、江铸久等实力强健，钱宇平、俞斌、张文东等新锐快速成长，一个棋手不可能长时间地独霸一个头衔。但谁也没有料到，从第 2 届加冕名人冠军起至第 14 届，马晓春竟然连霸名人十三届。纵观下方的战绩，马晓春首夺名人尚在 20 世纪 80 年代，十三连霸时已经进入新世纪，他的对手横跨三个时代，名人位却岿然不动，这在世界棋坛上都堪称罕见。

第 2 届 3 比 0 刘小光，第 3 届 3 比 2 俞斌，第 4 届 3 比 2 聂卫平，第 5 届 3 比 1 张文东，第 6 届 3 比 0 曹大元，第 7 届 3 比 2 罗洗河，第 8 届 3 比 0 刘小光，第 9 届 3 比 2 刘小光，第 10 届 3 比 1 罗洗河，第 11 届 3 比 2 刘小光，第 12 届 3 比 0 常昊，第 13 届 3 比 2 邵炜刚，第 14 届 3 比 2 常昊。

实战图一 常昊挑战马名人时已是七小龙的全盛时代，前四局战成 2 比 2 平后，在很多人看来决胜局卫冕名人凶多吉少，但决定名人归属的第 5 局马晓春爆发出高昂斗志，发挥得极为出色。

实战图二 最终，马晓春击退年轻的挑战者，实现名人十三连霸。

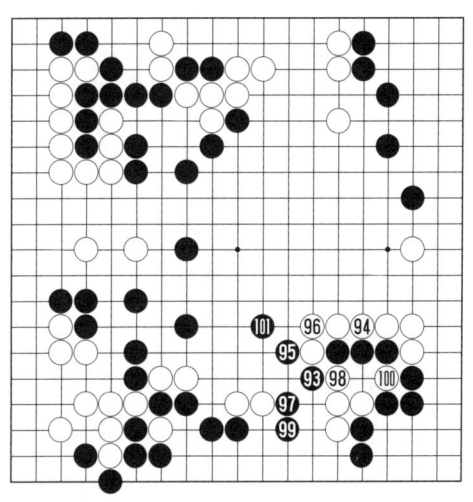

实战图一

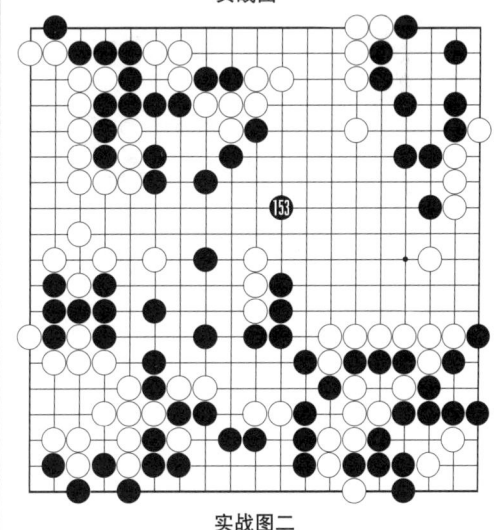

实战图二

本次对决成为马常最后的番棋决斗，2002 年，名人十三连霸的马晓春迎来了另一条小龙周鹤洋的挑战。此时马名人的状态已陷低迷，首战因病弃权，此后第 2 局再败，虽然第 3 局顽强扳回一分，但最终 1 比 3 落败，失去了把持了十三年的名人头衔。此后马九段逐渐淡出棋界一线，但这段神奇的连霸纪录却永远值得后辈棋手敬仰。

070 飞禽岛少年之局

⓫=98　118=112

第15届富士通杯世界职业围棋锦标赛决赛
● 刘昌赫九段　黑贴6目半
○ 李世石九段
共263手　白半目胜
对弈于2002年8月3日

　　进入2002年,韩国飞禽岛少年李世石首夺世界冠军,韩国棋坛"世石风暴"骤起,坚如磐石的李昌镐时代出现松动迹象,世界棋坛也进入重新洗牌的前夜。

飞禽少年之局

李世石,生于1983年,韩国新安郡人,韩国著名棋手。

1995年,12岁的李世石成为韩国职业棋手,2000年上半年即取得了32连胜的佳绩,并携巴卡斯杯冠军和倍达王战冠军获得2000年韩国最佳棋士奖,因其来自新安郡飞禽岛,一时有"飞禽岛少年"美誉。

2001年李世石首度登上世界大赛决赛舞台,与李昌镐角逐第7届LG杯,二连胜后三连败遗憾落败。经过一年的砥砺之后,2002年李世石又一次在韩国棋坛掀起风暴,王位战击败曹薰铉,KTF杯战胜刘昌赫。同一年,第17届富士通杯半决赛李世石击败李昌镐,又一次杀进世界大赛决赛,与韩国"第一攻击手"刘昌赫展开冠军争夺。

实战图一　本局弈于日本东京。刘昌赫素以棋风华丽强猛著称,但本局面对李世石却强腕不展。李世石则毫不手软,黑79大有将"华丽强猛"的称号据为己有之势。

实战图二　中央的攻防最终以双方互提棋筋告终,此后经过右方和下方的战斗,李世石展现出成熟的技艺和强大的后半盘功力,以半目优势险胜刘昌赫,以十九岁弱冠加冕世界冠军。

在韩国的围棋历史上,棋界公认为赵南哲、金寅、曹薰铉、李昌镐是引领韩国围棋各个时代的代表人物,而李昌镐则是这四代人物中最

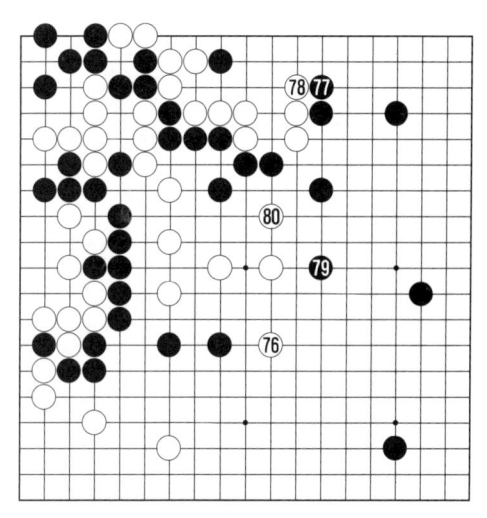

实战图一

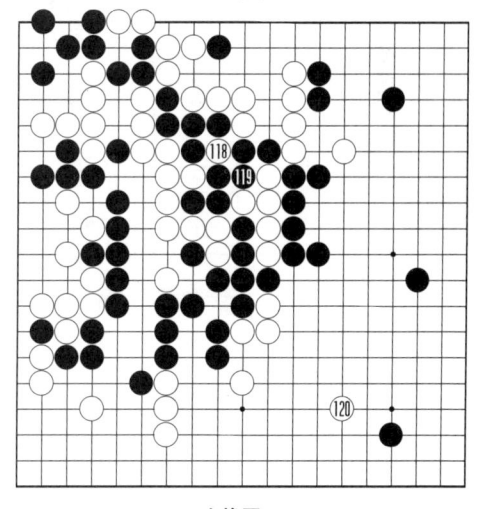

实战图二

为耀眼的一个。然而,在李昌镐依然无敌的黄金时代,韩国棋坛又一个标志性人物李世石呼之欲出。其在韩国狂风暴雨般的冠军劫掠,加之年轻气盛的个性与上代霸主李昌镐的敦厚稳健截然不同,李世石甫一出道就引来诸多的话题。在人们对李昌镐独霸时代流连忘返的时候,不知不觉天下已变,韩国棋界已经进入了"二李时代"。

071 昆仑日出之局

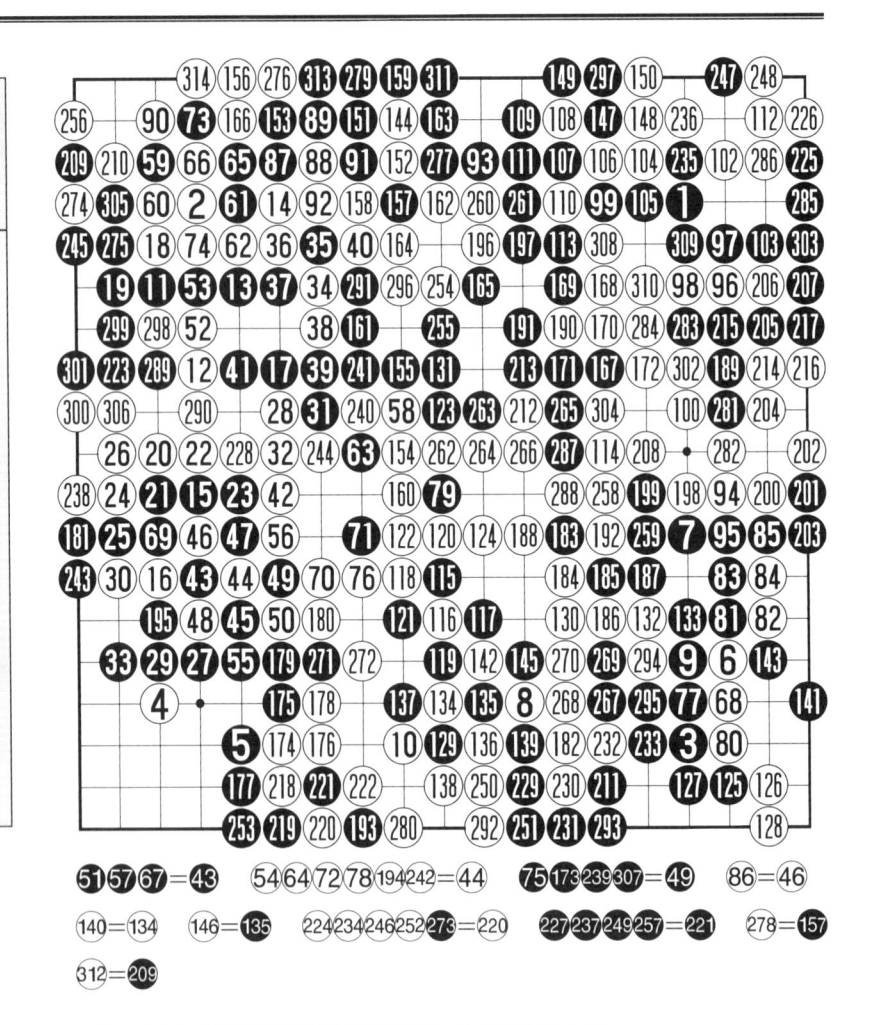

第5届应氏杯世界职业围棋赛决赛五番胜负第4局
- ● 常昊九段 黑贴8点
- ○ 崔哲瀚九段

共314手 黑3点胜

对弈于2005年3月5日

常昊自1995年首夺全国冠军以来，十年磨剑终于登上世界冠军之巅，第5届应氏杯四连霸的韩国黯然谢幕。十七年世界大赛中国棋手实现第四冠加冕，因应氏杯在北京昆仑饭店举行，常昊此冠故曰昆仑日出。

昆仑日出之局

第 5 届应氏杯，常昊对韩国宋泰坤的半决赛决胜局凭借神出鬼没的一挖，继上届之后再度杀进决赛，与韩国 21 岁的围棋新星崔哲瀚决赛五番胜负。

崔哲瀚，生于 1985 年，韩国首尔人，韩国著名棋手。

崔哲瀚绰号"毒蛇"、"崔毒"，在韩国棋界以棋风刚劲难缠著称。他甫一出道就将李昌镐的王朝搅得不得安宁，在韩国曹徐刘李四大天王连续四届夺取应氏杯后，崔哲瀚成为韩国棋界新的寄望所在。本届应氏杯弈于韩国的前两局，首战崔哲瀚气势如虹先拔一城，第 2 局双方以极大的气魄割据江山半壁，常昊的"三顶奇手"、超百目的大劫争以及崔哲瀚顽强的追赶，都给人留下了深刻印象。

实战图一 第 5 届应氏杯世界职业围棋赛决赛五番胜负第 3 局常昊执白不计点胜崔哲瀚，2005 年 3 月 3 日弈于北京。两月后，应氏杯决赛第二阶段赛事转战北京昆仑饭店。本局对弈九个半小时，经过挑灯夜战常昊半决赛神勇再现，中盘白 78 精彩的一挖，赢下了围棋生涯中最漫长的一局。

实战图二 第 4 局，91 岁的围棋泰斗吴清源先生作为裁判长出席比赛。尽管比赛还没有结束，常昊日出昆仑的气势已无法阻挡。黑 63 在出逃之前先 59,61 在左上角交换，

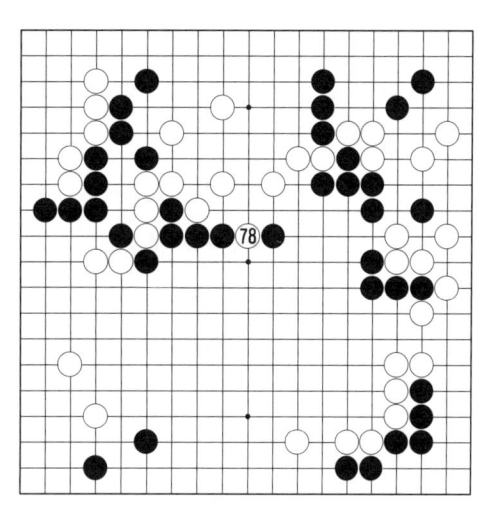

实战图一

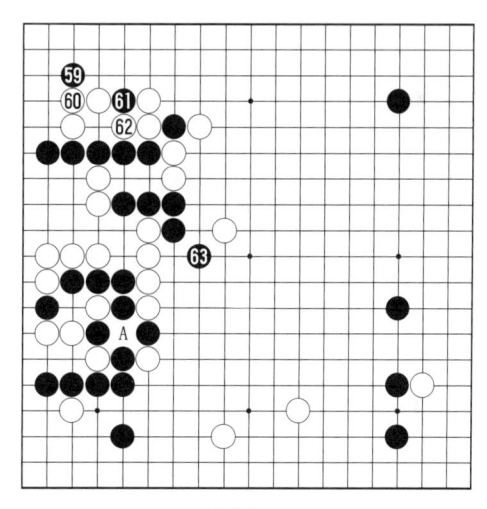

实战图二

为左下 A 位的劫争留下绝好的劫材，次序精妙。此后双方几度劫争，最终常昊以 3 点胜出。

终局一刻，研究室中爆发出经久不息的掌声，自俞斌九段 2000 年夺取 LG 杯后，中国棋手已经五年没有获得世界冠军了。常昊在经过之前六次世界大赛决赛失利后最终实现应氏杯加冕，成为中国围棋走向全盛时代的标志性一局。

143

072 十七冠之局

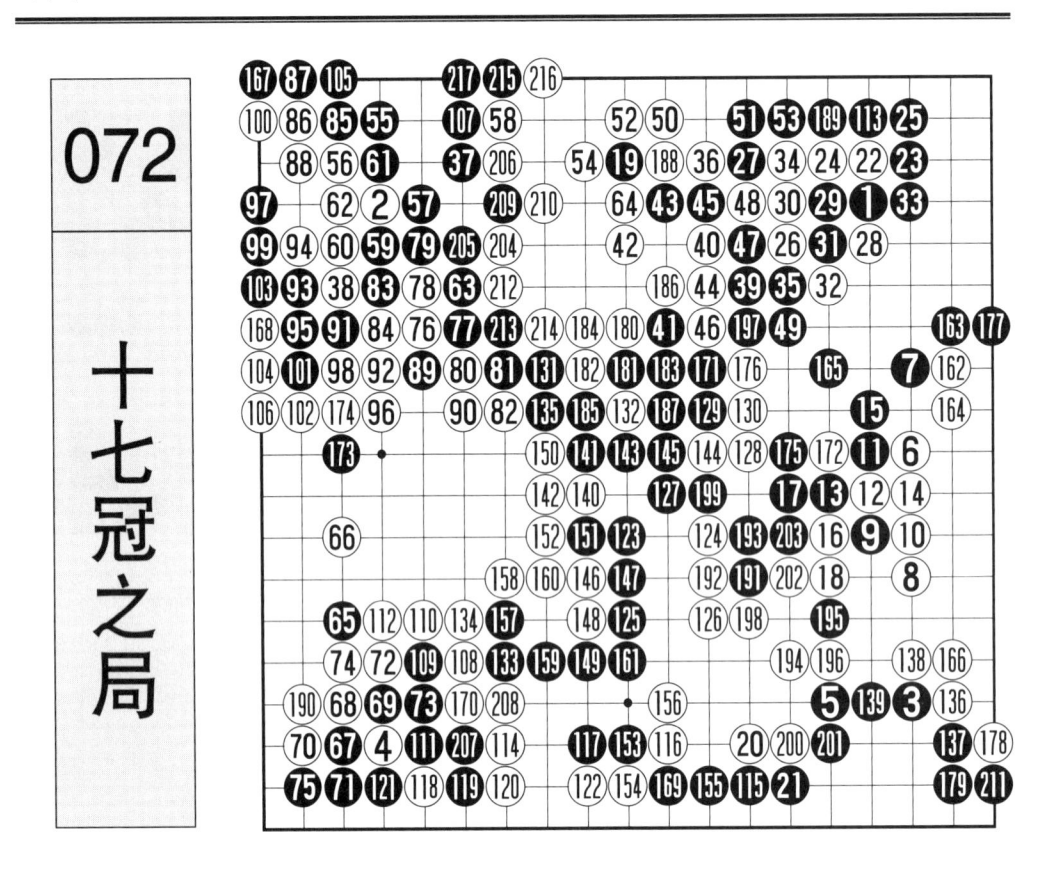

第5届春兰杯世界职业围棋锦标赛决赛三番胜负决胜局

● 李昌镐九段　黑贴 3$\frac{3}{4}$ 子

○ 周鹤洋九段

共 217 手　黑中盘胜

对弈于 2005 年 3 月 18 日

　　加冕第5届春兰杯后，李昌镐实现了世界大赛十七冠的大纪录。从此之后，无敌的李昌镐走上了月盈则蚀的轨道，在世界大赛的决赛中连战连亚，再无一冠加身。

十七冠之局

自1988年世界棋战创立以来，夺取世界冠军就成为每个棋手追逐的目标。胜负世界胜者为王，多少棋手穷经皓首却无缘世界冠军这个胜负之巅，又有多少棋手因为一时的失误而在争夺世界冠军的途中黯然告退。但对于跨世纪的最强者李昌镐来说，夺取世界冠军似乎是一种习惯性的工作而已，从1992年到2005年十三年间，他一共夺取了十七个世界冠军，创造了围棋锦标时代令人望尘莫及的大纪录。

春兰杯是当时唯一由中国大陆主办的世界围棋大赛，七年五度，中国棋手却从未实现过春兰杯的加冕。又到了迎接"春兰花开"的季节，从2003年12月30日到2005年3月18日，第5届春兰杯战线漫漫，八强进六到四强进三再到三番胜负决赛，最终周鹤洋1比2不敌李昌镐。中国棋界历经了期盼、不安到失望，守着春兰杯这个待放的花蕾，却只能望着它无助地枯萎……

周鹤洋，生于1976年，河南洛阳人，中国著名棋手。

实战图一 1比1战平后的第3局，开局李昌镐即使出黑5单关守角这种几乎"失传"的古布局套路，无声地宣示了"怎么下都赢"的自信。因为李昌镐的尝试，黑5的布局在这段时期大为流行。

实战图二 白△在中央扳头过分，黑89以下李昌镐算路精深，一

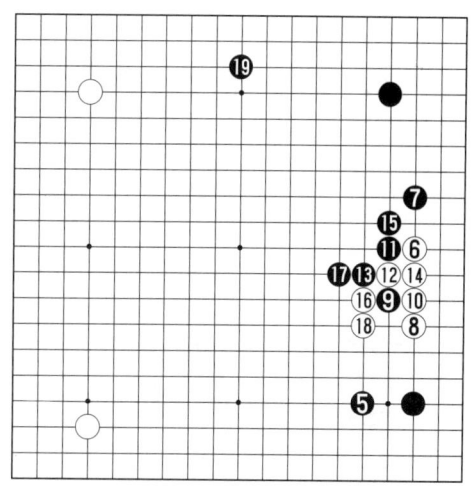

实战图一

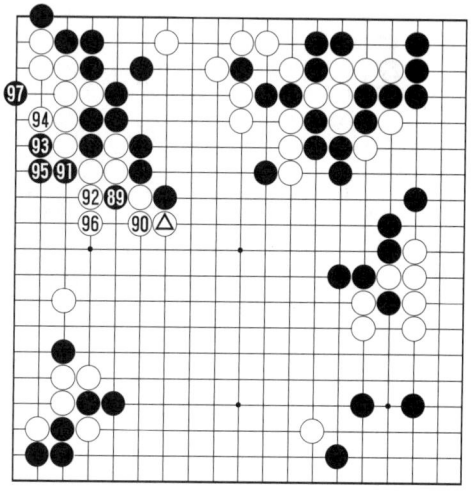

实战图二

举在左边取得先手双活，白棋实地损失惨重，此后再无翻盘机会。

赛前数月有记者请李昌镐预测世界大赛的结果时，说到春兰杯他竟问："春兰杯我对谁？"不管李昌镐是故作幽默还是冷静到了健忘，但在最后关头还是无情地斩断了中国棋界的希望。李昌镐以17个世界冠军扩大他的夺冠纪录，而周鹤洋一着不忍，世界冠军努力终成遗恨。

073 神思奇局

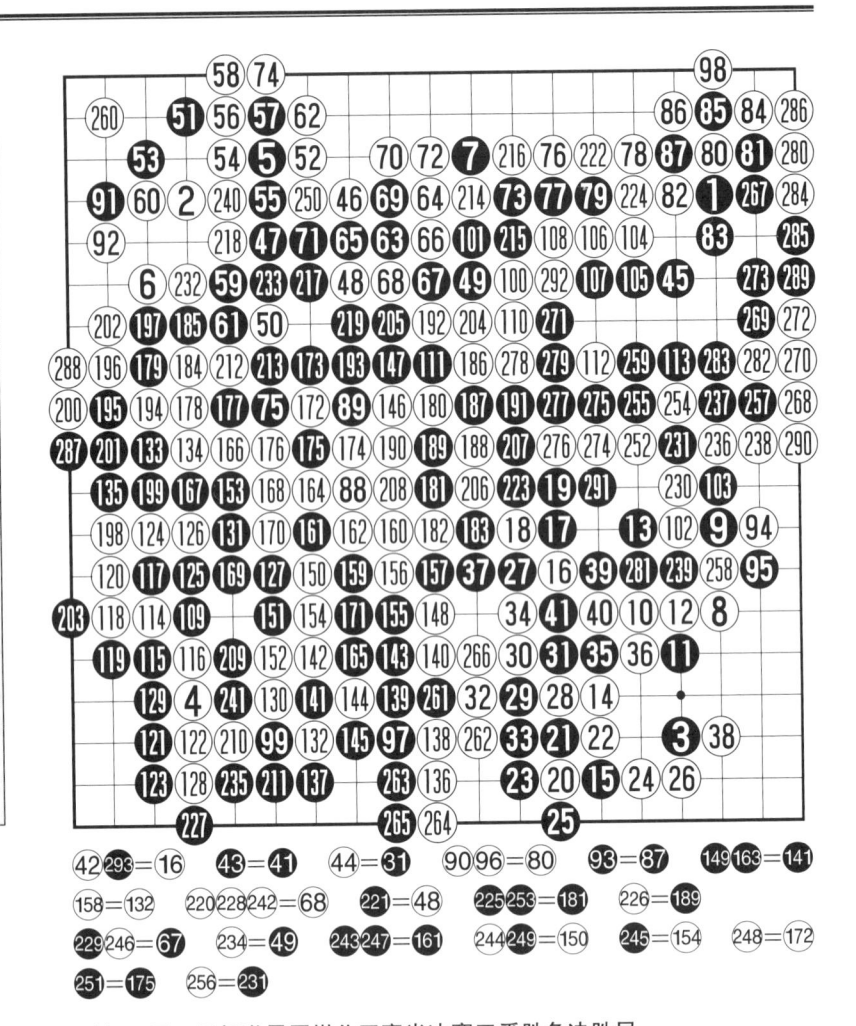

第10届三星杯世界围棋公开赛半决赛三番胜负决胜局
● 崔哲瀚九段　黑贴6目半
○ 罗洗河九段
共293手　白7目半胜
对弈于2005年12月16日

　　罗洗河大破崔哲瀚三劫循环,创下了世界棋坛的扛鼎名局。此后"神行猪"出世,以游戏的方式加冕世界冠军。此前李昌镐曾夺十七项世界冠军,此役之失,佛心驿动的李昌镐深陷世战连亚的怪圈。

第10届三星杯半决赛仁川之战,像一道风暴远去,罗洗河与崔哲瀚半决赛决胜局,作为永恒的经典而流传。

罗洗河,生于1977年,湖南衡阳人,中国著名棋手。

20世纪90年代成长起来的七小龙中罗洗河天赋异秉,但在棋道之上,其探索道路似乎要比常昊、周鹤洋等漫长得多。2005年12月之前,罗洗河不仅从未进入过世界大赛的决赛,连国内战绩也远失色于同辈。然而,第10届三星杯从预赛到半决赛,罗洗河异军突起,连胜柳时熏、赵汉乘、宋泰坤、李世石、崔哲瀚诸等虎狼之将,挺进决赛。尤其对崔哲瀚,谱写了一张令棋界折服的"洗河剑谱"。

实战图一　三星杯半决赛弈于韩国。1比1战平后的决胜局重新猜先,罗洗河抓出一把白子,崔哲瀚拈出一颗黑子,洗河张开手掌,竟然只有一颗白子。崔哲瀚猜对执黑,罗洗河此举就是有意要执白。猜先只是舒缓了对局气氛,实战进程却异常凶险。白棋贯穿全局的治孤最终演变成大龙对杀,白如果收气将形成三劫循环,因双方均无法放弃,故观战者以及崔哲瀚都认为本局将以无胜负终局,加赛在所难免。实战,罗洗河白236意外地在右边行棋,早已进入读秒的崔见黑先动手也无法杀白便跟着应对,洗河再鬼使神

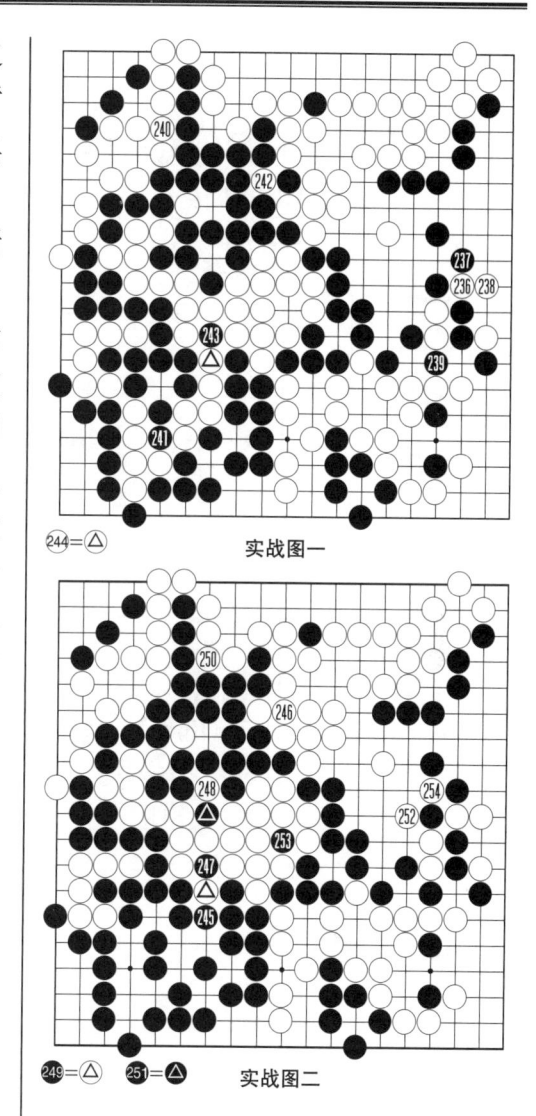

差白240紧气……

实战图二　续上图,黑跟着紧气,等待三劫循环的结果。不料,白却不收气而于252位寻劫,黑无法再应。白254转换后,黑虽提取白大龙,却以7目半大败。

罗洗河以其神鬼一样的思维创下了毕生名局。二十天后,罗洗河以与李昌镐决战之剑再次谱写了加冕世界冠军的"黄金剑谱"。

弈典

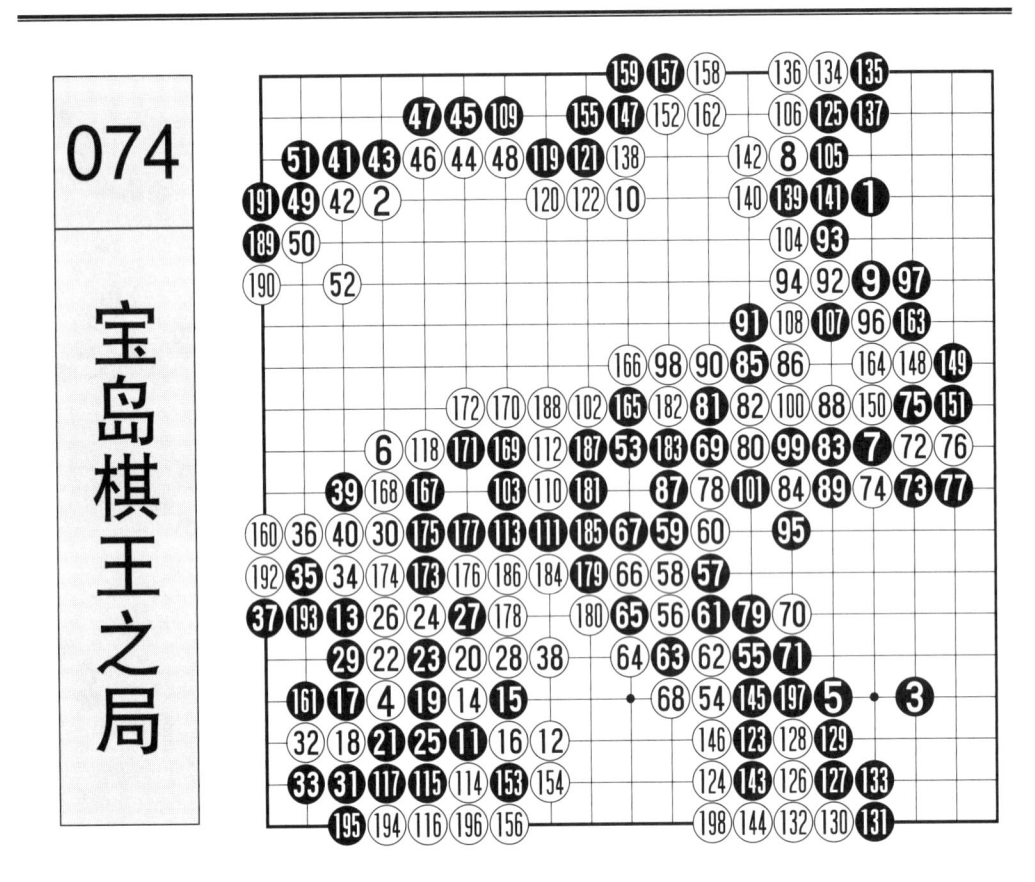

074 宝岛棋王之局

第 11 届 LG 杯世界棋王战决赛五番胜负第 3 局

● 周俊勋九段　黑贴 6 目半

○ 胡耀宇八段

共 198 手　黑半目胜

对弈于 2007 年 3 月 22 日

世界棋战胡耀宇留下憾局，半目悲喜宝岛棋王逆袭。周俊勋在第 11 届 LG 杯世界棋王战中 2 比 1 战胜胡耀宇，中国台湾棋手首度加冕世界冠军。

2005—2006年，世界棋坛风云激荡，中国棋手常昊、罗洗河、古力三夺世界冠军。到了2007年，更震惊棋界的事情发生，来自中国宝岛台湾的周俊勋击败胡耀宇摘取LG杯桂冠。

周俊勋，生于1980年，中国台湾人，中国台湾著名职业棋手。

胡耀宇，生于1982年，上海人，中国著名棋手。

第11届LG杯世界棋王战，周俊勋从第1轮起连胜黄翊祖、高尾绅路、谢赫三位强敌与洪旼杓、赵汉乘、胡耀宇三位从未进过世界大赛决赛的棋手组成LG杯史上最崭新的四强阵容。此后半决赛周俊勋击败韩国洪旼杓，与另一场半决赛胜出的胡耀宇相约决赛。

周俊勋曾多次代表中国台湾参加世界比赛，以往最好的战绩是八强，本届LG杯势不可当连破纪录打进决赛。同时这也是胡耀宇的第一次世界大赛决赛，之前他曾有两次四强的经历。决战之前，外界一致看好在中国棋坛与古力、孔杰齐名的国少三剑客之一胡耀宇。然而，决赛首局周俊勋先胜，次局胡耀宇艰难逆转才扳平比分。

实战图一 第3局弈于韩国。黑41点角绝好，白棋也顺势取势，序盘形成泾渭分明的地势对抗。

实战图二 续上图，中盘战事趋于紧张，全局最复杂的场面出现

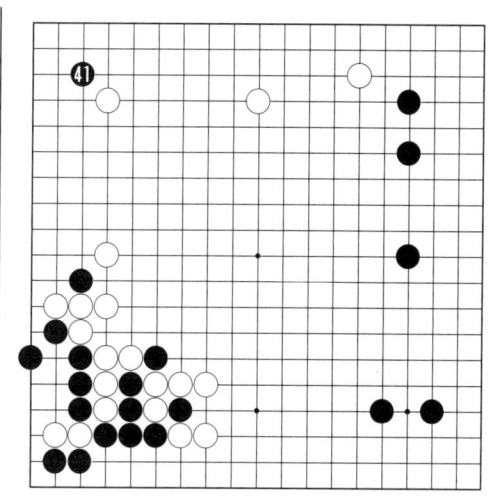

实战图一

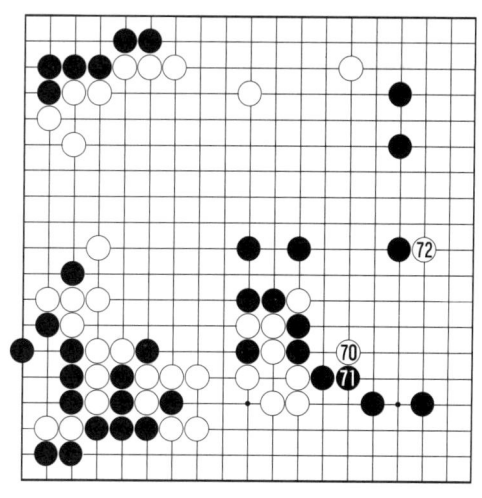

实战图二

在右边。随着双方和平解决后局势极度细微，难解的胜负一直延续到黑半目险胜。

在周俊勋与胡耀宇决胜LG杯的同时，古力与常昊展开了第6届春兰杯冠军的较量，但周胡之局抢走了太多棋迷关注的目光。最终宝岛棋王以2比1击败胡耀宇，捧起LG杯冠军奖杯，成就了世界棋战的一段传奇。

149

075 农心首冕之局

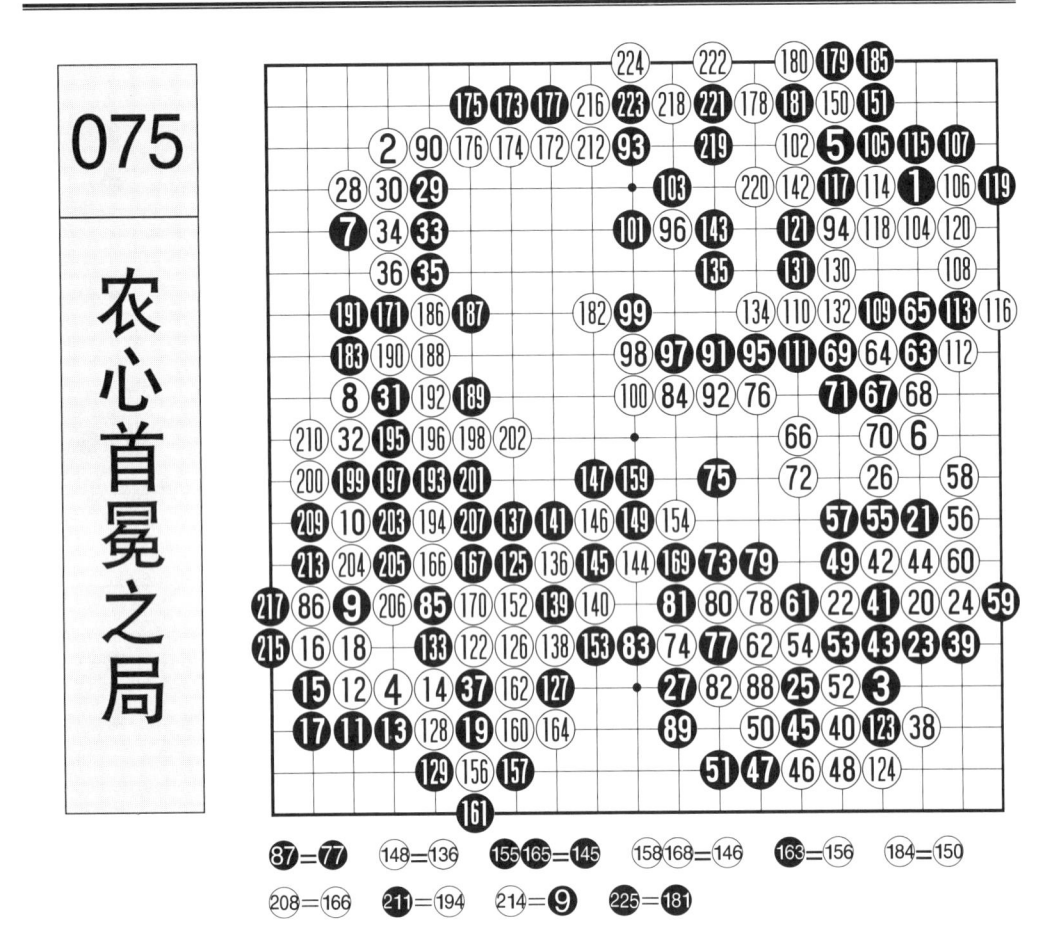

⑧⑦=⑦⑦　(148)=(136)　(155)(165)=(145)　(158)(168)=(146)　(163)=(156)　(184)=(150)
(208)=(166)　(211)=(194)　(214)=⑨　(225)=(181)

第 9 届农心杯世界围棋团体赛第 14 局
● 常昊九段　黑贴 6 目半
○ 朴永训九段
共 225 手　黑中盘胜
对弈于 2008 年 2 月 21 日

  常昊连克睦镇硕、高尾绅路、李昌镐、朴永训等韩日四将取得农心杯四连胜，农心杯世界围棋团体赛创办以来，中国棋手卧薪尝胆九年夙愿终成，常昊助中国队首夺农心杯冠军。

农心首冠之局

2008年2月21日,第9届农心杯最后阶段赛事在上海进行。农心杯创设九年,中国棋手冲击冠军的努力始终没有停止过,此前三个月在釜山第二阶段中,常昊击败三连胜的韩国睦镇硕成为擂主。第三阶段剩余的五位棋手,皆是各队的最强选手,日本高尾绅路刚刚夺得日本十段战挑战权;李昌镐在韩国棋战中连胜十八局,而另一位韩将朴永训更被视为常昊的苦手。

朴永训,生于1985年,韩国首尔人,韩国著名棋手。

本届农心杯,刚刚在韩国GS杯逆转李世石的朴永训出人意料地担当韩国主将。朴永训与常昊之间四次对弈3比1领先,韩国队更多的是想在常昊对李昌镐战绩回勇之势下以朴永训剑走偏锋,不过,当常昊连胜高尾绅路、李昌镐,朴永训匆忙披挂时,已经难阻常昊连胜了。

实战图一 最后一战弈于上海。朴永训是韩国八零后一代中相对不善战斗的棋手,棋风以判断和官子见长,被称为半目死神。常昊成功地将局面引入乱战,下方经过一番劫争后黑稍占优势。朴永训断开黑左边三子放出胜负手,黑187打189枷好手,接着祭出黑193的妙手,A、B位见合,白棋顿陷难局。

实战图二 续上图,实战白放弃下边,白212制造劫材伺机白A打后B位开劫。黑213打后215扳

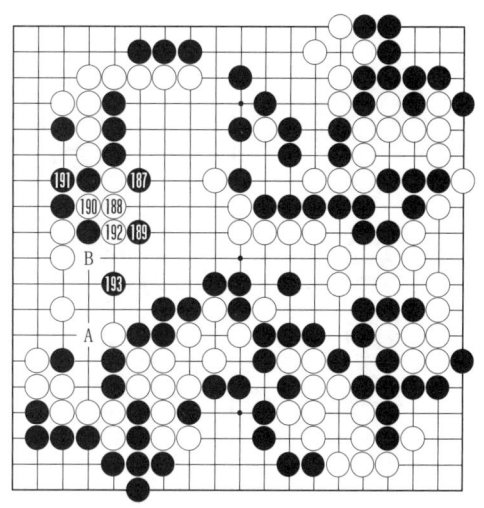

实战图一

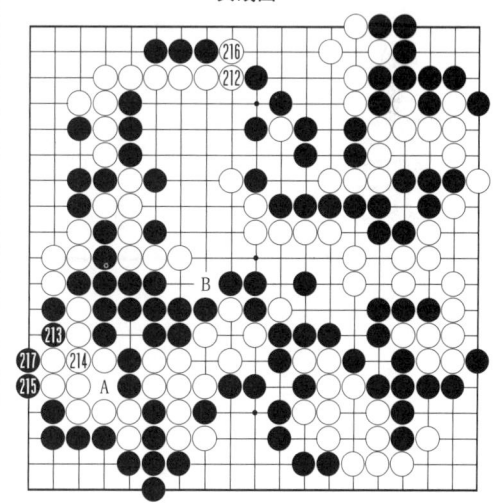

实战图二

是严厉的决胜手段,白局部无法再应,不然A位将无法入气。实战转换白棋大败。

本局对弈之日恰好是我国传统的农历正月十五元宵节,从对局开始后就不断传来鞭炮声,在此强大气场之下常昊最终取得胜利。中国棋手在农心杯这项团体赛事中奋斗了九年才终获一冠,常昊本局显得弥足珍贵。

076 百潭寺世纪之局

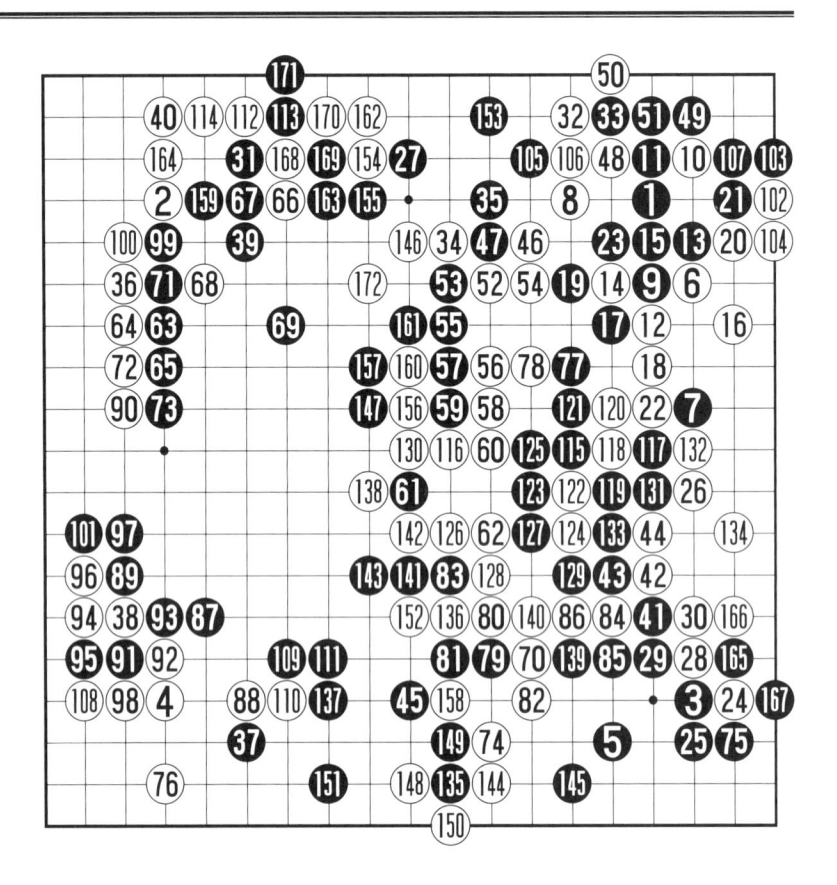

第 13 届 LG 杯世界棋王战决赛三番胜负第 2 局
● 李世石九段　黑贴 6 目半
○ 古力九段
共 172 手　白中盘胜
对弈于 2009 年 2 月 25 日

被媒体渲染为"四千年一战"的第 13 届 LG 杯世界棋王战决赛在中韩第一人古力和李世石之间展开。风雪夜李世石独走百潭寺,中韩新生代领袖世战对决,古力强势胜出。

百潭寺世纪之局

2008年冬，古力与李世石打进第13届LG杯决赛，中韩围棋最强者的第一次世界冠军决战即将在韩国古刹百潭寺揭开战幕。

古力，生于1983年，重庆人，中国著名棋手。

进入2009年，棋界无数人都在关注着日渐来临的古李决战。大战前夜，百潭寺的积雪、日光和冷月，会让人想起70年前弈于镰仓建长寺的吴清源、木谷实擂争十番棋。在李昌镐王朝走向衰落之际，李世石与古力走到谁是新一代世界棋坛霸主的十字路口。

第1局赛前，传出李世石夜走百潭寺的新闻。他在比赛当天凌晨二时才与哥哥李相勋搭乘出租车从150公里外的家中赶到赛场，仅仅几个小时后比赛就开始了。

实战图一 第1局古力执黑，2009年2月23日弈于韩国百潭寺。李世石形势不容乐观，白136施放胜负手，赌黑敢不敢对白下方动手。黑137大势所趋，白138截断黑六子，黑若不能净杀白棋下边将严重亏损。古力果敢打下黑139，白大龙最终被全歼。

实战图二 第2局李世石执黑围起大模样，此时黑棋保持着盘面8、9目的微弱领先。白116曲头，李世石黑117扳酿成大祸，白118挖严厉至极。至白130冲入，黑大空尽失，而黑在右边所得无法抵补中央

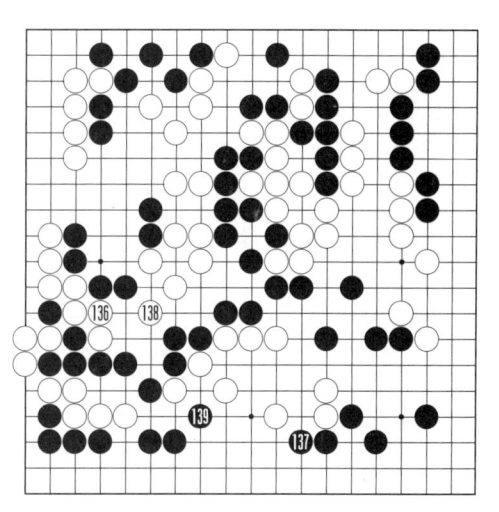

实战图一

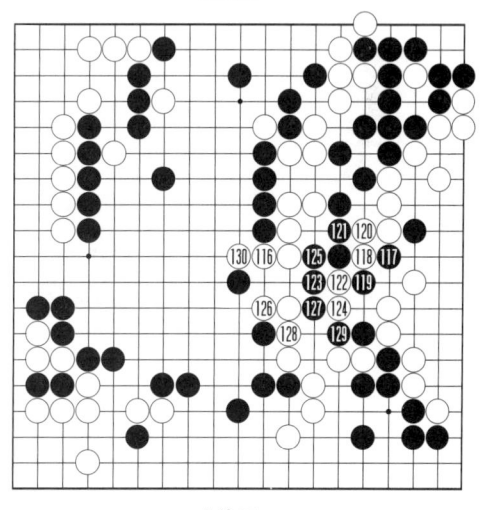

实战图二

的损失。劣势之下李世石冒险捕杀中央白棋，十几个回合后白棋活出，李世石黯然认输。

这是2008年中韩最强棋士之间的世界冠军决战。古力赢下与毕生对手李世石的第一次世界冠军对决，开启了世界棋坛长达六年的古李争雄时代。失利后李世石独自离开了百潭寺，将那些令人难以忘却的记忆存留于深山古刹。

077

常李终战之局

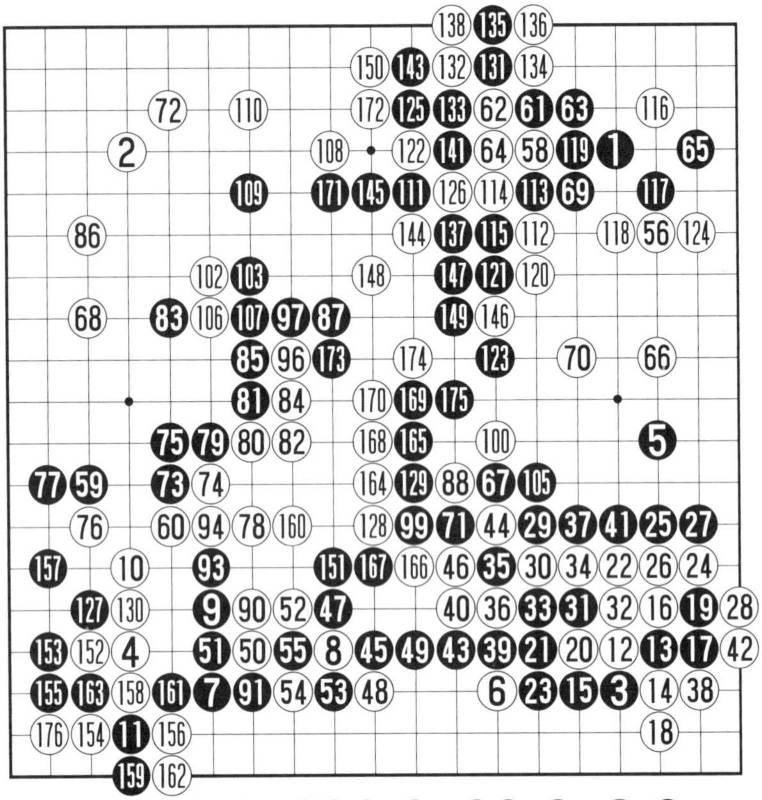

(57)=⑧　(89)(95)(101)=㉟　(92)(98)(104)=㊹　(139)(142)=(131)　(140)=(135)

第 7 届春兰杯世界职业围棋锦标赛决赛三番胜负第 2 局

● 李昌镐九段　黑贴 $3\frac{3}{4}$ 子

○ 常昊九段

共 176 手　白中盘胜

对弈于 2009 年 6 月 24 日

常昊与李昌镐十二年胜负恩怨的终战之谱，早年因与李昌镐对决屡败屡战，常昊被称为“韧圣”。此番他在春兰杯决赛中 2 比 0 零封李昌镐，第三度加冕世界冠军，成就了“悲情春兰”在中国棋坛的二度盛开。

常李终战之局

世纪之交，常昊与李昌镐的对决一直作为棋界的重量级赛事而存在，1997—2000 年连续四届中韩天元对抗赛常昊 1 胜 8 负四连败，1998 年 LG 杯、富士通杯和 2001 年应氏杯三度世界冠军决赛常昊一冠难求，名义上的"中韩双骄"留下了一个倾斜的比分。

然而，从 2006 年起，在双方职业生涯的中后期常昊与李昌镐的对战比分骤然拉近。2006 年常昊横扫包括李昌镐在内的四员韩将，助中国队夺得了中韩之间唯一一次擂台赛优胜；2007 年第 11 届三星杯决赛常昊 2 比 0 击败李昌镐加冕第二项世界冠军；2008 年常昊在农心杯连续击败李昌镐和朴永训助中国队首夺农心杯优胜。2009 年，不断偿还江湖旧债的李昌镐迎来了与常昊之间的第五次也是最后一次世界冠军决战——第 7 届春兰杯决赛。

之前全部六届春兰杯，一直流传着一个无解的"魔咒"：胜常昊者得春兰，六届的春兰杯冠军都曾在登顶春兰的途中越过常昊这座城池。这一次，常昊 2 比 0 击败李昌镐夺取春兰杯，某种意义上讲，是常昊战胜了自我，"魔咒"仍在延续。

实战图一 本局弈于成都武侯祠。首局被逆转后，本局李昌镐在上边用强，被常昊弈出白 148 尖的绝妙手，黑在上边大损，黑 151 长，153 将自己置于非杀大龙不能取胜的境

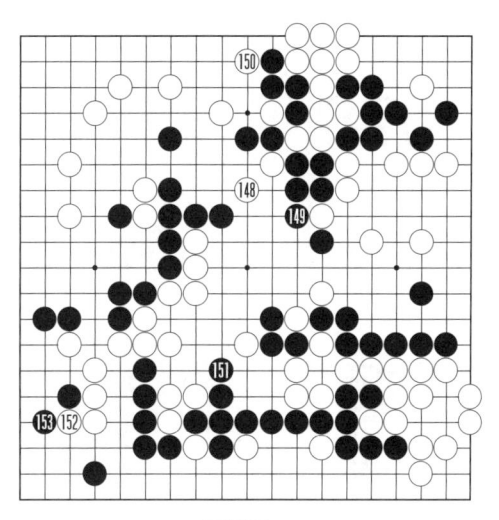

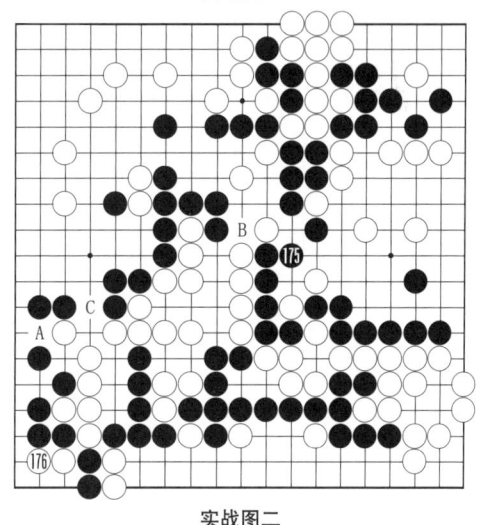

地，胜望已渺芒。

实战图二 续上图，白 176 爬后白 A,B 位先手，出现 C 位挖黑棋无法承受的劫争，屠龙失败。

常昊零封李昌镐夺冠，能越过十二连败的魔障并重新确立自信，是常昊最终举起春兰杯的力量源泉。从 1997 年以来常李十二年漫长的交锋，一排排胜负数字，包含着令人难忘的青春激斗。

078 砺剑之局

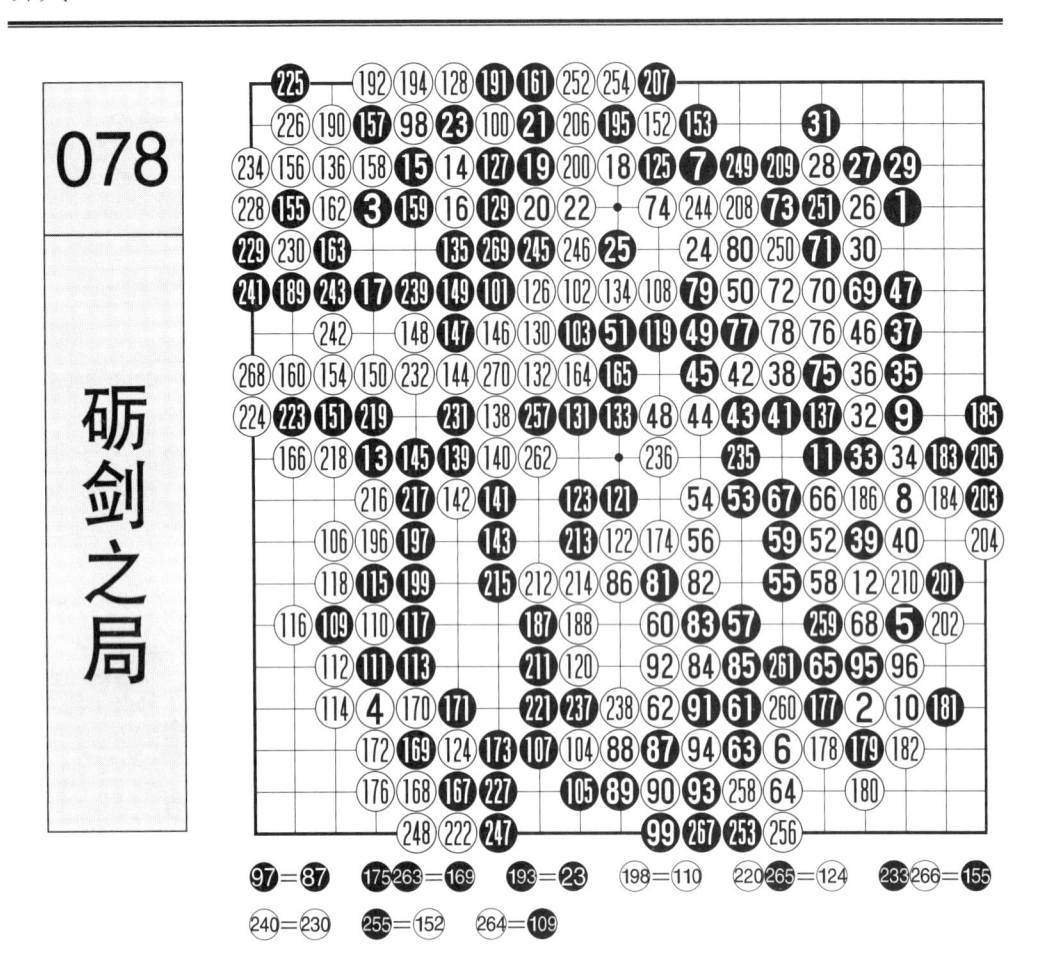

⟨97⟩=⟨87⟩　175263=169　193=23　198=110　220265=124　233266=155
240=230　255=152　264=109

第23届富士通杯世界职业围棋锦标赛
● 李世石九段　黑贴6目半
○ 孔杰九段
共270手　白12目半胜
对弈于2010年7月5日

　　孔杰七次征战富士通杯，尝尽失败艰辛，从首次参加的第14届到第23届十年磨一剑，力克苦手李世石终夺一冠。一年之中连夺三星杯、LG杯和富士通杯三项世界冠军，孔杰终于以完美的世界大赛战绩为己正名。

20世纪初,中国棋界八零后"三剑客"古力、孔杰、胡耀宇迅猛成长。但在古力不断加冕世界冠军的时候,早已具备夺冠实力的孔杰却迟迟未能实现世界冠军夙愿。直到2010年,孔杰终于迎来爆发期。

孔杰,生于1982年,北京人,中国著名棋手。

2009年,李世石因故"休职",2010年初复出后狂飙24连胜、国际棋战战绩13胜1负,胜率达92.8%;而孔杰近一年来的国际战绩26胜2负,胜率同样达92.8%,对局数却是李世石的两倍。两位国际棋战中的强者在第23届富士通杯决赛舞台上狭路相逢,孰胜孰负难以预料。

昔日,孔杰对李世石曾连失九城,丰田杯打将,应氏杯逆转,联赛昏着等,留下一串不堪回首的记忆。直到近期,孔杰才止住对李世石的连败,在LG杯和亚洲电视快棋赛中连胜苦手,尽管BC信用卡杯中孔杰重蹈覆辙送出一局,但其在国际赛事中的强劲势头并未减弱,这次与李世石的决战充满自信。

实战图一 本局弈于日本棋院。李世石令人瞠目的黑25,对白棋的杀伤力如何不得而知,却是一种盛气凌人的挑衅。孔杰白26非但未退缩,反而像陨石般砸向黑棋的小目,发出更具力量的回击。此时此刻,双方似乎忘记了本局是一场决

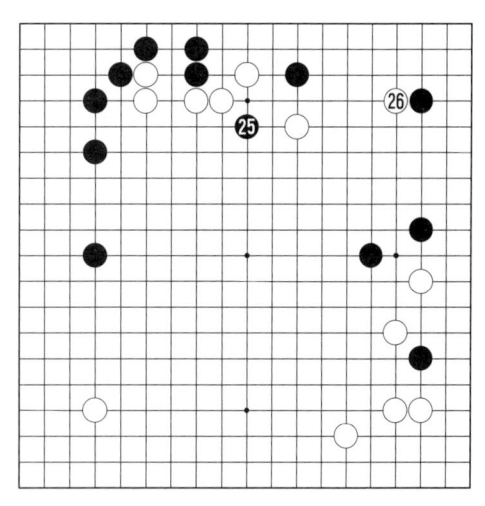

实战图一

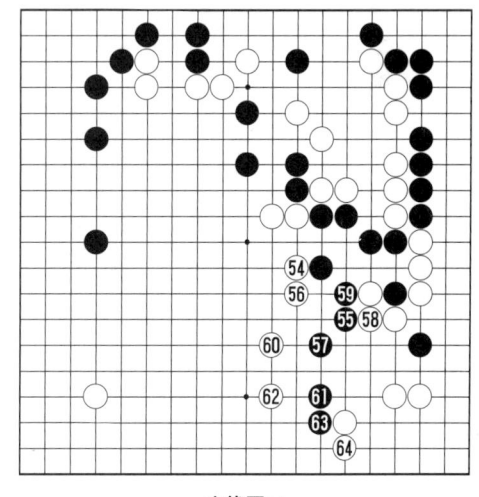

实战图二

定世界冠军归属的大胜负。

实战图二 续上图,白54至64杀伐凌厉至极,黑棋深陷险境。中后盘黑败局已定,或许太想赢这局棋,李世石在大差局面下仍坚持数棋,以12目半大败。

孔杰加冕富士通杯,同时宣告了韩国在富士通杯上独霸时代的结束。一年之内连夺三星杯、LG杯和富士通杯,孔杰为己正名。

079 地震之局

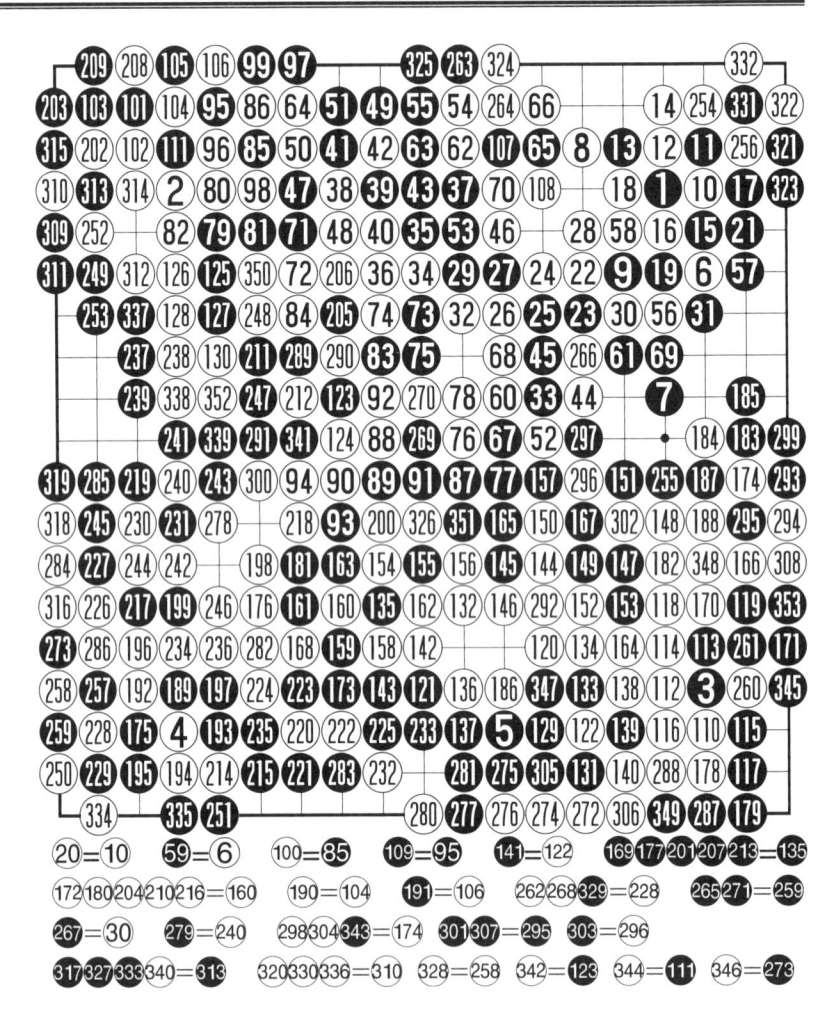

日本第 35 届棋圣战七番胜负第 6 局
● 张栩棋圣 黑贴 6 目半
○ 井山裕太九段
共 353 手 黑 1 目半胜
对弈于 2011 年 3 月 10/11 日

日本福岛九级大地震中的对弈，棋圣战七番胜负张栩虽然凭借本局的胜利以 4 比 2 击败挑战者井山裕太，但日本新星井山裕太开始崭露头角，历时五年的张栩时代已现松动迹象。

地震之局

日本历史上曾有过数次棋圣VS名人的决战，1986年初的第10届棋圣战，浑身绑满绷带的赵治勋棋圣在轮椅上迎战削发明志的小林光一名人，这场诠释棋道精神的激战长时间地激励着为围棋拼搏的棋士们。二十五年后，日本棋界又一次令人敬畏的棋圣VS名人决战来临，日本第35届棋圣战挑战七番胜负在张栩棋圣和年仅22岁的挑战者井山裕太名人之间展开。

张栩，生于1980年，中国台湾人，旅日著名棋手。

井山裕太，生于1989年，日本大阪人，日本著名棋手。

前四局激战，名人井山两度领先，棋圣张栩两度扳平。天王山的第5局井山裕太在接近终盘的时候执黑盘面10目领先，却走火入魔般地展开大转换，使局面变得一度难解。其后井山又连续失去胜机，以1目半失掉关键的一局。

实战图一 第6局弈于日本甲府市。因上局井山输得太伤，外界猜测会影响到井山本局的状态，出乎意料的是，执白的井山序盘就展开压倒攻势成功屠龙。

实战图二 续上图，中盘优势后的井山如同第5局一样不断后退。 时间突然定格在黑133这手棋，东京时间3月11日14时2分，日本宫城县以东太平洋海域突发九级强烈地震，地震引发的巨大海啸

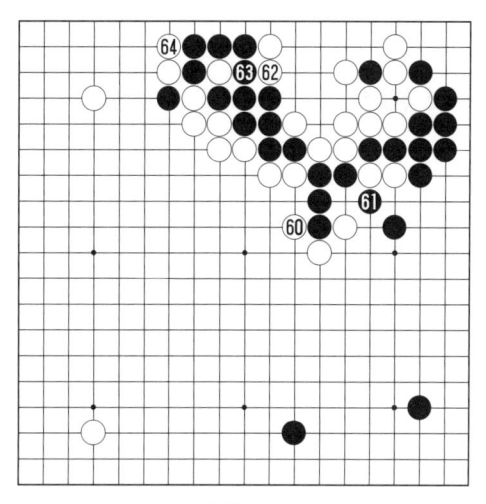

实战图一

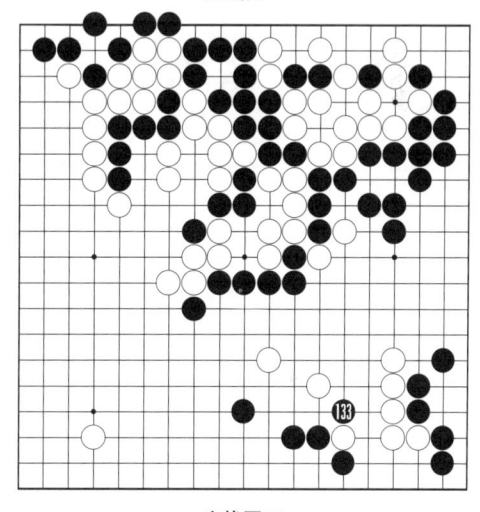

实战图二

瞬间袭击了日本太平洋海岸。此时距离震中不远的山梨县甲府市能感到剧烈的震动，意识到地震发生，裁判长桥本雄二郎、对局者张栩和井山裕太随即到室外暂避。不久双方又回到对局室继续对局，此后的二百余手棋，顽强的对局者在不断的余震中完成。张栩逆转获胜，以4比2的总比分卫冕棋圣称号，捍卫了其在日本棋界的王者地位。

080 双雄之局

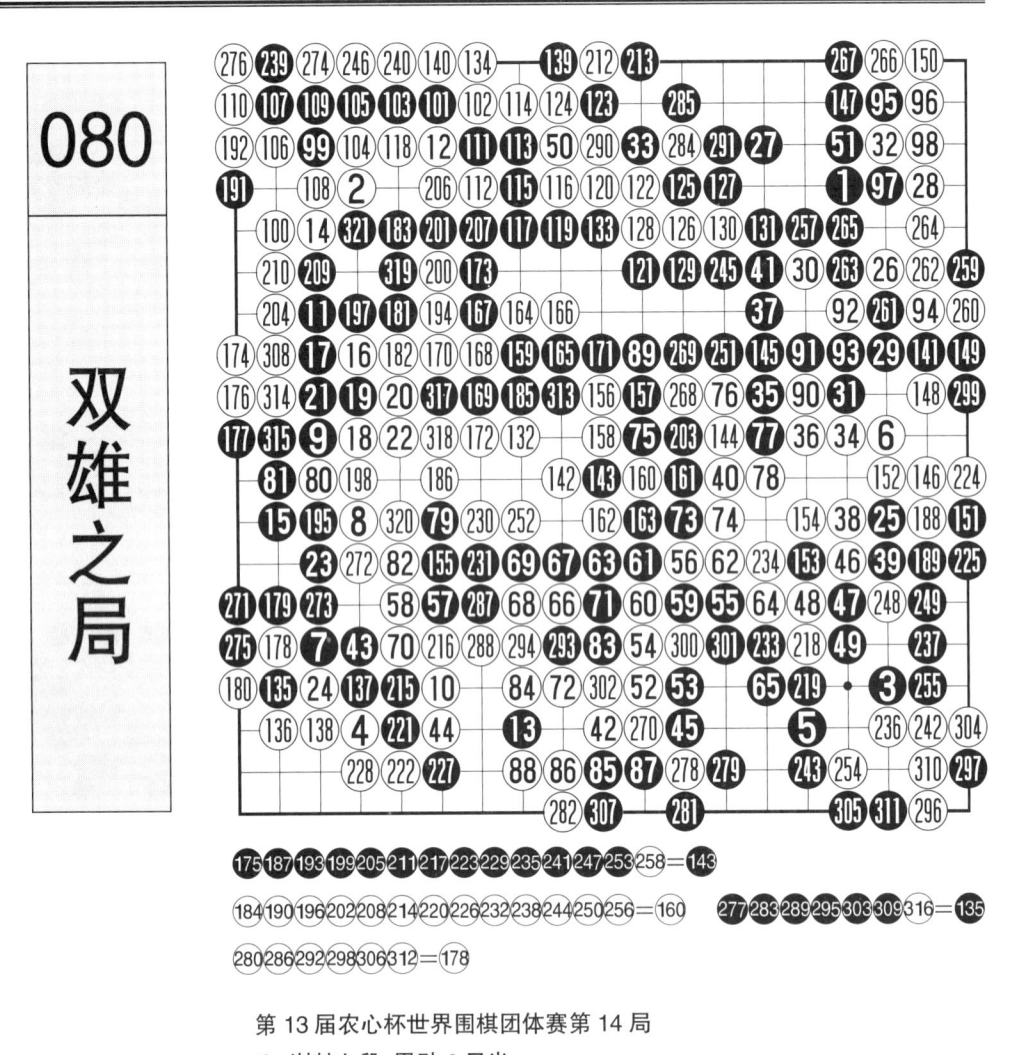

175 187 193 199 205 211 217 223 229 235 241 247 253 258＝143
184 190 196 202 208 214 220 226 232 238 244 250 256＝160　277 283 289 295 303 309 316＝135
280 286 292 298 306 312＝178

第13届农心杯世界围棋团体赛第14局
● 谢赫七段 黑贴6目半
○ 李昌镐九段
共321手 黑3目半胜
对弈于2012年2月24日

  蛰伏的火山谢赫爆发，中国队时隔四年再夺农心杯世界围棋团体赛桂冠。本局是全部十三届农心杯中战绩最优秀的两位棋手李昌镐与谢赫的对决，最终以石佛告别农心杯终结。

双雄之局

2012年2月24日，第13届农心杯最后阶段赛事，农心杯十九胜的李昌镐与十三胜的谢赫展开中韩主将对决。这场农心杯历史上获胜次数最多的两位棋手的对冲，决定着谁能最终举起农心杯。

谢赫，生于1984年，山东青岛人，中国著名棋手。

李昌镐从2006年三星杯败于罗洗河起，连续十次在世界大赛中屈居亚军，常昊、罗洗河、古力、孔杰、江维杰等中国棋手都曾从其手中夺走世界冠军。李昌镐强大的王朝渐行渐远，但在其十连亚期间曾数次助韩国守住农心杯阵地，在韩国棋迷眼中，其"农心杯守护神"的形象并未消退。

本届农心杯，李昌镐、李世石、崔哲瀚三大高手均在韩国选拔赛中失利。李世石韩国排名第一，崔哲瀚上届四连胜并终结比赛，最终韩方仍将农心杯外卡交予李昌镐，足见对其信任之深，在这片领地上李昌镐有着强大的统治力。当谢赫杀到李昌镐帐前，检验这位韩国主将成色的时候终于到了。

实战图一 本局弈于上海。2003年谢赫初出茅庐在第8届三星杯八强战半目险胜李昌镐，此后他们近五年没有交手，2008年起第6届应氏杯、第13届LG杯和第16届LG杯谢赫连败三局。本局中盘，左上黑棋的生死成为胜负关键。

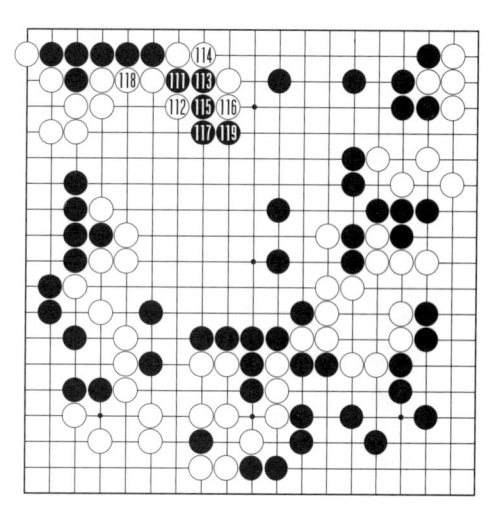

实战图一

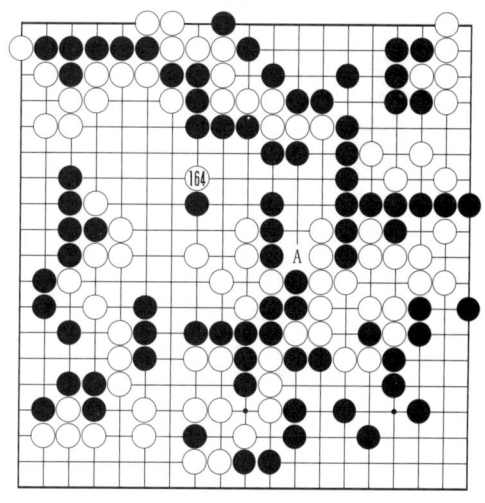

实战图二

实战图二 续上图，谢赫与李昌镐都属于冷静型，端坐盘前就像是两座沉默的火山相邻。左上黑棋弃子后确立优势，李昌镐白164碰施放胜负手，但终因劫材不利无法A位切断，也导致了最后的失利。

从2011年起四届农心杯，谢赫就像是火山一样四度喷发，为中国队夺取了十四场胜利和一次冠军，成为当之无愧的擂台英雄。

161

081 四劫循环之局

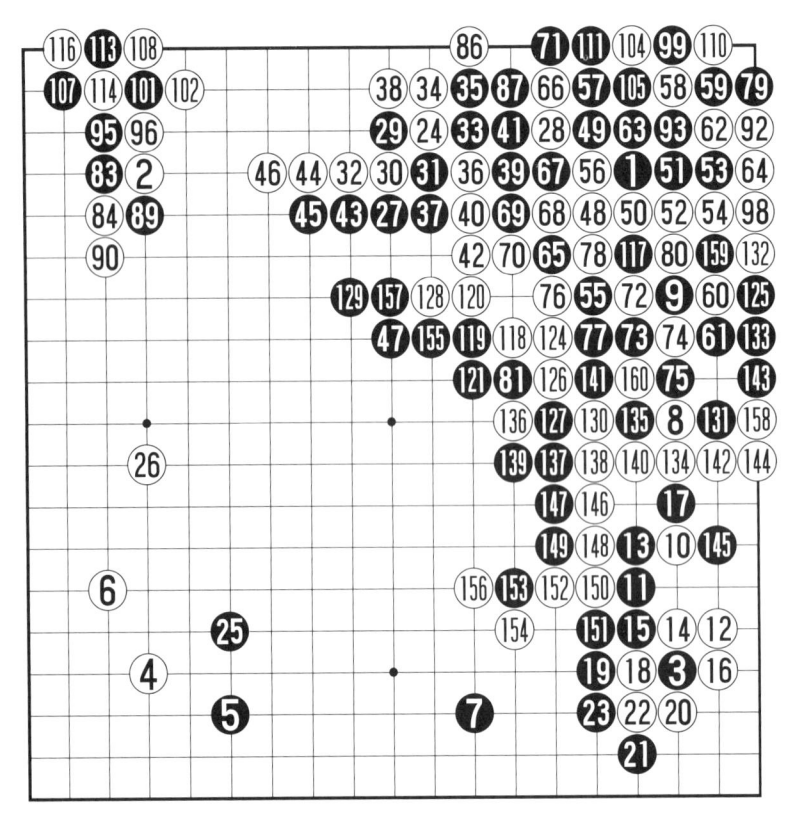

82 88 94 100 106 112 123 = 74　　85 91 97 103 109 115 = 9　　122 = 72
161 = 117　　162 = 60　　163 = 135

2012三星财产杯世界围棋大师赛双败淘汰第2轮
● 古力九段　黑贴6目半
○ 李世石九段
共163手　四劫循环无胜负
对弈于2012年9月5日

　　2012三星杯双败淘汰赛古力与李世石之战,是古李之间28战14平之后的超级天王山,最终双方下出诡异结局,世界棋战中首现四劫循环无胜负。本届比赛最终两人同时打进决赛,李世石2比1加冕世界大赛第十四冠。

四劫循环之局

2011年4月,重庆金佛山争霸赛古力战胜李世石后,双方全部28局对决14比14战平。谁也没有想到,两位超一流高手的第29局棋竟然让棋界苦苦等待了476天。2012年9月3日,2012三星财产杯的抽签仪式上,中韩日第一人古力、李世石、张栩与聂卫平棋圣这四位曾创下辉煌时代的棋士,用他们神乎其技的手将四支签位抽在了一起。9月4日古力与李世石分别击败张栩和聂卫平,9月5日双雄的第29次对决终于实现,迎来双方对战的超级天王山。

漫长的一年时间里古力状态低迷,直到三星杯开赛之前才在阿含·桐山杯决赛中半目险胜周睿羊获得久违的赛事冠军。而李世石却一直保持着极佳的状态,2011年6月斩获春兰桂冠,世界大赛达到惊人的十三冠,在韩国国内,他更是一直排名等级分榜首。因此赛前,这是舆论向李世石倾斜的一战。

实战图一 本局弈于北京。从序盘起双方展开宏大的攻防战,右上白棋的生死成为胜负关键。

实战图二 经过激烈搏杀,竟成四劫循环的奇特结局。当记者们涌进对局室时,两人靠在椅背上默然面对棋枰,时间静止一般弥漫在棋盘上空,任四周镁光茫然闪过。

自从棋史上最早的三劫循环"本能寺事变之局"流传后世以来,因为奇特劫争引发的无胜负事件就不断造访盘端,但在世界大赛上,劫争造就的无胜负记录还是一纸空白。2005年第10届三星杯半决赛中罗洗河曾以奇异的手段避开三劫循环并获胜,如果说那次与世界大赛中无胜负首秀只是一次擦肩而过的缘分,那么七年之后的今天,古力与李世石联袂将万局一遇的四劫循环奉献给了棋界。

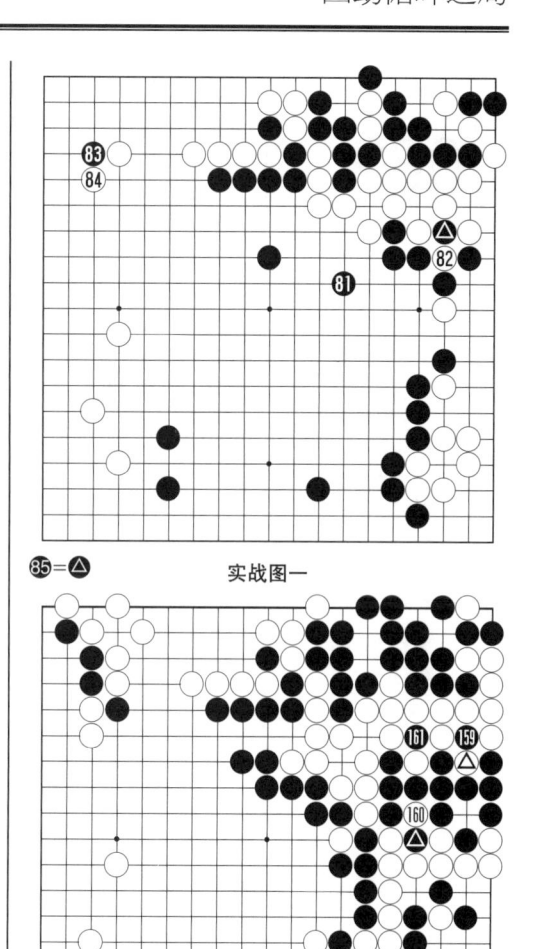

⑧⑤=△ 实战图一

⑯②=△ ⑯③=△ 实战图二

082 潮起之局

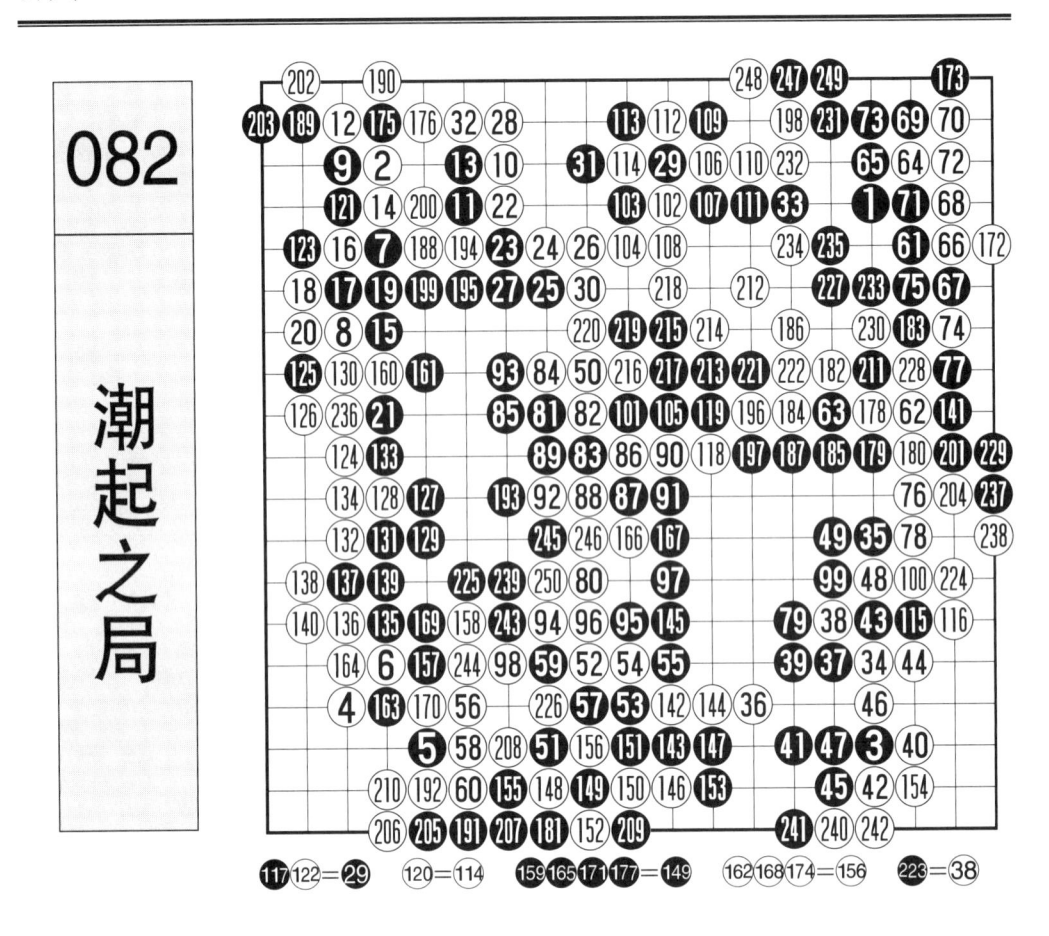

第1届百灵杯世界围棋公开赛决赛五番胜负第3局
- ● 陈耀烨九段 黑贴 $3\frac{3}{4}$ 子
- ○ 周睿羊九段
共 250 手 白中盘胜
对弈于 2013 年 1 月 19 日

  中国棋界称常昊为代表的七零后一代为龙辈，八零后的古力一代为虎辈，如今进入豹辈周睿羊、陈耀烨指点江山的时期。周睿羊 2005—2013 苦研八年终于实现夺取世界冠军夙愿，傲居九零后之首。

潮起之局

周睿羊是中国天元赛历史上最年轻的挑战者，在古力如日中天的时代，年仅15岁的周睿羊就曾连续挑战古力的天元和名人位。尽管他天元1比2失利，名人0比3铩羽，但周睿羊借此磨炼急速成长，在同年的围甲联赛中上演单骑救主，几乎凭借一人之力将北京海淀棋院队拯救出降级圈。在中国以常昊为首的七零后与以古力为首的八零后争夺江山的时候，九零后的周睿羊无疑是一个值得警惕的"闯入者"。然而此后他却不像人们期待的那样有着骄人战绩，2012年初，中国的江维杰率先成为第一位九零后世界冠军。直到2013年，周睿羊击败陈耀烨夺得第1届百灵杯世界围棋公开赛冠军，终于展现自己九零后"领头羊"的价值。

周睿羊，生于1991年，陕西西安人，中国著名棋手。

陈耀烨，生于1989年，北京人，中国著名棋手。

本届百灵杯八强战周睿羊力克韩国第一人朴廷桓，中国棋手包揽四强。2013年世界棋坛的开篇之作，就是周睿羊与陈耀烨的五番胜负激斗，面对当时国内等级分第一人陈耀烨，第一阶段周睿羊连胜两局，将之逼到了背水一战。

实战图一 背水一战的第3局，黑101断强烈，白102—106迂回至上方是周睿羊灵活的思路。

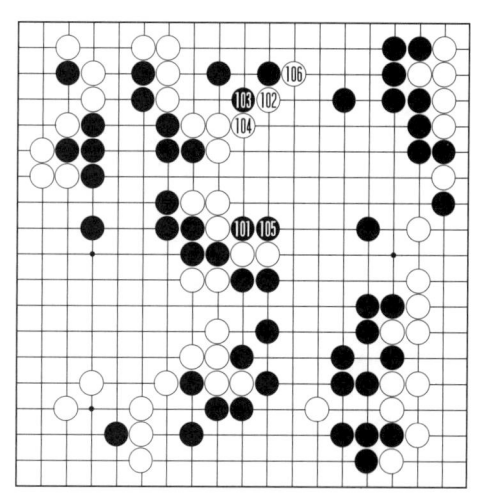

实战图一

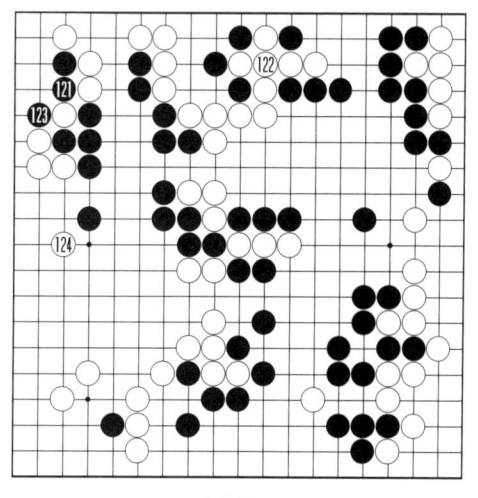

实战图二

实战图二 续上图，最终上方成劫，黑121白122转换后白棋胜势。周睿羊安全运转以3比0零封陈耀烨，首夺世界冠军。

2013年度，时越、范廷钰、陈耀烨、芈昱廷、唐韦星等年轻高手井喷式地夺取了当年全部六项世界冠军。虽然中国年轻棋手的实力不断积累已到爆发期，但周睿羊的示范作用是不容低估的。

165

083 新涛之局

⑩⑨=⑩③　⑭②=⑧⑥　⑮①⑮⑦②⑧⓪=①②③　⑮④⑯⓪=①③⑥　⑯②=⑨⑧
②②⑥=①⑤⑤　②②⑧=②①③　②③⑨②④⑤②⑤①②⑤⑦②⑥⑤②⑧⑥=㉙　②④②②④⑧②⑤④②⑥⓪②⑥⑧=㉞
②⑧④=②⓪①　②⑧⑤=②⑦②　②⑨⑤=⑥⑧

第7届应氏杯世界职业围棋赛决赛五番胜负第4局
● 范廷钰五段　黑贴8点
○ 朴廷桓九段
共305手　黑胜5点
对弈于2013年3月6日

　　2013年中国棋手夺取全部六项世界冠军，本局是中韩九零后棋手的第一次世界冠军决赛。范廷钰击败韩国新星朴廷桓实现世界冠军初加冕，若非赛程安排拖后，李昌镐最年少的世界冠军纪录就要作古。

新涛之局

应氏杯创立以来，韩国棋手在这项赛事上表现出非凡的强势，四大天王曹薰铉、徐奉洙、刘昌赫、李昌镐前四届依次夺冠，第5届崔哲瀚不敌常昊，但第6届崔哲即卷土重来加冕。第7届韩国18岁的朴廷桓与中国16岁的范廷钰角逐冠军，朴廷桓能否延续韩国棋手在这项赛事的强运，棋界尤为关注。

范廷钰，生于1996年，上海市人，中国著名棋手。

朴廷桓，生于1993年，韩国首尔人，韩国著名棋手。

2012年岁末在新加坡进行的决赛前两局双方战成1比1平。进入2013年，棋界发生了翻天覆地的变化。元月，周睿羊3比0零封陈耀烨夺取百灵杯，2月，时越击败韩国元晟溱斩获LG杯，周、时先后实现了世界冠军初加冕，而范廷钰的应氏杯比分还静静地躺在原地等待着3月来临。3月4日，应氏杯决赛五番胜负第二阶段赛事在上海开战，范廷钰拿下天王山，将朴廷桓逼到了背水一战的境地。

实战图一 本局弈于上海。黑115杀出，白118、120展开追杀。

实战图二 续上图，黑顽强治孤成劫，转换后白实地堪忧，终败。

1992年初，李昌镐加冕东洋证券杯，创下了16岁最年少的世界冠军纪录。十四年后的2006年，陈耀烨第10届LG杯决赛受阻于古力，

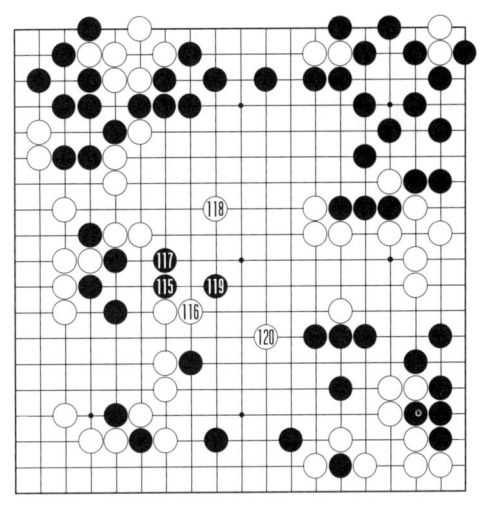

实战图一

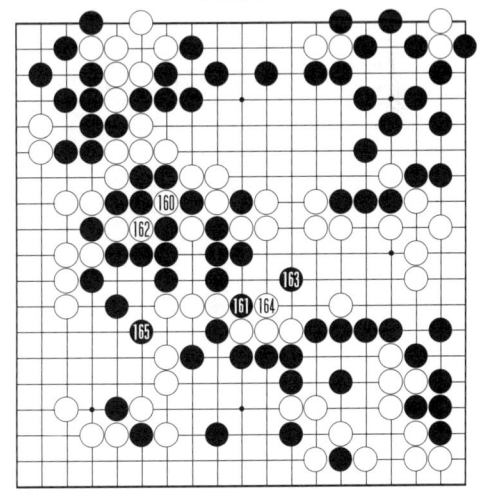

实战图二

与打破最年轻世界冠军纪录失之交臂；六年之后的2012年9月，范廷钰打进应氏杯决赛，却因为第二阶段比赛安排在2013年3月，即使范胜出也差20余天无法撼动李昌镐的纪录。围棋是不断的创造纪录并打破纪录的竞技，静待后人未必是坏事。这次应氏杯决战更突出了中韩新生力量的对抗，比打破纪录更具有未来意义。

167

084 尝胆之局

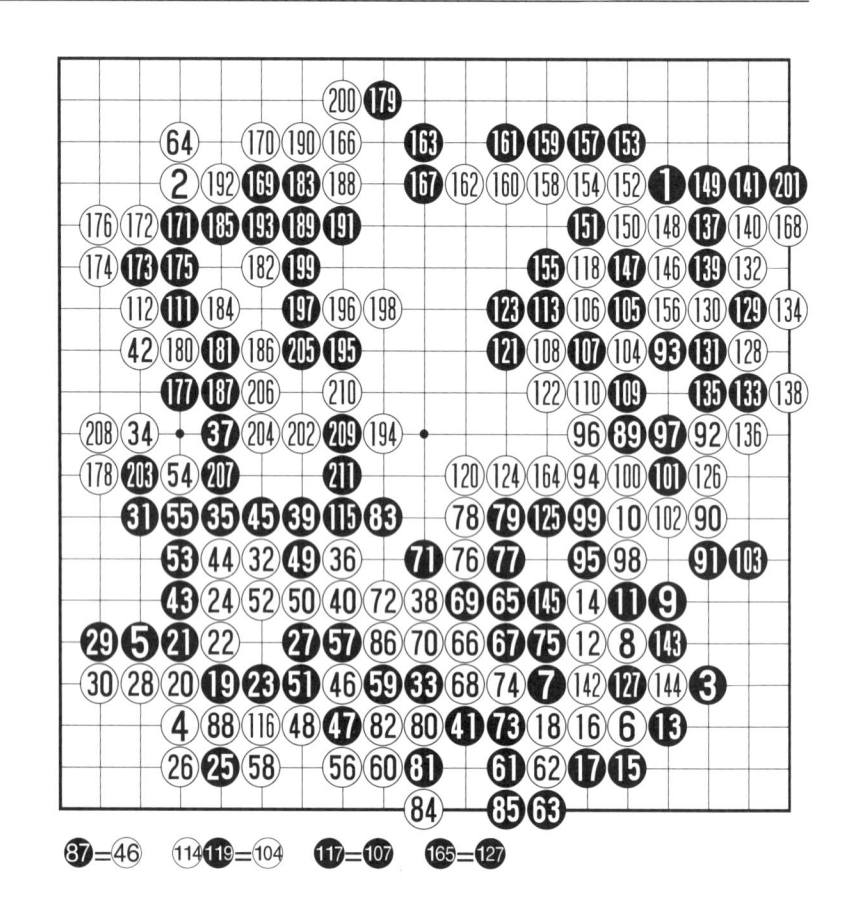

第 9 届春兰杯世界围棋锦标赛决赛三番胜负第 3 局
● 陈耀烨九段 黑贴 3$\frac{3}{4}$ 子
○ 李世石九段
共 211 手 黑中盘胜
对弈于 2013 年 6 月 20 日

陈耀烨于 2006 年第一次与古力角逐世界冠军失利,后卧薪尝胆苦研七年,世界冠军凤愿终于在春兰杯达成。本局是 2013 年世界大赛决赛阶段的名局,也是李世石世界大赛决赛中的第三次冠军旁落。

尝胆之局

第9届春兰杯陈耀烨VS李世石的三番决战，是十五冠与初冠梦想的碰撞，未曾落子，就可感受到它不同寻常的意义。

七年，在命运的长河中，很难界定它的长或短，之于棋界，它短暂得可以实现两个时代阵营的更迭。而之于一个薪上藏刀的棋士，漫长得却可以使少年华发丛生。从2006年的LG杯决战折戟于古力，与史上最年少世界冠军的纪录擦肩而过，执火前行的陈耀烨踏过七年岁月，他对时间的感悟，想必有冰河世纪般漫长。进入2012年，江维杰、周睿羊、时越、范廷钰四位年少的后辈相继摘取世界大赛桂冠，前所未有的使命感督促着陈耀烨。一直努力的他，终于在七年之后登上了实现梦想的舞台。

前两局双方1比1战平，最后一战将成就李世石第十五冠的辉煌或者陈耀烨初夺世界冠军的梦想。

实战图一 本局弈于山东济南。陈耀烨与李世石虽然棋风不同，却是同属可以为一根绣花针的归属大打出手的实地派，他们在春兰杯的决胜局相逢，绝对不是拆拆边尖尖角即可决定胜负。中盘，陈耀烨仰仗劫材优势于黑113挑起惊天大劫，异常果敢。

实战图二 续上图，至此黑已处于胜势，不仅A位靠白大龙有生死之忧，还可以借助威胁白棋的生

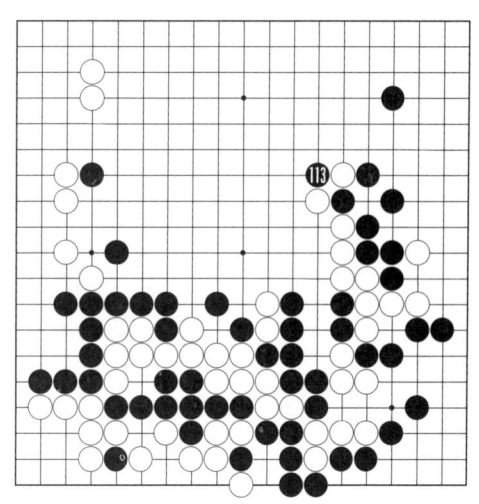

实战图一

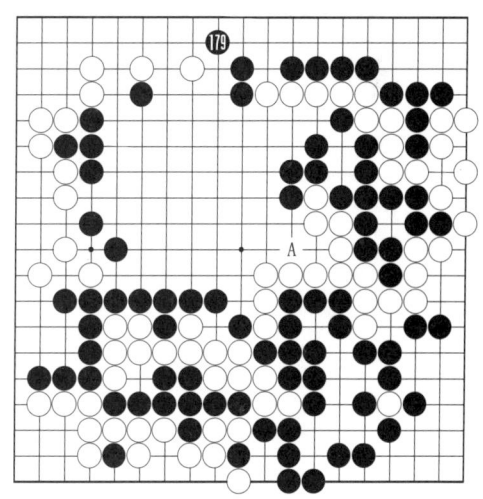

实战图二

死围中央。但陈耀烨黑179还是以最为擅长的取地策略斩获了自己的第一个世界冠军。

当一切的喧嚣与激动都沉寂下来的时候，再铺开棋枰，仍能感受到春兰杯最后一战的惊心动魄。在绵延的进程中，可以看到数度超百目的转换以及逆反常识的思维碰撞，双方真正的胜负所在，恐怕更取决于精神力量的强弱。

085 天意之局

第 1 届 Mlily 梦百合杯世界围棋公开赛决赛五番胜负第 4 局
● 芈昱廷五段 黑贴 $3\frac{3}{4}$ 子
○ 古力九段
共 187 手 黑中盘胜
对弈于 2013 年 12 月 6 日

九五后新锐芈昱廷击败古力加冕世界冠军梦百合杯。终盘，鬼使神差的第 186 手"自杀"使古力黯然落败，中国棋界九零后全面崛起，八零后走向末路。

天意之局

2013年5月6日,中国棋界推出了一项全新的围棋世界大赛——第1届Mlily梦百合杯世界围棋公开赛,冠亚军奖金分别为180万元、60万元人民币。

2013年5月21日,来自全球各地共计339名棋手展开50个本赛席位的争夺,参赛人数创下历届世界围棋公开赛之最。经过业余网选赛、综合预选赛、本赛64、32强赛、本赛16、8强赛、半决赛五个阶段的角逐,出生于1996年的芈昱廷与世界大赛七冠王古力打进决赛。

芈昱廷,生于1996年,江苏徐州人,中国著名国手。

2013年11月30日至12月6日,古力与芈昱廷在江苏如皋决战五番胜负,决出首届梦百合杯冠军。芈昱廷首局半目惜败后,第2、3局发挥出色连扳两局,反将古力逼到了背水一战的境地。

实战图一 至此执白的古力胜利在即,双方进入决胜局几成定局。但白186与黑187的交换使得白A活棋将遭到黑棋无中生有的B位扑杀。黑187后古力直接就认输了,此局之失使他在五番胜负中1比3败北,以围棋生涯中最大的昏招将芈昱廷推上世界冠军宝座。

变化图一 如果古力按照本图进行胜望极大,胜利近在咫尺他想下得更清楚一些反痛失胜局。古人有言欲速则不达,今人却总是口念

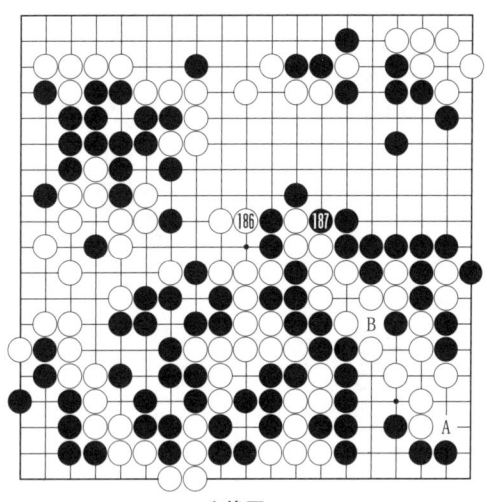

实战图一

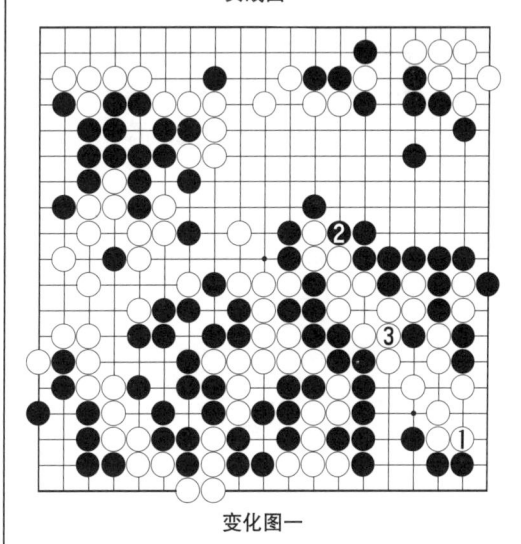

变化图一

训诫一再犯错。

8月9日对弈于上海的16强战,中国古力、周睿羊、王檄、王磊、党毅飞、芈昱廷、连笑、邬光亚历史性地包揽八强,自世界比赛创办以来韩国棋手第一次在八强赛中集体消失。该项世界赛事早早成为了中国棋手的"内战",尽管冠军早已落入囊中,但决赛最终的一幕还是让人倍感胜负的无情。

171

086 跨越之局

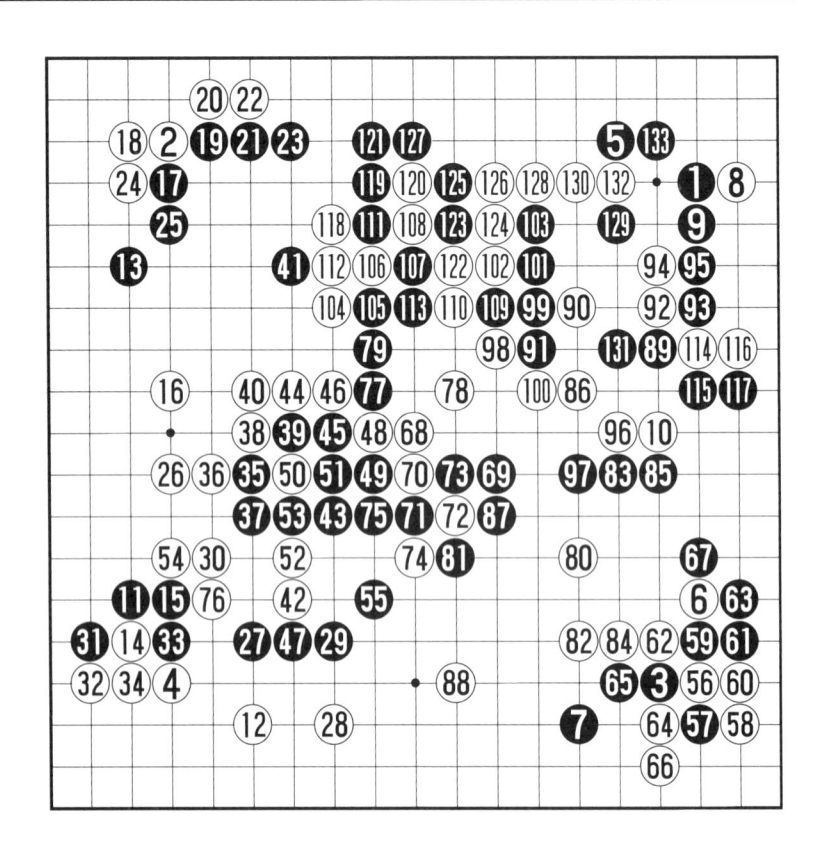

第15届农心杯世界围棋团体赛第14局
● 时越九段 黑贴6目半
○ 朴廷桓九段
共133手 黑中盘胜
对弈于2014年2月28日

时越于2013年首夺世界冠军LG杯,并在翌年农心杯中以经典的"场均一条龙"战法击退韩国朴廷桓,助中国队三夺农心杯。朴廷桓在中韩第一人对决中失利,致使韩国世界棋战中最坚固的阵地陷落。

跨越之局

李昌镐离开农心杯,是"后农心杯时代"开始的标志,而这个后时代的主角,是由出生于20世纪90年代后的新生代棋手来担当的。

第15届农心杯第三阶段,由于日本队提前出局,形成了中韩对抗的"老套"局面。不过,老套的剧情有了新的主演。尚有檀啸、周睿羊和时越三将的中国队在人数上稍占优势,但韩国队尚存的金志锡和朴廷桓是当前韩国排名前两位的棋手,故这次农心杯最后阶段的决战已成为中韩新生代棋手的巅峰会战。

时越,生于1991年,河南洛阳人,中国著名棋手。

决赛阶段首局,中国队檀啸挑战上一阶段的擂主金志锡取得完胜,然而其后韩国主将朴廷桓出战,独撑危局连续逆转檀啸和周睿羊,将比赛拖入了与时越的主将决战。上届朴廷桓作为韩国主将就曾连胜中国谢赫与江维杰,为韩国夺回丢失的农心杯,此番朴廷桓若再在上海重演上届剧情,无疑将成为韩国继李昌镐之后的农心英雄。

实战图一 本局弈于上海。至白88朴廷桓取得了压倒性的实地优势,收空黑棋已无胜望,时越孤注一掷使出黑89、91的极端手法生屠白棋大龙。但在如此空旷的地带黑棋成算太低,给人带来希望的只有时越"场均一条龙"的名号了。

实战图二 续上图,至黑133

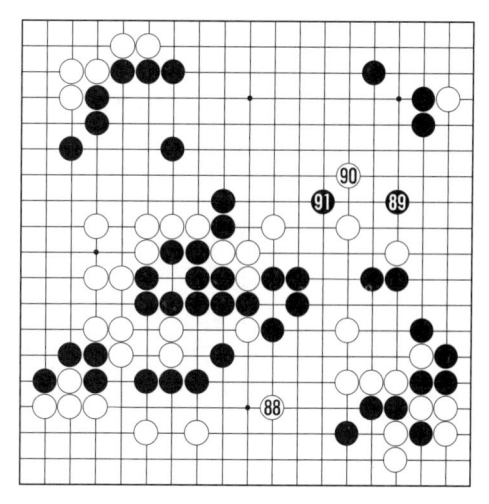

实战图一

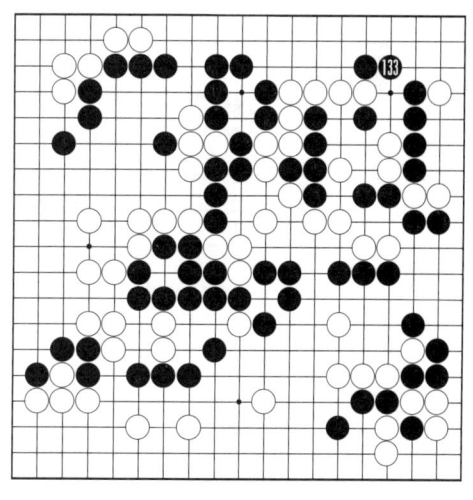

实战图二

的结果白棋全体玉碎,虽然在治孤中朴廷桓有机会活出大龙,但读秒中却错失良机,只能面对着复盘中的活棋画面懊悔不已。

时越第一次参加农心杯就担当主将大任,而且在农心杯首秀就顶着中韩第一人对决的压力,在开局不利的局面下爆发出惊人的力量直线屠龙,为中国队赢下了农心杯优胜,证明了自己的价值。

087 六霸之局

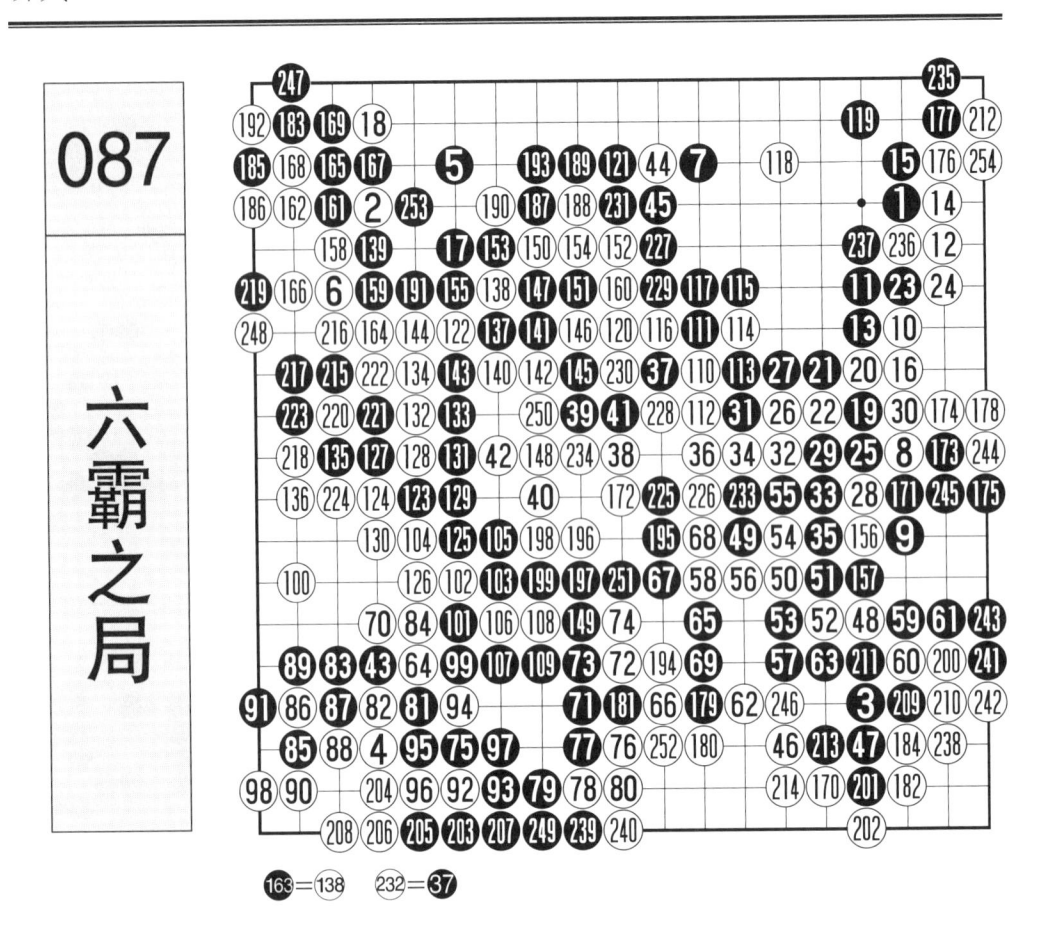

163 = 138　232 = 37

第 18 届 LG 杯世界棋王战决赛三番胜负第 3 局
● 周睿羊九段　黑贴 6 目半
○ 柁嘉熹五段
共 254 手　白中盘胜
对弈于 2014 年 2 月 13 日

　　延续着 2013 年中国年轻棋手掀起的夺冠狂潮，柁嘉熹在第 18 届 LG 杯中发挥出色，本赛连克韩国二李，决赛 2 比 1 击败周睿羊加冕世界冠军，同时助中国棋手实现 LG 杯六连霸。

六霸之局

2013年,周睿羊、时越、范廷钰、陈耀烨、芈昱廷、唐韦星接连加冕世界冠军,因此他们也成了2013年的六大超级新锐,被称为"新六超"。其实,在那一年中还有一位棋手打进了世界比赛的决赛,只因决赛的时间在2014年,而无缘跻身于"新超"之列。但转眼年后,他就完成了自己的世界冠军加冕式,他就是柁嘉熹。

柁嘉熹,生于1991年,黑龙江大庆人,中国著名棋手。

本届LG杯柁嘉熹从预选赛打起连胜五局步入本赛。本赛首轮击败韩国李昌镐,次轮又挑落李世石,八强战他击退日本棋手高尾绅路,半决赛战胜李喆。周睿羊作为中国队的种子选手出战直接进入本赛三十二强,本赛首轮中盘战胜崔哲瀚,次轮击退安祚永,八强战胜李钦诚,半决赛击败陈耀烨。最终柁周相会在LG杯决赛,这是一场中国九零后棋手的强强对话。

第18届LG杯决赛柁嘉熹和周睿羊1比1战平后,在韩国首尔大学,柁嘉熹执白中盘击败周睿羊,以2比1的总比分夺得冠军。

实战图一 序盘阶段黑棋在上方成出巨空,白44只身撞入黑空,果敢而激烈。尽管此后柁嘉熹并未直接动出一子,但这样的手段往往会给后续作战埋下头绪,增加了棋局的变数。

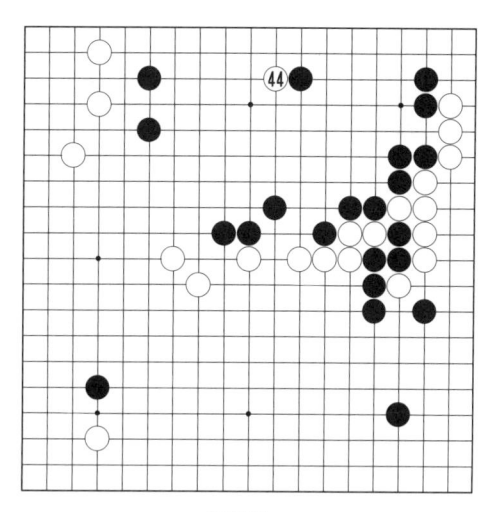

实战图一

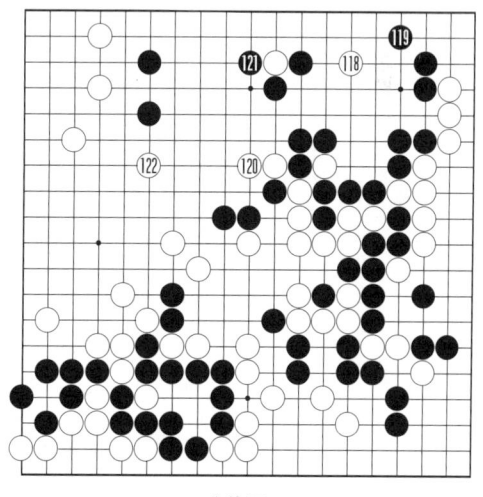

实战图二

实战图二 续上图,七十手棋后柁嘉熹的目光终于又移至上方,白118以更激进的手法打入,然而虚晃一枪后,白120,122又机敏地回到外围定型。柁嘉熹以若即若离的手法掌控着局势,最终获胜。

这是继古力、孔杰、朴文垚、江维杰、时越后中国棋手连续六届夺得LG杯,柁嘉熹也因此成为我国第七位九零后世界冠军。

175

弈典

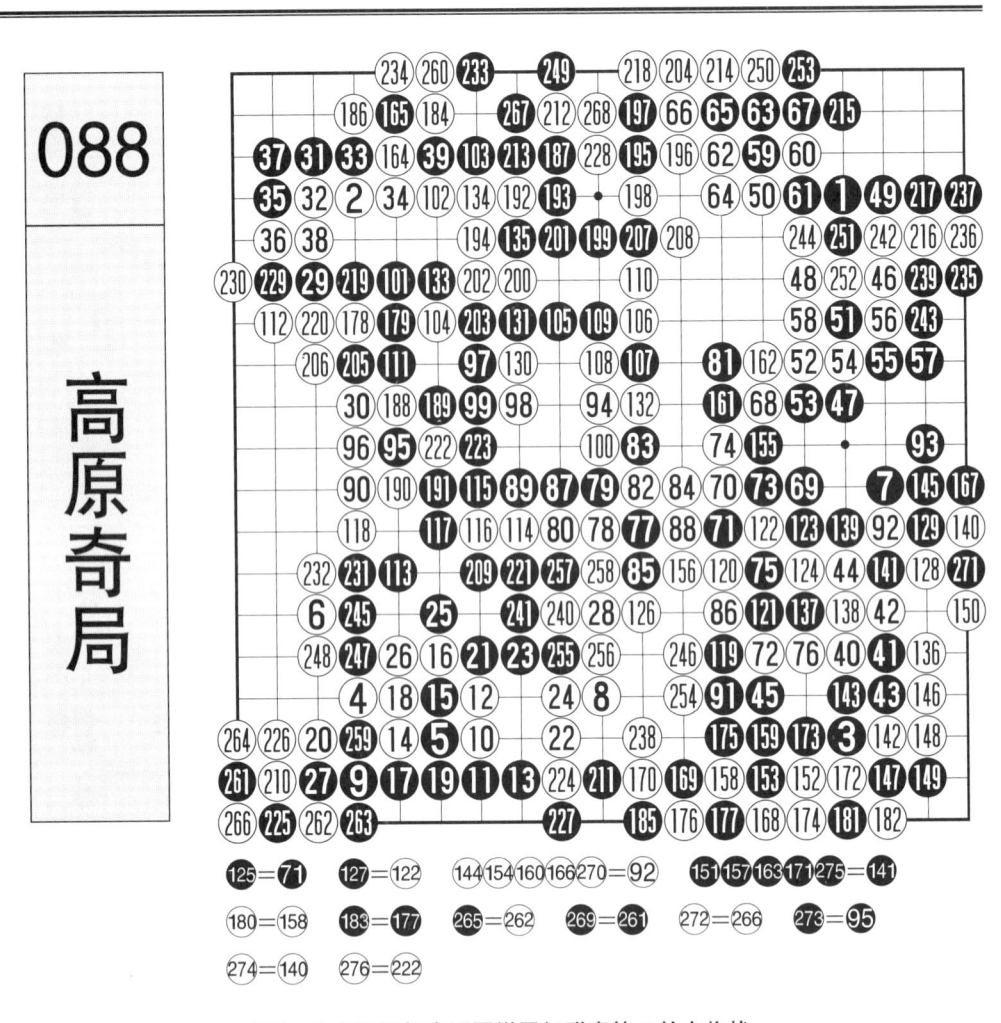

088 高原奇局

2014 金立手机杯中国围棋甲级联赛第 6 轮主将战

● 李世石九段　黑贴 3$\frac{3}{4}$ 子

○ 江维杰九段

共 276 手　四劫循环无胜负

对弈于 2014 年 6 月 5 日

　　江维杰于 2012 年初夺得第 16 届 LG 杯冠军，点燃了中国九零后夺取世界冠军的烽火。本局他与李世石在 3600 米海拔的西藏拉萨再创传奇，四劫循环无胜负的结局以及残酷加赛成就高原经典。

高原奇局

2014年5月27日，古李十番棋战第5局决战于云南海拔2300米的梅里雪山，古力错失劫杀棋筋的决胜手段遗恨高原。局后，被骄阳晒得黝黑的李世石淡淡地说："古力的高原反应似乎更大。"谁也不会料到九天之后在3600米海拔的西藏拉萨，李世石再次创下高原奇局，这次的悲剧主角是他自己。

江维杰，生于1991年，上海市人，中国著名棋手。

6月5日2014围甲联赛第6轮，山东景芝酒业队设主场于西藏拉萨对阵广西华蓝队。江维杰曾于2011年末在第16届LG杯八强和半决赛接连战胜元晟溱、金志锡等韩国强手，并在最终的决赛中2比0战胜李昌镐成为中国棋界第一位九零后世界冠军。本届联赛江维杰连续出任山东队主将，连克朴文垚、朴廷桓、崔哲瀚等劲敌。对于广西队的韩国外援李世石来说，除要阻击江维杰外，亦有备战8月末拉萨古李十番棋第7局之意。

实战图一 本局弈于西藏拉萨。中盘江维杰白142卡治孤好手，将李世石引入危险的劫争，局势在摇摆不明中走向终盘。

实战图二 续上图，进入官子阶段，李世石展现出强大的逆转功力，胜局迫近。此时，联赛的其他三局均已结束，广西队2比1领先。然而就在他们将要全取3分之际，李世石却罕见地在小官子收束中失误，黑269至白276，最终被江维杰逼成四劫循环无胜负。

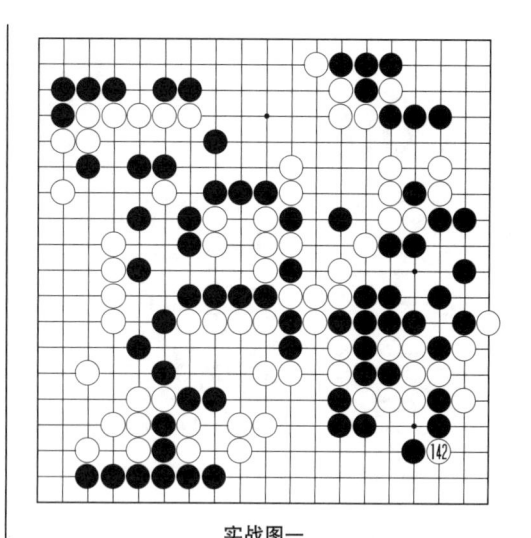

经过暂短休息后两人用残留的时间进入加赛，体力耗尽的李世石完败，山东队因江维杰加赛之胜从广西队手中夺走2分。局后，李世石落寞的神情以及此后两天江维杰近于大病一场的疲惫，彰显出现代棋战同样有残酷无情的一面。

实战图一

实战图二

177

089 十番再现之局

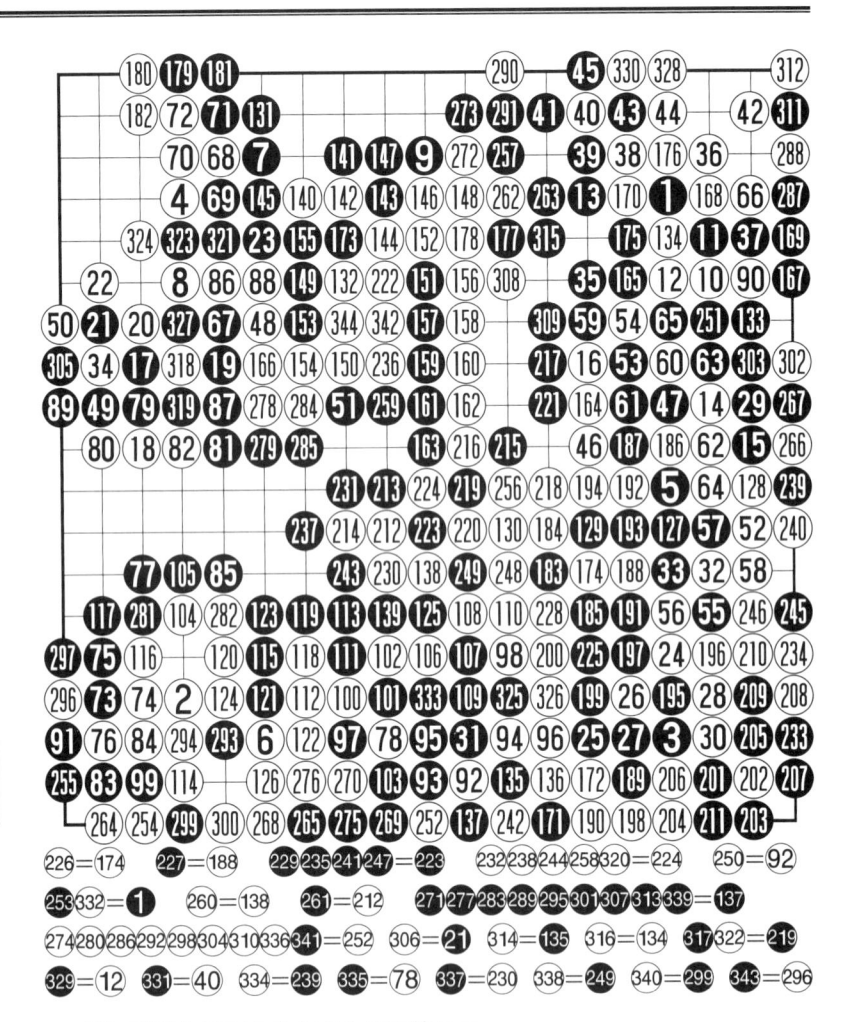

Mlily 梦百合世纪之战古李十番棋第 8 局

● 古力九段 黑贴 3¾ 子
○ 李世石九段
共 344 手 白 1¼ 子胜
对弈于 2014 年 9 月 28 日

在吴清源与高川格最后一次十番棋战结束五十七年之后，这项古风浓烈的赛事重现江湖。中韩棋界八零后王者古力与李世石展开冠军 500 万、亚军为 0 的十番棋决斗，成为双雄绵延争斗十年来最残酷的一役。

十番再现之局

2013年10月，距离历史上最后的争棋——1956年11月27日结束的吴清源对高川格擂争十番棋五十七年后，十番棋战重出江湖。由江苏恒康家居科技股份有限公司赞助，中韩第一人古力与李世石展开十番棋决战，并协议商定，最终的优胜者得到全部500万元人民币的奖金，负方为零。

2014年元月26日，第1局李世石先拔头筹，四天之后2014年春节来临。

2月23日，当湖旧地浙江平湖第2局，李世石再下一城。

3月30日，四川成都第3局，古力在艰难处境下获胜止住连败。

4月27日，韩国西南端"天使之岛"甄岛第4局，古力扳平比分。

5月25日，云南香格里拉梅里雪山第5局，李世石攻下天王山。

7月27日，大别山深处的安徽天堂寨第6局李世石再胜，4比2领先。

8月31日，西藏拉萨第7局高原之战，5比2，李世石立于不败之地。

实战图一 经过前七局的激战，古力以2比5落后，获胜虽无可能，但战平的希望仍在。第8局弈于古力的家乡重庆，鉴于古力面临的只能胜不能败的险恶局势，此战被棋迷悲怆地称为"重庆保卫战"。白188至196发起决战。

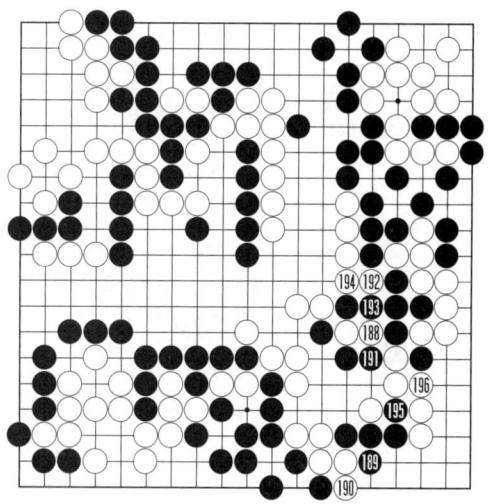

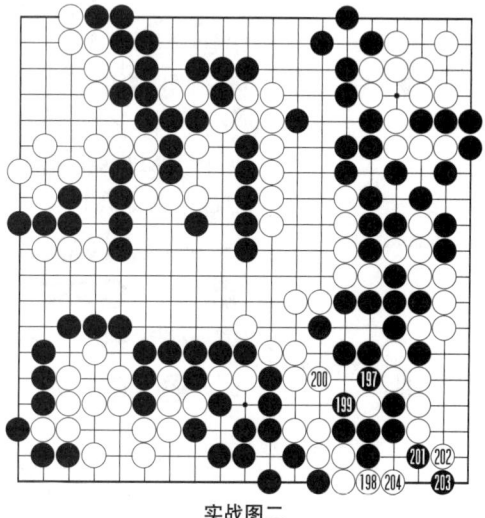

实战图一

实战图二

实战图二 续上图，黑197的恶手葬送了古力最后的逆转希望，李世石使出白198,204冷静的一路杀手后，黑棋最后的胜负手功败垂成，十番棋其实已宣告结束。黑197如果于199位，黑尚有胜望。

风来紫禁，月落雾都。十番棋胜负已成往事，对两位对局者古力和李世石来说，相约下到60岁的誓言依旧在延续……

090 新王之局

第19届LG杯世界棋王战决赛三番胜负第3局
● 朴廷桓九段　黑贴6目半
○ 金志锡九段
共314手　黑1目半胜
对弈于2015年2月12日

　　继曹薰铉、李昌镐、李世石之后韩国第四代王者诞生。朴廷桓夺取最后一届富士通杯后蛰伏两年，击败同胞金志锡再次加冕世界冠军，成为率先冲出"世战一冠群"的九零后棋手。

在韩国主办的世界大赛中,LG杯世界棋王战对韩方最为缘浅。虽然最初它同三星杯一样,大多数的冠军都被韩国棋手垄断,但从 2008 年第 13 届开始直到 2013 年的第 18 届,韩国棋手连续六年无缘桂冠,古力、孔杰、朴文垚、江维杰、时越、柁嘉熹六位中国棋手均凭借 LG 杯加冕世界冠军。

然而,2014 年和 2015 年两届 LG 杯风向倒转,韩国棋手连续两年在这个缘浅的世界赛事上包揽冠亚军。2014 年,第 19 届 LG 杯韩国排名前两位的朴廷桓和金志锡强势爆发,携手杀进决赛。

金志锡,生于 1989 年,韩国首尔人,韩国著名棋手。金志锡因相貌俊朗被韩国棋界赞誉为"皇太子",此前他已经于 2014 年岁末夺得了三星杯,获得职业生涯第一个世界冠军,此番又杀入 LG 杯决赛,与朴廷桓的三番胜负决定两人谁能从世界大赛一冠群中率先杀出,成为九零后世界大赛双冠王。

实战图一　本局弈于韩国首尔。金志锡虽然紧随朴廷桓之后排名韩国第二,但对朴战绩很差,朴堪称他的苦手。三番胜负前两局 1 比 1 战平,决胜局朴廷桓行棋凶狠,黑 91、93、99 招招直击白棋要害。

实战图二　续上图,最终金志锡苦战三局没能跨越苦手,在决胜局一度占据优势的情况下被朴廷桓逆转。白棋在右下和右边的劫争都无法打赢,以至于痛失桂冠。

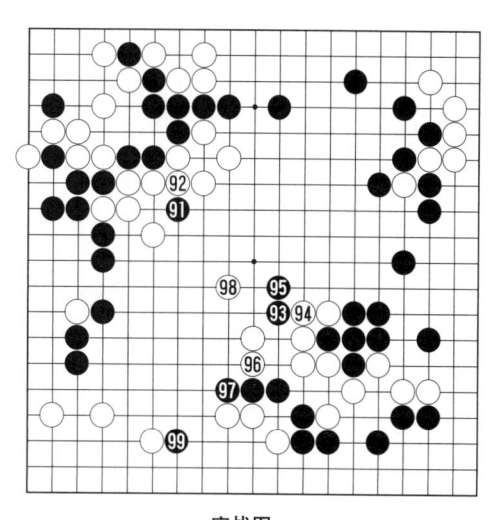

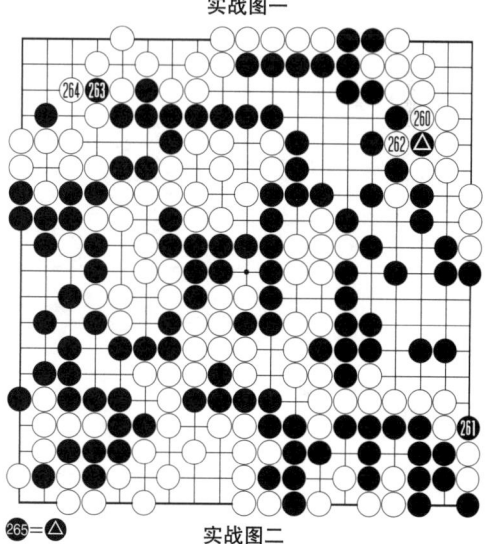

韩国棋界已经很久没有在世界大赛中包揽冠亚军,故这次 LG 杯决斗的关注点也从中韩对决变为棋局内容的较量。本次决赛的三局棋过程非常精彩,两位韩国棋手展现出的强大实力确实不辱世界冠军英名,中国新锐军团与韩国朴金的对抗,将会为未来的世界棋坛增色。

091 八冠之局

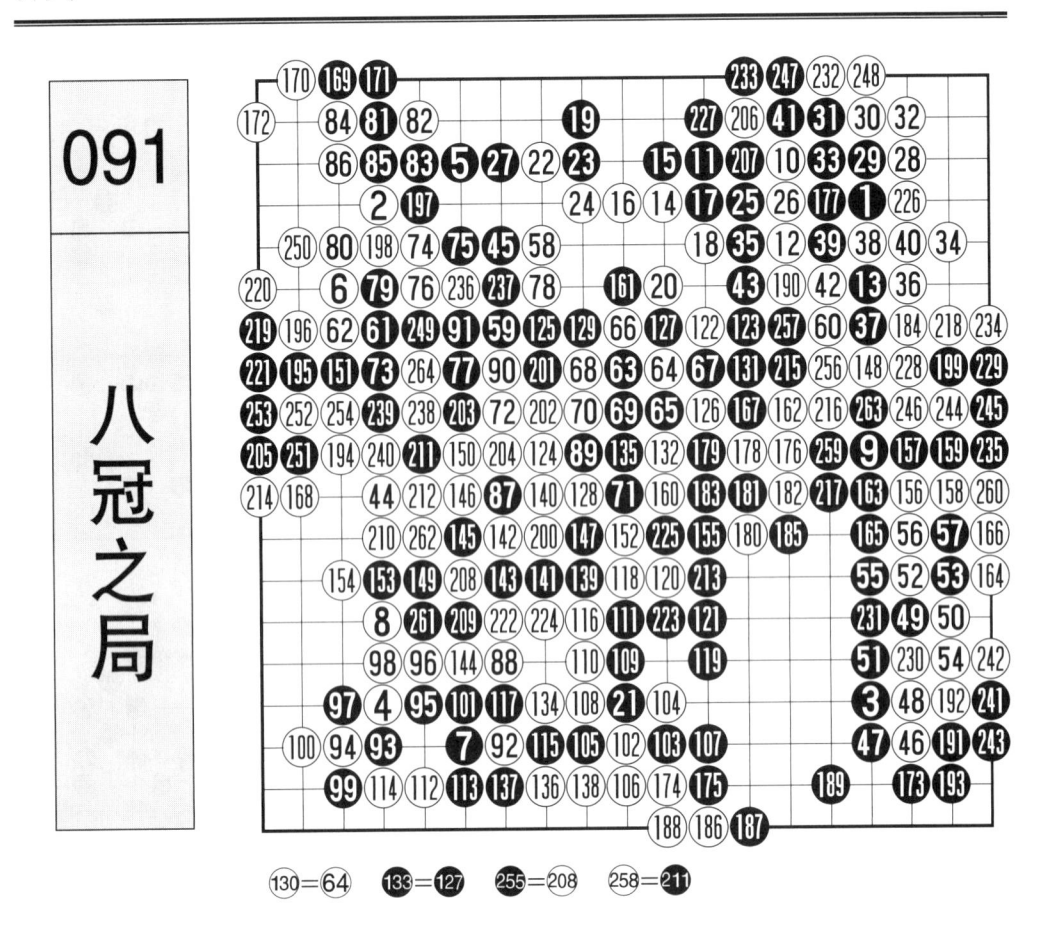

⑬⓪=㊻　❶㉝㉝=❶㉗　㉕㉕=⑳⑧　㉕⑧=❷⓫

第10届春兰杯世界职业围棋锦标赛决赛三番胜负第2局
● 古力九段　黑贴 $3\frac{3}{4}$ 子
○ 周睿羊九段
共264手　黑胜 $\frac{3}{4}$ 子
对弈于2015年6月3日

  古力在成为世界大赛七冠王后，陷入四连亚的怪圈，似乎在重蹈李昌镐十七冠后十连亚的覆辙。第10届春兰杯决赛，古力终于扼住命运的咽喉，加冕世界大赛第八冠。

八冠之局

2014年初,古力以一种自杀式的败着结束梦百合杯决战之旅,作为中国围棋曾经的象征,古力在连夺七项世界冠军后,第3届BC卡杯、第16届三星杯、2012三星杯以及第1届梦百合杯等四项世界冠军决战中连续失利。世界冠军对于古力来说好似遥在天边的海市蜃楼,可望而不可即。

故当2015年6月初古力与周睿羊决战第10届春兰杯决赛时,在很多人眼中,古力从年轻棋手手中夺回世界冠军的胜望不大。

古力的第12次世界冠军决战无非有两个结果:1.八冠王的古力与八位一冠的九零后对峙;2.以周睿羊两冠为标志,世界冠军舞台彻底归于九零后。世界棋战七连冠后四连亚,古力的棋道轨迹与李昌镐十七次夺冠后的十连亚有相似之处。年过而立的古力不想复制前辈的沉沦之路,却越来越难以抵挡新一代棋士疾风野火般的劫掠,他必须以重要的一役证明自己的存在。

实战图一 本局弈于湖南张家界。赛前古力的夺冠前景并不被外界看好,但当赢下第1局后,夺冠的风向迅速转向他这边。劣势意识下周睿羊白126挑劫酷烈,白棋弃中央吃掉黑下边转换,竭力搅乱局面。

实战图二 终盘形势扑朔迷离,周睿羊胜利曙光将现时,白184,186官子连续出现失误,最终以 $\frac{3}{4}$ 子憾败。

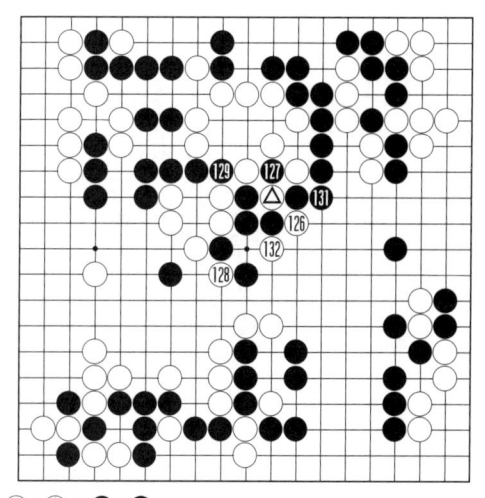

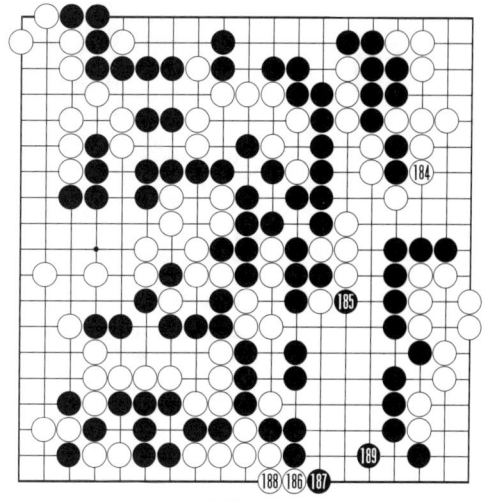

本届春兰杯决赛三番胜负,是周睿羊第四次在番棋战中向古力展开冲击,之前2006年天元赛三番胜负、2007年名人战五番胜负、2013年梦百合杯半决赛三番胜负,周睿羊连续三次折戟于古力手下。遗憾的是,此次决战周睿羊依旧没有走出对古力番棋不胜的阴影,成就了对手辉煌的世界大赛第八冠。

092 争鸣之局

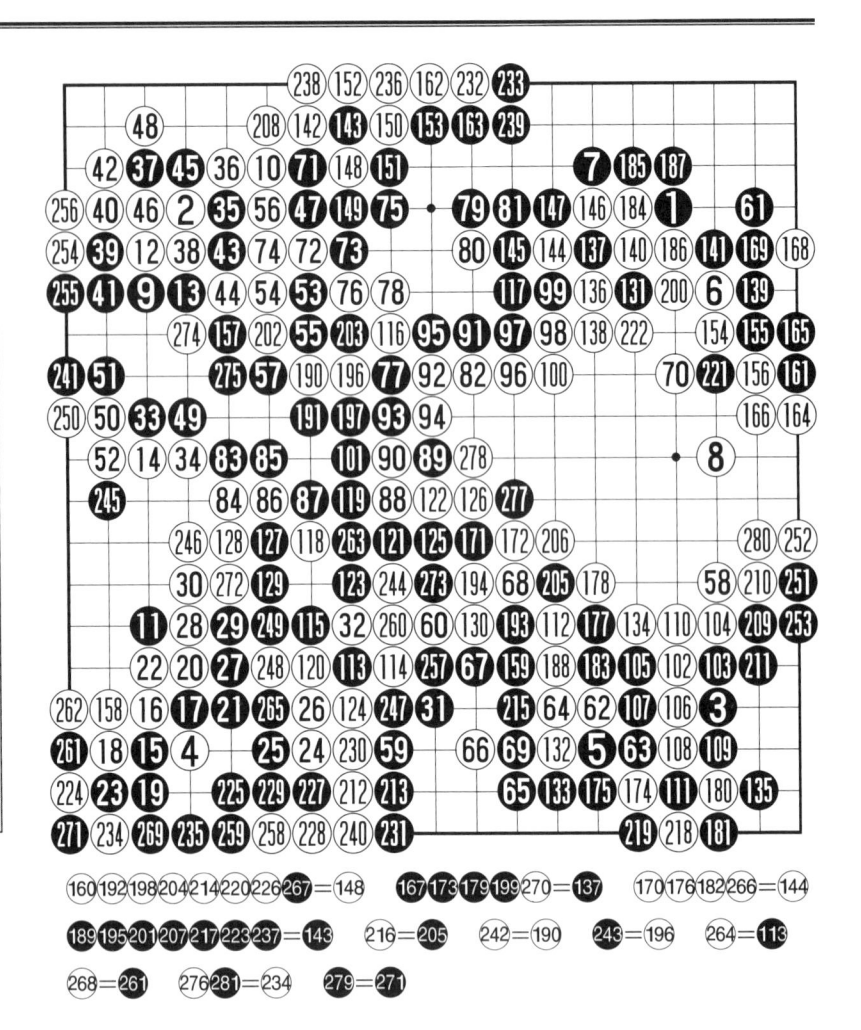

第 2 届 Mlily 梦百合杯世界围棋公开赛决赛五番胜负第 5 局
- ● 柯洁九段　黑贴 3$\frac{3}{4}$ 子
- ○ 李世石九段

共 281 手　黑 $\frac{1}{4}$ 子胜

对弈于 2016 年 1 月 5 日

中国九五后新霸主柯洁在第 2 届梦百合杯决赛之前，面对世界大赛十四冠王韩国李世石发出惊世豪言，从而引来中韩围棋争霸史上最惨烈、最喋血的一战。五番大战时代更迭，八零后天王李世石壮烈谢幕。

争鸣之局

柯洁,生于1997年,浙江丽水人,中国著名棋手。

柯洁是中国"新六超"后急遽成长的九五后新星,短短的两年时间,他连续夺得百灵杯、三星杯两项世界冠军,夺走了棋界太多关注的目光。2015年11月柯洁击败韩国朴永训打进第2届梦百合杯决赛后,对于李世石"五成胜望"的言论,柯洁发出"如果一百成,李世石有五成胜望"的惊世豪言,使得决赛受到了比以往更为强烈的关注。

第2届梦百合杯决赛赛程的设置横跨两个年份,既是2015年的收官之战,又是2016年的开篇之作。2015年岁末决赛前两局战平之后,两位棋手随着决赛征程进入2016年,第3,4局后五番胜负再度战平,双方进入最后的决胜局。2016年1月5日,气氛凝重的对局室中,李世石白250挡,成为两位对局者沉浮的分界点,也促成了中韩争霸天平命运的倾斜……

实战图一 决胜局对弈于江苏如皋。序盘李世石发挥拘谨,中盘柯洁取得了显著优势,进入终盘黑棋却走火入魔般接连失误。白△一路点寻劫时黑没于A位挡而接,使白184以下手段成立,黑棋目数大损,形势开始接近。

实战图二 收官至终局场面只剩下最后1,2目官子,白半目胜几成定局,白250是李世石无意识的

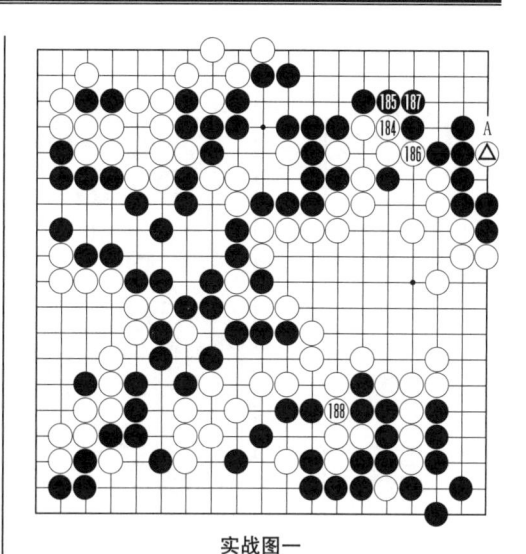

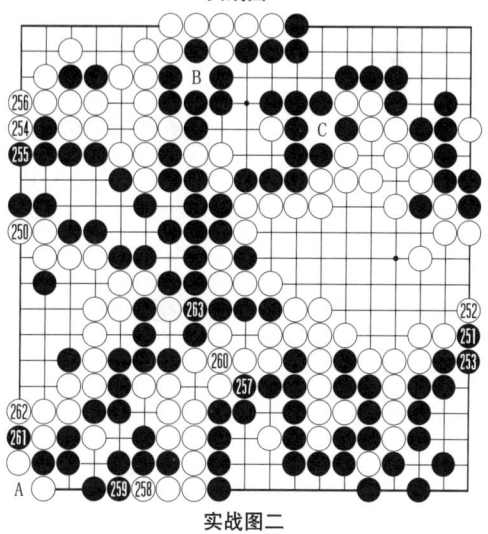

实战图一

实战图二

败着。继续收官,黑263后他猛然发现A,B,C三处单劫白无法搞定。并非担心黑会占到两个,而是黑棋不粘最后的劫,利用劫材优势粘劫收后。那么黑251就使白空中出现了无数劫材,黑盘面7目也会赢。而当初白250若于253位扳,则白将胜半目。

2016年后的天下,就这么天意一般决定了。

093

神手之局

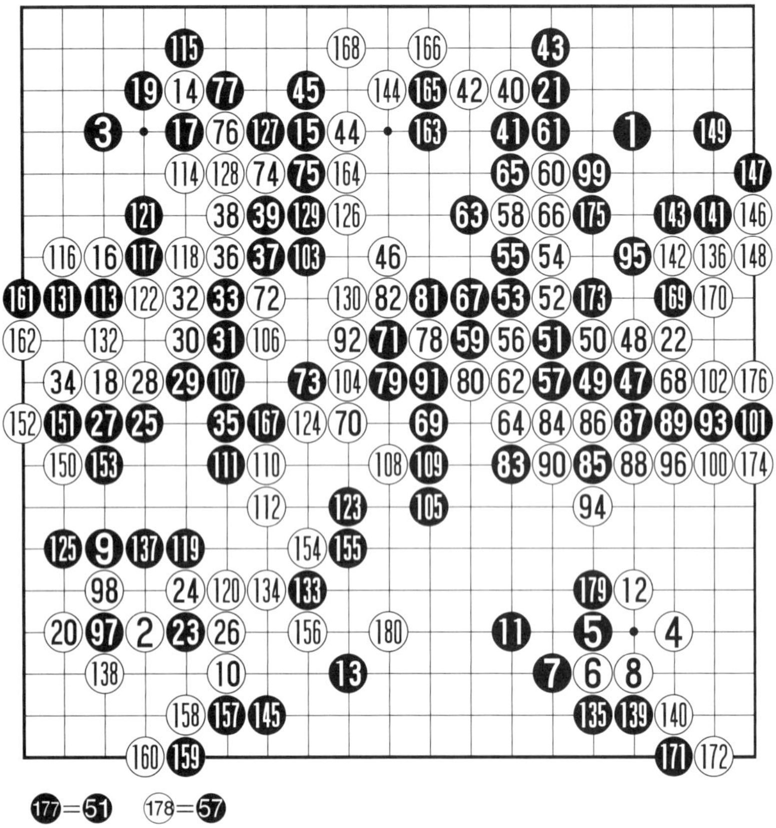

2016世界人机大战第 4 局

● AlphaGo　黑贴 $3\frac{3}{4}$子

○ 李世石九段

共 180 手　白中盘胜

对弈于 2016 年 3 月 13 日

人工智能挑战人类围棋，AlphaGo 以 4 比 1 击败韩国天王李世石，带来影响围棋未来的超级“革命”。而李世石在三连败后第 4 局凭借“神之一手”的获胜，捍卫了人类围棋的尊严。

神手之局

2016年3月中旬,李世石与谷歌 AlphaGo 进行五局人机大战,作为一个启示性的事件将围棋带入新时代的晨曦中,李世石成为新棋道的开拓者。

从1996年超级计算机深蓝击败国际象棋世界冠军卡斯帕罗夫以来,光阴流转二十年,包括中国象棋在内的一项又一项智力竞技被 AI 攻克。这一次,人工智能 AlphaGo 直面挑战人类智力运动的"最后堡垒"——围棋。

实战图一 2016世界人机大战第1局 AlphaGo 执白中盘胜李世石,2016年3月9日弈于韩国首尔。首局 AlphaGo 就有惊艳之举,序盘令李世石倍感压力,尽管在左下黑棋得到了最佳定型,但白102突入黑阵后一举确立胜势。

李世石首局落败后第2、3局连败,使人类围棋陷入"末日来临"的恐慌之中,整个舆情也从李世石5比0完胜迅速变为人类能否在计算机手下赢得一局。

实战图二 第4局对弈于韩国首尔。中盘岌岌可危的局势,李世石弈出连 AlphaGo 都忽视的盲点白78挖,置子于绝壁之间,打破了 AI 坚不可摧的计算链条,棋局直转而下。本局李世石获胜后,白78被棋界赞誉为"神之一手"。其实,经职业高手们事后研究,此手并不能逆转形势,因它引发的 AI 一系列着法混

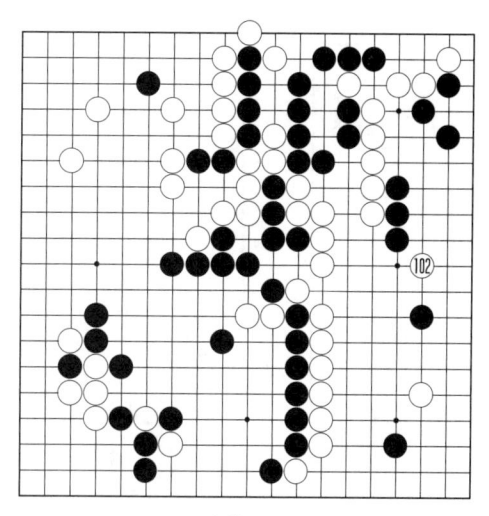

实战图一

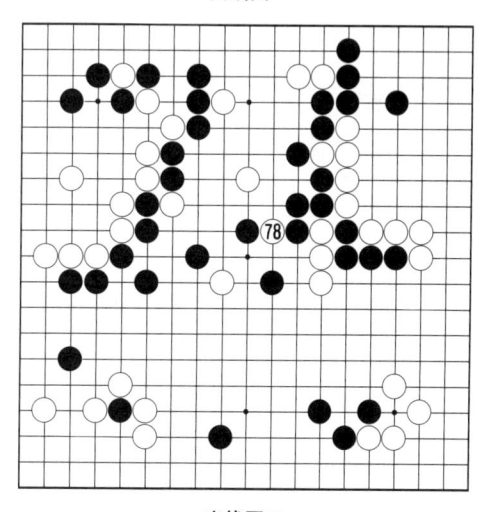

实战图二

乱至今仍是世之谜案。

3月8日至15日绵延一周,李世石与 AlphaGo 的人机大战为围棋界展示了两种迥异的极致。人工智能开启了围棋新的窗口,让长期以来孤芳自赏的人类围棋感受到了如芒刺在背般的危机感。而人类代表李世石凭借着锲而不舍的精神和高超的实力告诉世界,人脑有着无穷的可能性。

094 全冠王之局

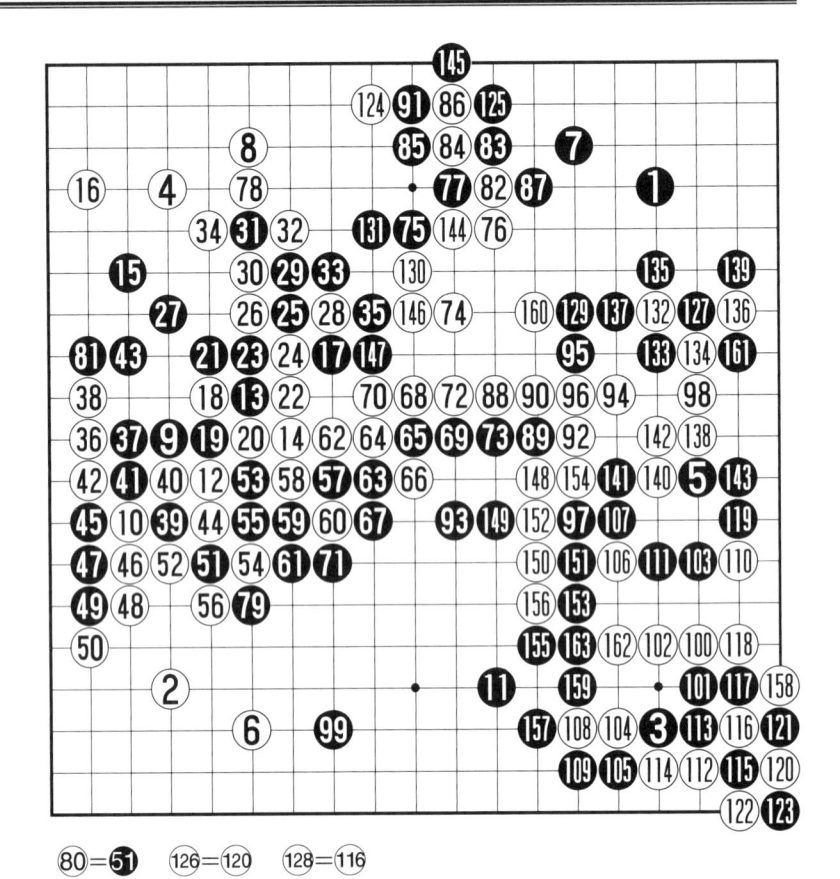

⑧⓪=㊶ ⑫⑥=⑫⓪ ⑫⑧=⑪⑥

日本第 54 届十段战五番胜负第 4 局
● 井山裕太九段　黑贴 6 目半
○ 伊田笃史十段
共 163 手　黑中盘胜
对弈于 2016 年 4 月 20 日

　　以击败伊田笃史夺得十段冠军为标志，井山裕太实现了超越日本六超时代先辈们的壮举，成为同时荣膺全部七大棋战头衔的日本棋界绝对霸主。

全冠王之局

4月20日，日本第54届十段战挑战五番胜负第4局在日本棋院举行，挑战者井山裕太执黑中盘击败十段头衔保持者伊田笃史，以3比1的总比分夺得十段头衔，从而达成同时手握日本棋界全部七大冠军头衔的历史性纪录。

全冠王是难以想象的雄伟霸业，之前的日本棋界，无论是"天煞星"加藤正夫、"斗魂"赵治勋，还是曾经的第一人张栩，在他们的最鼎盛时期最多也只是手握五冠。而早在两年前，井山裕太就已经打破了前辈们的纪录，一年中同时握有六个头衔战冠军。就在井山即将达成全冠王霸业时，遭到高尾绅路和村川大介的顽强阻击。或许是将要实现梦想，井山出现了心理波动，导致连丢两冠。井山似乎离大满贯越来越远了，但在日本棋界震惊的目光中，井山很快卷土重来，一一夺回失去的冠军，最终在第54届十段战中击败伊田笃史，实现七冠加冕。

伊田笃史，生于1994年，日本三重县人，日本著名棋手。

实战图一 前三局井山2比1领先，本局将是七冠集于一身的决胜之局。中盘阶段井山黑51至57施展严厉手筋，将白中央四子切断，白棋被迫单官出逃，面对右方的滔滔黑势，伊田前景凶矣。

实战图二 续上图，伊田笃史以大龙治孤一赌胜负，黑棋借助攻击在下方成出巨空。当白不顾一切侵入黑棋右下并借助劫争求活后，黑棋再向中央白棋展开最后一击，最终白棋全部玉碎终局。井山3比1攻下最后的十段头衔，完成全部七冠加身的壮举。

日本棋界全部的七大头衔集于一人之身，井山裕太创造了日本前辈都没有抵达的辉煌顶峰，成为现代日本棋界当之无愧的第一人者。

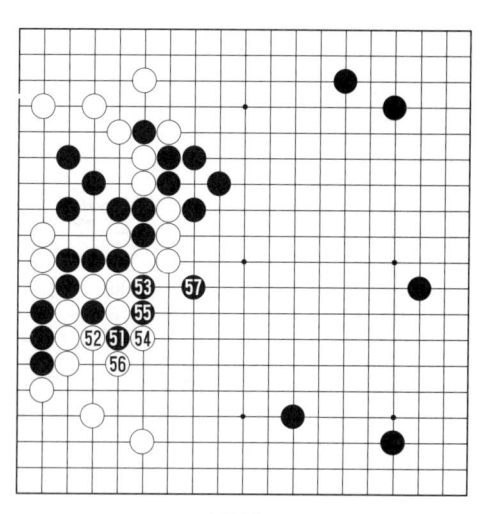

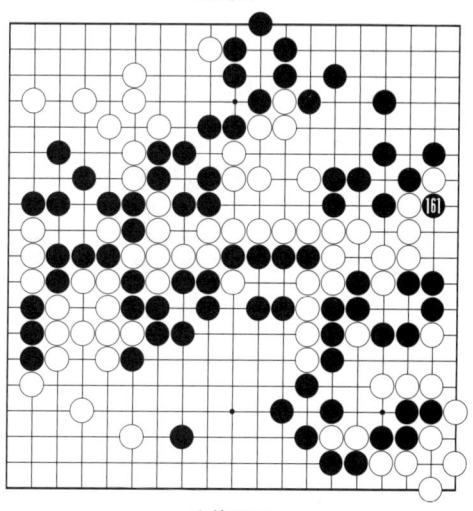

095 新星冲天之局

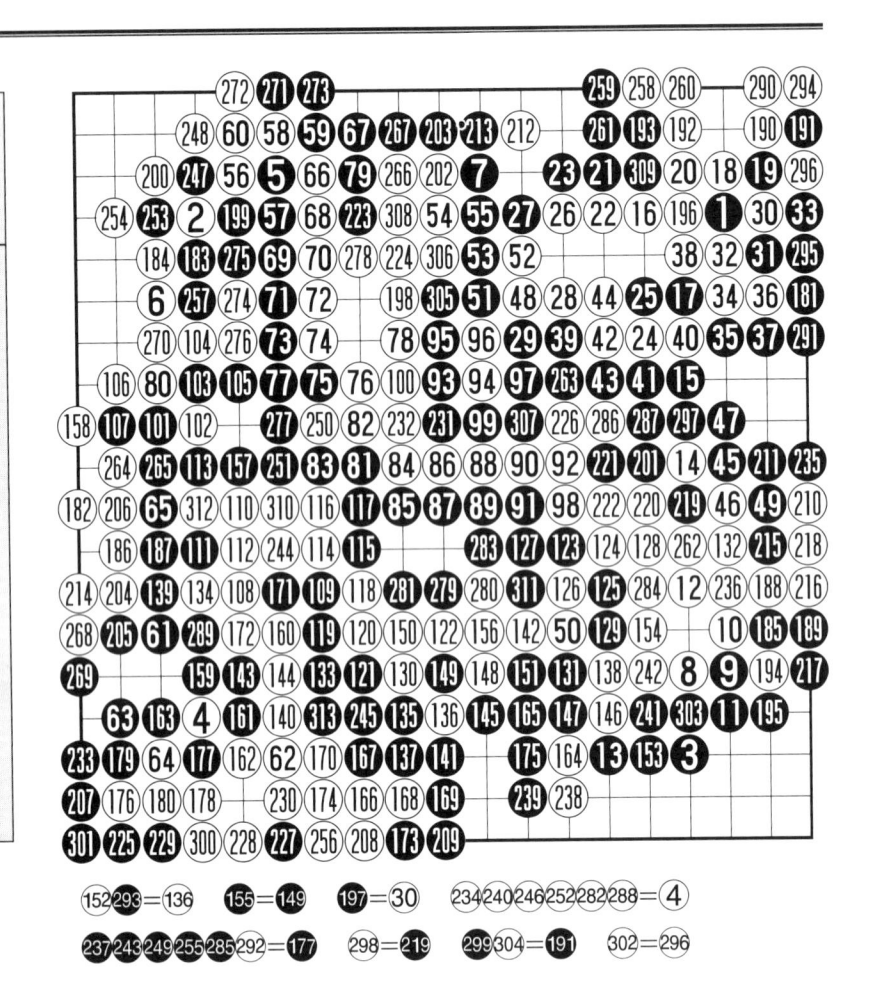

第 8 届应氏杯世界职业围棋赛决赛五番胜负第 5 局
● 唐韦星九段　黑贴 8 点
○ 朴廷桓九段
共 313 手　黑 5 点胜
对弈于 2016 年 10 月 26 日

九零后新锐唐韦星早在 2013 年岁末击败李世石，首度加冕世界冠军三星杯，三年后在应氏杯决赛中迎战韩国第一人朴廷桓。决胜局唐韦星以匪夷所思的弃子绝杀，登顶棋坛"最昂贵世界棋战"，以冲天之姿冲出一冠群。

新星冲天之局

2013年是九零后的狂飙之年，一夜之间出现了六大世界冠军新锐。岁末，古力和李世石在梦百合杯、三星杯中与芈昱廷和唐韦星的两役决战，不亚于古代王朝的宫廷杀戮，书写不尽血腥与悲怆。三星杯唐韦星零封李世石夺得2013年度最后一项个人世界大赛冠军。

唐韦星，生于1993年，贵州贵阳人，中国著名棋手。

三年之后的2016年，唐韦星与曾在四年前痛失应氏杯的朴廷桓在第8届应氏杯决赛中遭遇。朴廷桓志在实现世界大赛三冠加冕，而唐韦星更想夺取这项分量最重的世界大赛冠军杀出一冠群。

唐韦星棋风狂野彪悍，曾两度获得中国业余赛事晚报杯冠军，在中国棋界因用功而闻名。他与朴廷桓角逐应氏杯冠军虽然是中国等级分第十与韩国等级分第一的对决，但赛事进程却无比激烈。朴廷桓取得首胜，唐韦星扳平，第3局朴廷桓拿下天王山，第4局唐韦星再扳平，太想赢下冠军的朴廷桓顽强收完最后一个单官，以11点大败。

实战图一 决胜局对弈于上海。黑29豪放地凌空虚枷，唐韦星说：心若不诚，剑气必衰。

实战图二 续上图，中盘胜负处，顶着A位被冲断的压力，唐韦星弈出惊世骇俗的黑129自杀妙手，在复杂的战斗中压倒朴廷桓，赢下围棋生涯中最重要的一局。

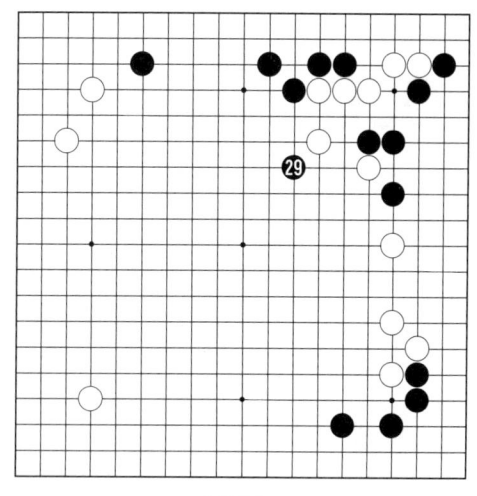

10月26日午后5时许，第8届应氏杯第5局数棋结束。朴廷桓左手托着下颌，疲惫的目光透过镜片盯着密密麻麻的黑白子约两分钟一动不动。对面的唐韦星陪着他无言地望着棋枰，四周观战的人群鸦雀无声。京城烟云、沪上风雨，四年一届的应氏杯以唐韦星的加冕结束了第8届的争夺。

实战图一

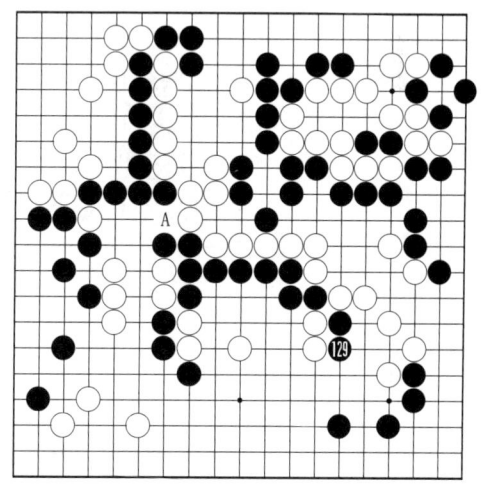

实战图二

096 狂飙之局

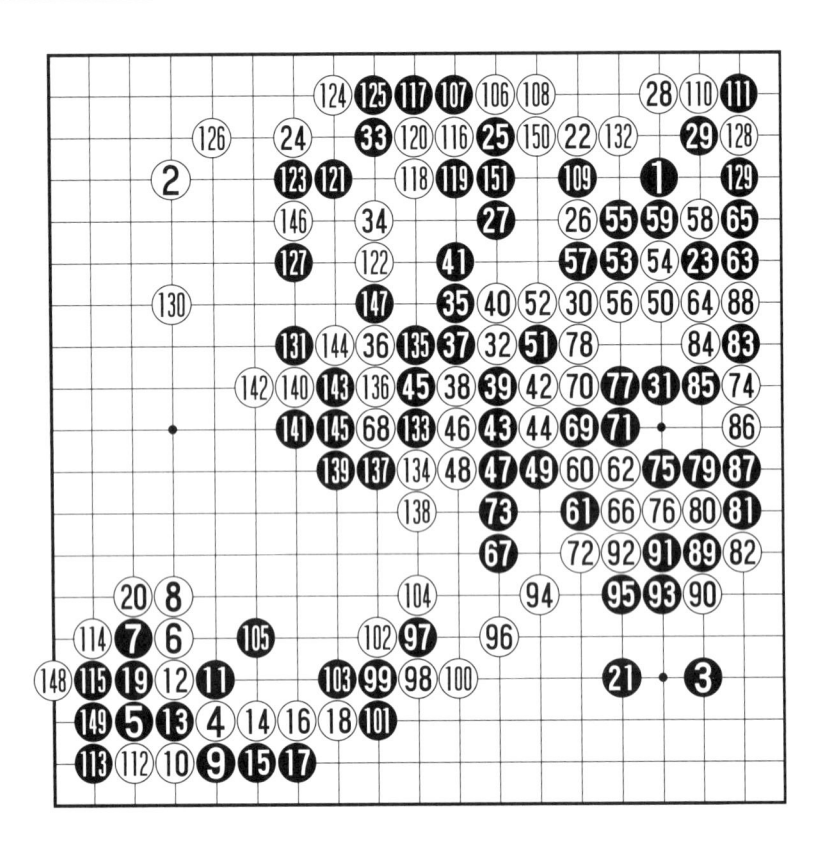

第18届农心杯世界围棋团体赛第9局
● 范廷钰九段 黑贴6目半
○ 村川大介七段
共151手 黑中盘胜
对弈于2016年11月28日

农心杯曾是韩国围棋最坚固的团体阵地，前八届中曾七次夺冠。但在中国新生代的强力冲击之下，这个坚固阵地韩国队已连续三年失陷。曾经的"应氏杯少年"范廷钰再度爆发，以七连胜的狂飙战绩创造农心杯新的连胜纪录。

狂飙之局

自农心杯世界围棋团体赛创立以来,出现了胡耀宇、李昌镐、姜东润等一批连胜英雄,为本国夺取农心杯立下汗马功勋。但这些棋手最多都只达到了五连胜就无法再进一步,因此谁能打破农心杯的连胜纪录,成为更多棋手的追求。在农心杯创立十八年后,五连胜的纪录终于被打破,中国的范廷钰击败日本棋手村川大介,以七连胜的战绩成为农心杯新的连胜王。

村川大介,生于1990年,日本兵库县人,日本著名棋手。

本届农心杯韩日首场对决,中国队观战。韩国天王李世石出人意料地担当先锋对战名不见经传的日本一力辽,志在横扫中日强将占取先机。但棋盘上永远相信结果而非名气,日本新锐半目将李世石扳倒,韩国队奇兵覆没。次战,中国小将范廷钰登擂,连胜日本一力辽、韩国李东勋、日本张栩、韩国姜东润、日本河野临、韩国金志锡、日本村川大介,豪取农心杯七连胜,创造了农心杯新的连胜纪录。

实战图一 本局对弈于韩国釜山。中盘激战黑81、83是起死回生的手段。

实战图二 续上图,村川大介曾获得过王座战冠军,是日本棋界热衷于参加世界比赛的棋手。上届农心杯他曾担当日本队的副将,最后阶段正是他终结了古力的三连胜,为日本队取得宝贵的一胜。本届比赛他同样作为副将出战,却神勇不再,成就了范廷钰农心杯七连胜的大纪录。

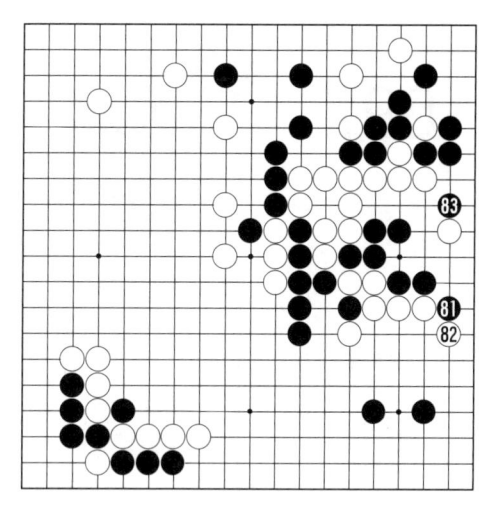

随着范廷钰的不断取胜,赛场内外的感叹声慢慢消停下来,大家都屏住气息,静观他一步步走到七连胜。尽管范廷钰在对阵第八个对手朴廷桓时失手,但这个农心杯十八年来的新纪录已永留史册。

实战图一

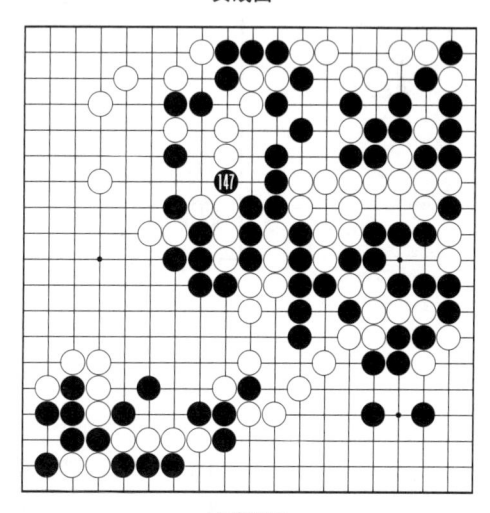

实战图二

193

弈典

097 少帅之局

2016三星车险杯世界围棋大师赛决赛三番胜负第3局

- ● 柯洁九段 黑贴6目半
- ○ 柁嘉熹九段

共193手 黑中盘胜

对弈于2016年12月8日

柯洁在三星杯决胜局中凭借神奇的大逆转，加冕个人第四个世界冠军。2016世界冠军争夺战中国再次全面压倒韩国，十九岁的柯洁,俨然成了统治中国棋坛乃至世界棋坛的柯少帅。

步入 2016 年 12 月，世界大赛三冠王柯洁开启魔鬼赛程。

12 月初，2016 金立杯围甲联赛在重庆结束最后两轮的赛事，柯洁助围甲新军云南队夺得亚军，并荣膺最有价值棋手、最佳主将和最多胜局等三项奖项。

围甲大幕落下，对于大部分中国棋手而言，意味着 2016 年的职业征程接近尾声，但对于柯洁，却是赛事旅程的开始。仅看其 12 月的赛程安排就会心生恐惧：2,4 日围甲联赛在重庆对金志锡、檀啸；6,7,8 日三星杯在韩国高阳对柁嘉熹；11 日中日阿含·桐山杯冠军对抗赛在日本京都对河野临；14,16,17 日百灵杯在贵州安顺对陈耀烨，20 日，22 日春兰杯在江苏淮南对芈昱廷、朴永训；24,26 日名人战在北京对阵李轩豪、范蕴若等。

实战图一 前两局战成 1 比 1 平，决胜局对弈于韩国高阳。中盘柁嘉熹取得压倒优势，但白 98 至 102 助黑联络，使白下方和右方两处同时受到威胁，局势出现逆转。

实战图二 续上图，左方治孤成功后，白棋右方遭到反攻，形势直转而下。柁嘉熹在左上展开孤注一掷的杀棋，随着黑棋活出白中盘告负。经过三星杯地狱般的三番棋，柯洁加冕世界大赛第四冠。

二十二天万里飞行下十一局棋，柯洁面对两个世界大赛的决赛，

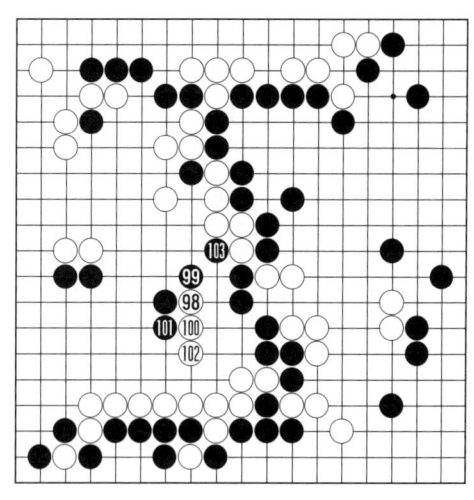

实战图一

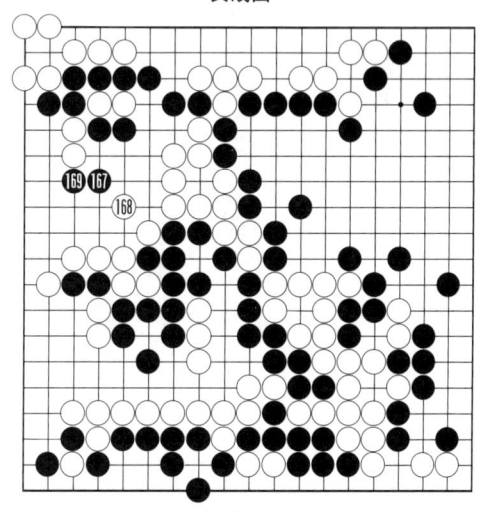

实战图二

一个对抗赛以及世界大赛的八强和半决赛。其中，三星杯结束后柯洁从韩国回京在机场逗留几个小时后即飞往日本京都参加中日阿含·桐山杯冠军对抗赛。二十多年前，钱宇平曾感慨个人赛的密度为"杀人赛程"，却无从比较柯洁赛事的强度。能在万里飞行中击败强敌夺取自己的世界大赛第四冠，柯洁已为世界第一人做出了最恰当的正名。

098 女王之局

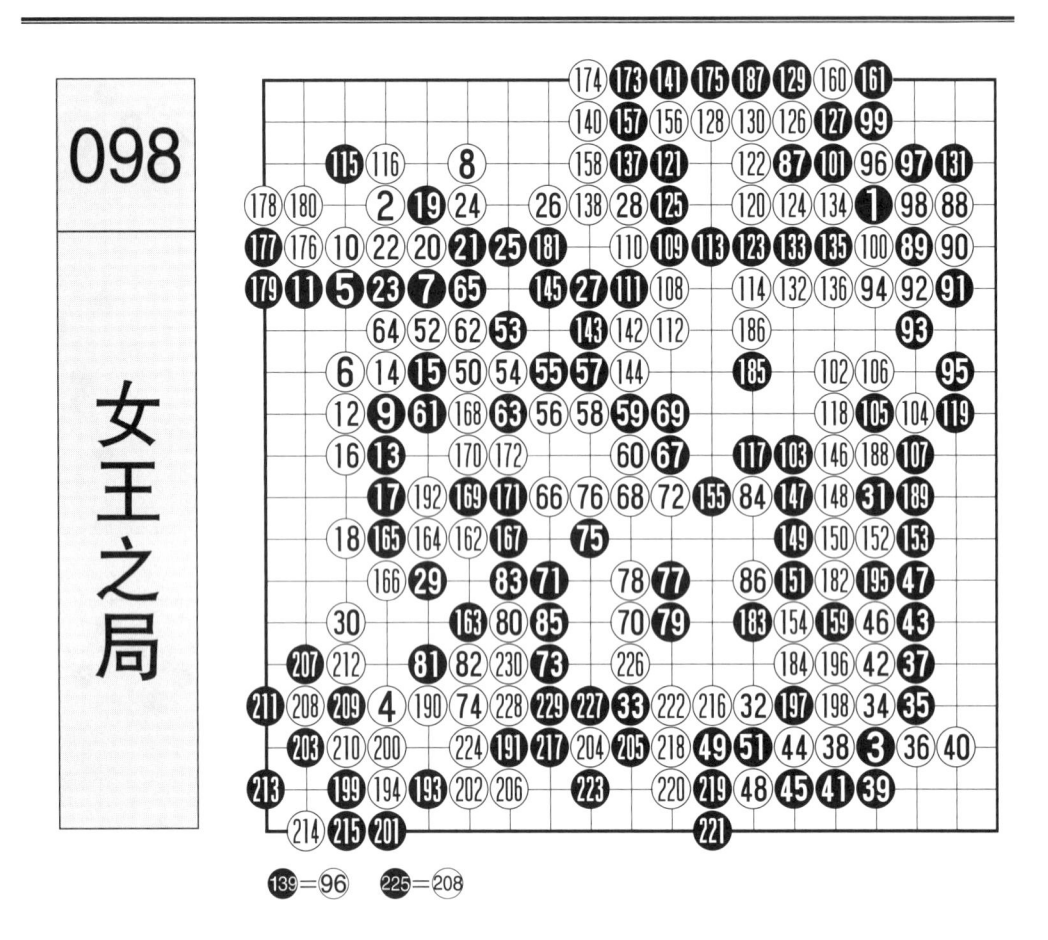

139=96　225=208

第4届中信置业杯中国女子围甲联赛第18轮
● 芮乃伟九段　黑贴 $3\frac{3}{4}$ 子
○ 於之莹五段
共230手　白中盘胜
对弈于2015年12月4日

　　九零后女子新锐棋手於之莹夺取世界冠军,携"於女王"美名称霸世界女子棋界。2016年,於之莹豪取女子围甲联赛18连胜,并延伸至2017年的32连胜,战绩惊人。

女王之局

於之莹，生于 1997 年，江苏无锡人，中国著名女子棋手。

於之莹是我国新一代女子围棋国手，2009 年全国智力运动会夺得业余女子个人和混双赛两枚金牌；2014 年第 21 届中国围棋新人王赛决赛於之莹以 2 比 1 战胜男子棋手李钦诚夺冠；2015 年第 6 届苏州穹窿山兵圣杯世界女子围棋赛於之莹战胜韩国朴智恩，夺取世界女子围棋个人冠军，并助自己效力的中国和韩国女子围甲队双获冠军，"於女王"声名鹊起。

於之莹的棋风不像女子棋手那样好战嗜杀，注重大局和均衡，有着男子棋手的特质。2015 年 9 月，2015 三星杯她与两位世界冠军崔哲瀚、唐韦星和一位世界亚军睦镇硕分在一组，先后战胜睦、崔闯入十六强，对世界冠军唐韦星也仅负 1 目半，神奇表现震惊棋界。

2016 年，在长达 18 轮的围甲赛程中，於之莹面对黎春华、李赫、曹又尹、蔡碧涵、黑嘉嘉、范蔚菁、王祥云、高星、唐奕、鲁佳、周泓余、曹又尹、陈一鸣、黑嘉嘉、范蔚菁、王祥云、高星、芮乃伟等这些依次出场的一流女子高手，竟然不可思议地击败了所有的对手，成就了年度女子围甲全胜的优异战绩。

实战图一 前半盘芮乃伟发挥出色，一直掌控着局势的主动。

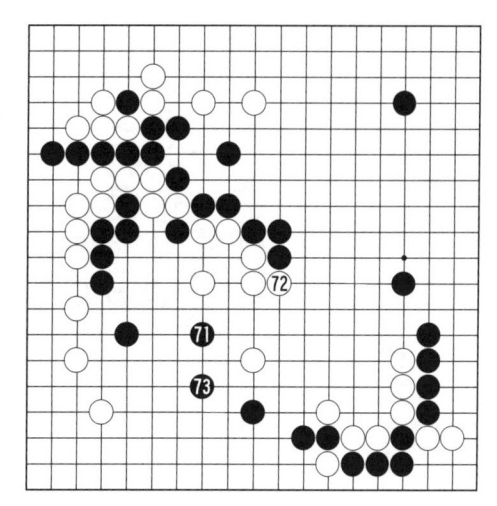

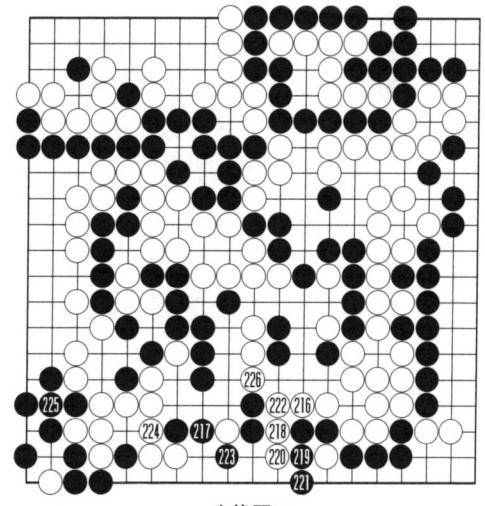

实战图二 续上图，后半盘在於之莹的顽强追击下，局势逐渐接近。黑左下出现劫活局势已有逆转迹象，白 216 贴的劫材既隐晦又严厉，黑不敢继续应劫又不愿直接消劫，黑 217 长试图兼顾两边。白 218 以下严厉！黑大龙惨遭灭顶之灾，於之莹豪取围甲 18 连胜。

从 2014 至 2016 年，世界女子棋坛的光环更多地聚集于於之莹身上，"於女王"名扬棋界。

099 异形之局

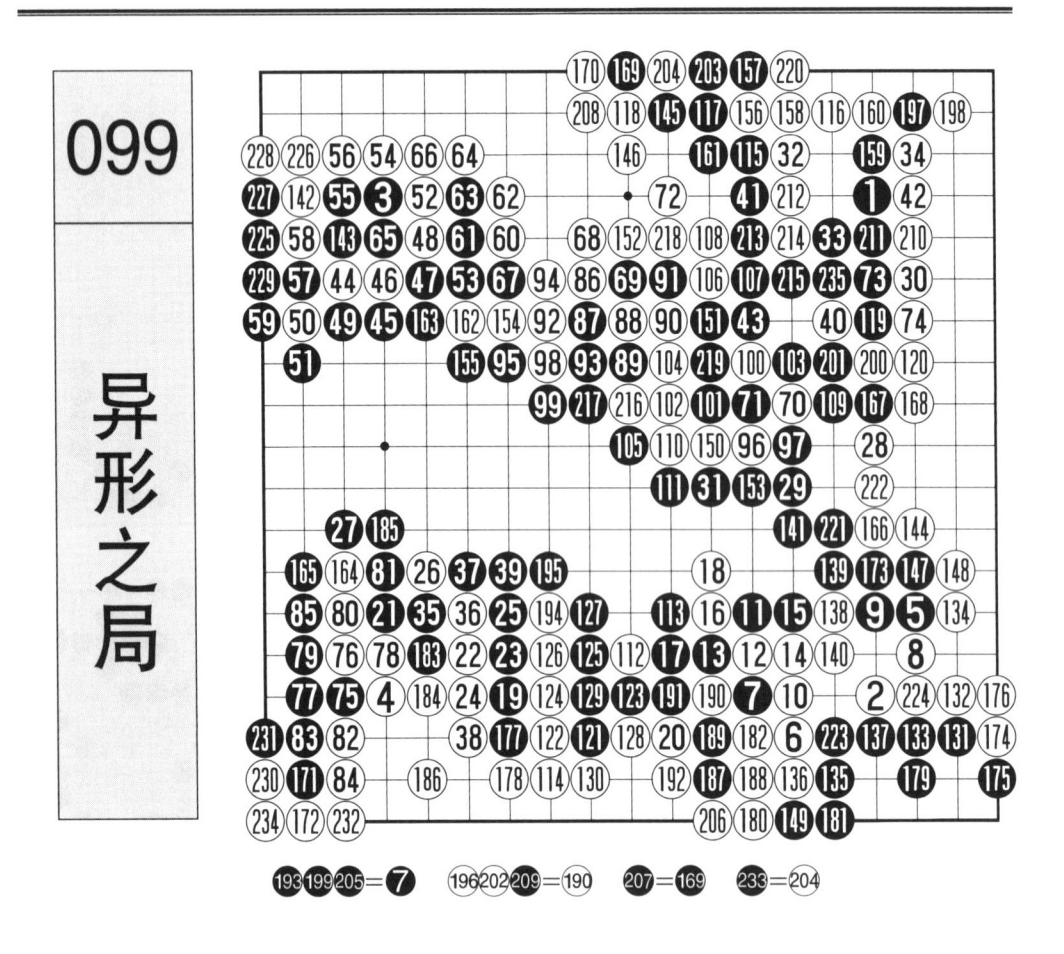

Master网络测试对局第 60 局
● 古力九段 黑贴 6 目半
○ Master(P)
共 235 手 白 2 目半胜
对弈于 2017 年 1 月 4 日

  2016—2017 跨年之际，一个神秘围棋账号 Master(P) 登录网络，堪称异形降临，60 比 0 的战绩给了人类围棋一次最痛的撕裂，成为围棋新纪元到来的标志性事件。

异形之局

2016年岁末最后几天，一个神秘围棋账号Master(P)登录弈城和野狐两大围棋网站，像一场恐怖海啸不宣而至，所至之处无论战舰木船，高楼平舍都像火柴盒一般被席卷。在神龙见首不见尾的Master(P)的面前，60人次的中日韩顶级高手一败涂地。

12月29日，Master(P)初次现身弈城围棋网取得十连胜，击败於之莹、辜梓豪等棋手并未引起太大的注意，但30日依旧连胜终于引发轩然大波。中韩日第一人柯洁、朴廷桓和井山裕太接连上阵，阻击网络"异形"Master(P)，无一例外败下阵来。

从12月31日起，Master(P)转战野狐围棋网，一周之内两度网络对决竟然对人类取得了60连胜的惊人战绩，一串串如雷贯耳的人类高手的名字，在一个虚拟网名前竟然一胜难求。

实战图一 Master网络测试对局第53局 Master(P)执黑7目半胜聂卫平，2017年1月4日弈于野狐围棋网。Master(P)的强大在于，你永远不知道它的行棋规律是什么，只知道他的目标就是取胜。开局聂卫平形势不错，但右上白58一手失误造成角部被杀，Master(P)下出黑59的杀手只用了不到1秒时间。

实战图二 本局弈于野狐围棋网。Master(P)最后一局与世界大赛八冠王古力对决，在必胜之势下

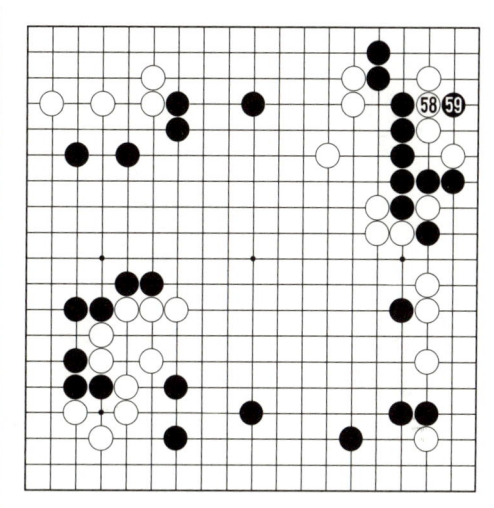

实战图一

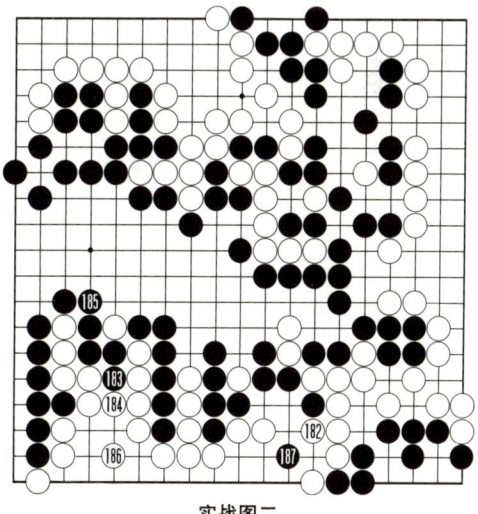

实战图二

白182以下不可思议地接连官子失误，但最终仍赢了2目半，给人一种它"怎么都能赢"的印象。

Master(P)连胜人类60局后，终于公布谜底，它就是2016年3月与李世石进行人机大战的AlphaGo。人工智能的飞速发展，将人类围棋带入全新的发展阶段，如何以人类的智慧迎接新的风暴来临，是所有职业棋手共同面临的挑战。

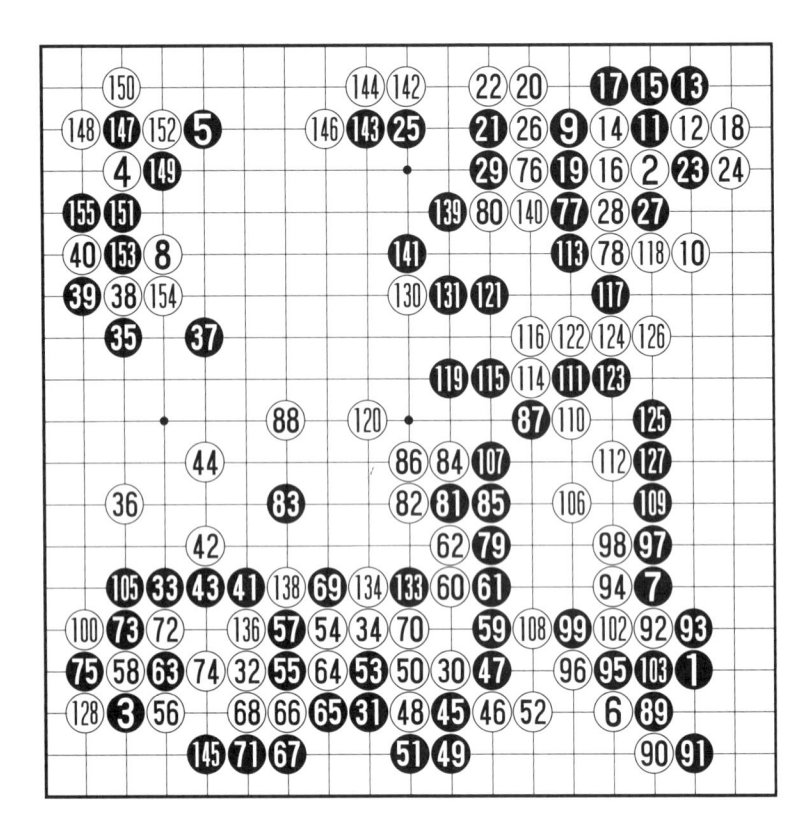

100 终章之局

㊛㊝=㊿ ⑩⑬⑰=㊾

2017乌镇围棋峰会人机大战第 2 局
● AlphaGo 黑贴 3$\frac{3}{4}$ 子
○ 柯洁九段
共 155 手 黑中盘胜
对弈于 2017 年 5 月 25 日

    2016 年人机大战之后时隔一年，在中国乌镇，AlphaGo 再次风暴来袭与人类棋手对弈，以 3 比 0 击败柯洁后退隐江湖，写下了最后的终章。

终章之局

2016 年，AlphaGo 与李世石在韩国进行了一场举世瞩目的围棋比赛。时隔一年之后，2017 年 5 月，AlphaGo 再次走进人们的视野，围棋界乃至整个人类社会又迎来一场 AI 与围棋共同奉献的辉煌盛宴。

在系列的比赛中，柯洁与 AlphaGo 的三番棋对决是重头戏。赛前舆论与第一次人机大战时完全相反，压倒多数的人认为 AlphaGo 会以 3 比 0 完胜柯洁。年初化名为 Master 的 AlphaGo 给人类围棋留下的心理阴影实在太大，60 局棋荡尽一流高手，人类棋手连领先的机会都没有，又半年过去，不知 AlphaGo 又要强大到何种地步。当然，也有人在悲观中抱有一丝希望，毕竟，AlphaGo 曾经输过一局棋。一年过去，回炉深造的 AlphaGo 是否弥补了那个至今都让人迷惑的 BUG，将是这次赛事的最大看点。

实战图一 首局柯洁在意料之中失利，在几乎无人抱有希望的第 2 局中，柯洁爆发出顽强的斗志，与 AlphaGo 对战百余手不落下风，连谷歌的首席执行官哈萨比斯先生都在推特中盛赞柯洁下得精彩。但血肉之躯终究难敌凭借胜率赢棋的机器，柯洁因白 136 寻劫过小，瞬间被 AlphaGo 确立胜势。

实战图二 AlphaGo 与周睿羊、陈耀烨、时越、唐韦星、芈昱廷组成的世界冠军团队对弈。尽管五大

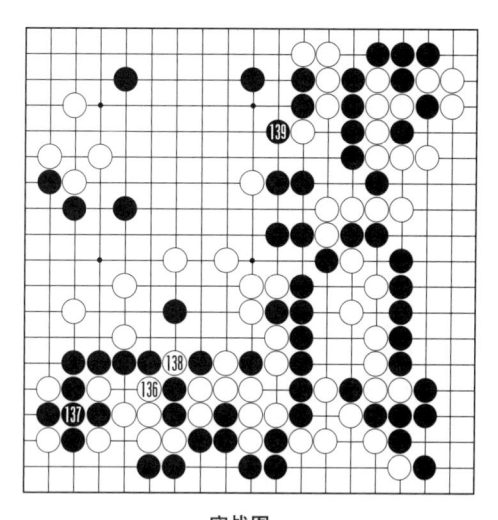

实战图一

实战图二

世界冠军以集体智慧联手出战，但由于在序盘阶段出现严重失误，中盘和后盘人类团队再无任何机会。只是，在终局前被唐韦星黑 253 试探的一点，AlphaGo 白 254 幽默的应法给人带来心酸的欢笑。

第 3 局柯洁再败，短短五日，AlphaGo 以完胜结束了与人类棋手的又一次握手，匆匆留下 50 局自战棋谱后退隐江湖……